《中国榜样：永远的雷锋》大型丛书
编委会主任　冷　宽　王保安

雷锋精神与公民道德建设

戴艳军　房广顺　王立娟
编著

中国财政经济出版社

图书在版编目（CIP）数据

雷锋精神与公民道德建设/戴艳军，房广顺，王立娟编著．—北京：中国财政经济出版社，2013.2

（《中国榜样：永远的雷锋》大型丛书）

ISBN 978-7-5095-4275-0

Ⅰ.①雷… Ⅱ.①戴… ②房… ③王… Ⅲ.①雷锋精神—学习参考资料②公民教育—社会公德教育—中国—学习参考资料 Ⅳ.①D64

中国版本图书馆CIP数据核字（2013）第027539号

责任编辑：林治滨　　责任印制：张　健

封面设计：逸品文化　　版式设计：逸品文化

中国财政经济出版社出版

URL：http：//www.cfeph.cn

E-mail：cfeph@cfeph.cn

社址：北京市海淀区阜成路甲28号　邮政编码：100142

营销中心电话：88190406　北京财经书店电话：64033436　84041336

北京富生印刷厂印刷　各地新华书店经销

710×1000毫米　16开　15.5印张　209千字

2013年3月第1版　2013年3月北京第1次印刷

印数：1—5000　定价：28.90元

ISBN 978-7-5095-4275-0/D·0220

（图书出现印装问题，本社负责调换）

本社质量投诉电话：010-88190744

《中国榜样：永远的雷锋》
大型丛书编委会

总　序

一个人无法选择自己所处的时代，但可以选择自己的人生道路。人所从事的职业可能要双向选择，而人生的态度完全由自己决定。雷锋，一个年轻的士兵，影响了几代人的成长，成为全国人民学习的榜样。50年来，学雷锋活动经久不息，这足以证明雷锋精神具有多么强大的渗透力和感染力。现在，几乎整个民族都在呼唤雷锋。面对社会上不尽如人意的现象，就是不情愿学习的人，也希望别人都学习雷锋了。更有人说，雷锋精神具有普世价值，是中华民族精神的集中代表，雷锋可做中国人的形象代言人。

在经过50年的学雷锋活动后，问起有关雷锋的事迹、雷锋精神的实质，仍有许多人不甚了了。这就促使雷锋的战友们、雷锋的传人们、长期坚持研究雷锋的学者们感叹不已。感叹之余，有了一个共识——组织起来，为全国的学雷锋活动做一点事情：一是还原雷锋，把一个真实可信的雷锋的光辉形象奉献给人们，使更多的人知道一个简单的道理：雷锋的一生是平凡的，谁都可以学习雷锋；雷锋精神是伟大的，谁都需要努力，才能把雷锋精神学到手。二是集50年研究成果，把理论层面上对雷锋新的认知告诉人们，使人们从中悟出道理，鼓励人们都来做社会进步的“正能量”。三是针对不同人群，编委会成员多次讨论，力求选准书名和写作内容，就这样，汇集50年的思索和探讨的成果，经过近一年的归纳和整理，就有了这样一套学雷锋的系列读物献给广大读者。这既是献给毛泽东等老一辈革命家为雷锋题词50周年的一份厚礼，更是为贯彻落实党的十八大精神，推动学雷锋活动常态化作出的一份贡献。

这套丛书有以下特点：一是具有权威性。雷锋身边的战友、培养雷锋的领导干部、看着雷锋成长的亲朋好友直接参与写雷锋，是用第一手材料叙述雷锋，其中还纠正了社会上对雷锋不恰当的传闻，还原了雷锋的真实性，维护了雷锋精神的纯洁性。二是具有完整性。有人说，这是一套既用多种形式全面地介绍雷锋事迹、系统地多专题研究雷锋精神的书籍，又是注重研究雷锋精神的时代价值，对当前学雷锋活动常态化提出了建设性意见的读物。三是具有针对性。该大型丛书分别对领导干部、企业家和职工、大学生、部队士兵等不同职业的人群如何结合本职工作学雷锋提出了参考意见，其中不乏独到之处。这些意见和看法在作者所作的多场报告中已与听众形成共识。这是一套值得收藏和系统研读的作品。对不同的读者来说，也是一套可各取所需的读物。

特别应该提到的是，2013年1月12日，中国社会福利基金会学雷锋基金管委会、辽宁省雷锋研究会、中国财政经济出版社在2013北京图书订货会上为本套丛书联合举行的推介会上，雷锋亲密战友乔安山，全国“五一”劳动奖章获得者、全国劳模李素丽，“京城活雷锋”孙茂芳，“雷锋班”现任（第二十五任）班长毕万昌等应邀亲临会场，发表了热情洋溢的讲话。“当代雷锋”郭明义虽未到会，但通过现场连线对出版本套丛书给予了很高的评价。学雷锋基金管委会名誉主任、雷锋生前战友、海军原副政委冷宽中将，学雷锋基金管委会名誉副主任、总参原兵种部政委田永清少将，分别就自己对“雷锋精神”的认识以及对本套丛书的期待作了精彩的发言。媒体及有关领导赞赏出版单位的社会责任感，高度评价图书出版活动传递的“正能量”。

学习雷锋，在于学实质——全心全意为人民服务；学习雷锋，在于行动——一言一行都为别人更幸福；学习雷锋，在于持久——一生一世讲奉献；学习雷锋，要有表率——领导干部应走在前列。

愿这套丛书助大家在追求成功的路上走得更远、更坚实。

衷心感谢在组织编写本套丛书及其开展的相关活动过程中给予我们大力支持和帮助的所有同志。

《中国榜样：永远的雷锋》编委会

2013 年 2 月

前 言

中国共产党的十八大报告中明确提出："全面提高公民道德素质，这是社会主义道德建设的基本任务。"公民道德建设成为新时期的战略任务，具有突出的现实意义，特别是随着我国改革进程的深入，社会活动与关系日益深化复杂，道德作为社会行为准则，社会规范作用更显重要，尤其是社会主义公民道德建设坚持以为人民服务为核心，以集体主义为原则，以爱祖国、爱人民、爱劳动、爱科学、爱社会主义为基本要求，以社会公德、职业道德、家庭美德为着力点，通过公民道德建设中的主要内容具体化、规范化，深入到社会生活的方方面面，使之成为全体公民普遍认同和自觉遵守的行为准则，体现着社会主义公民道德的先进性。

现阶段，在社会主义公民道德建设过程中，积极弘扬雷锋精神，已成为社会主义公民道德建设的实践内容、运作手段和评价尺度，雷锋精神在公民道德价值观，公民道德行为准则与实际道德调节作用上，发挥着先进性的功能作用，是加强社会主义公民道德建设、提升公民道德素质的切实之举，体现着社会主义公民道德建设的先进性。

《雷锋精神与公民道德建设》一书，正是在这一时代背景下，从科学发展观视角出发，对雷锋精神现代道德性解读的基础上，探析雷锋精神与社会主义公民道德的内在联系，阐释雷锋精神的传承、学雷锋活动的开展，对社会主义公民道德建设的重要意义与现实作用。从本质上讲，雷锋精神是社会主义公民道德建设的重要内容与实施载体，雷锋精神通过继承优秀中华传统美德，倡导共产主义崇高道德信仰与理想，践行新时期中国化的道德要求，历史地、科学地体现公民道德建设的先进性；雷锋精神以其实践性的道德形态，坚持“全心全意为人民服务”，遵循集体主义原则，全方位实施“五爱”基本要求，科学诠释着社会主义公民道德建设的本质要求与发展方向；从道德功能上看，雷锋精神以其特有道德形态，在社会公德、职业道德与家庭美德等多领域，多层次地推进社会主义公民道德建设的开展；尝试研究将学雷锋常态化与公民道德建设有机结合，发挥雷锋精神及学雷锋活动对社会主义公民道德建设的典型示范、宣传教育的功能作用；从弘扬社会主义核心价值体系，推进社会主义文明程度的高度出发，探求全面践行雷锋精神，推进公民道德建设的途径，通过营造雷锋精神与公民道德共建的社会氛围，创建雷锋精神与公民道德建设的协调机制，完善雷锋精神与公民道德建设的保障制度，形成雷锋精神与公民道德共荣的文化形态，实现雷锋精神与社会主义公民道德互为推力的同步发展。

辽宁省雷锋研究会会长　宋焕斌

2013 年 1 月

目　录

第一章　雷锋精神与公民道德的内涵解析　/1
第一节　雷锋精神的内涵与本质特征　/1
一、雷锋精神的内涵　/1
二、雷锋精神的本质特征　/9
第二节　道德视角下的雷锋精神解读　/13
一、雷锋精神体现共产主义、社会主义的道德规范形态　/14
二、雷锋精神以“全心全意为人民服务”为道德规范核心　/16
三、雷锋精神以爱党爱国、爱社会主义为道德规范价值导向　/22
四、雷锋精神以助人为乐为道德规范品格倡导　/24
五、雷锋精神以创新进取为道德规范精神取向　/25
第三节　雷锋精神与社会主义公民道德建设　/28
一、公民道德的内涵　/29
二、公民道德建设的指导思想、原则与内容　/30
三、雷锋精神对社会主义公民道德建设的作用　/33

第二章　雷锋精神体现社会主义公民道德建设的先进性　/39
第一节　雷锋精神是中华民族传统美德的体现　/39
一、助人为乐的雷锋精神体现了中华民族传统美德的仁爱之心　/39

二、克己奉公的雷锋精神体现了中华民族公而忘私的传统美德 /42
三、谦虚谨慎的雷锋精神体现了中华民族谦敬礼让的传统美德 /44
四、雷锋的“螺丝钉”精神体现了中华民族敬业守信的传统美德 /46
第二节 雷锋精神是中国特色社会主义道德的体现 /48
一、爱国奉献的雷锋精神体现了中国特色社会主义道德的崇高境界 /48
二、爱岗敬业的雷锋精神体现了中国特色社会主义的职业道德 /51
三、诚实守信的雷锋精神体现了中国特色社会主义道德的品德修养 /54
四、关怀友善的雷锋精神体现了中国特色社会主义道德的和谐人际关系 /57
第三节 雷锋精神是共产主义道德的体现 /60
一、“毫不利己、专门利人”的雷锋精神体现了“全心全意为人民服务”的共产主义道德原则 /60
二、“主动负责、不计报酬”的雷锋精神体现了共产主义主人翁劳动态度 /65
三、“勤俭节约、艰苦奋斗”的雷锋精神体现了自觉遵守共产主义道德规范 /69

第三章 雷锋精神集中体现社会主义公民道德的本质属性 /73
第一节 雷锋精神体现社会主义道德的核心——为人民服务 /73
一、为人民服务是我党的执政宗旨 /74
二、助人为乐是雷锋为人民服务精神的集中体现 /78
三、为人民服务是社会主义道德建设的核心 /82

第二节 雷锋精神体现社会主义道德的原则——集体主义 /85
一、集体主义是社会主义道德的基本原则 /86
二、集体主义是雷锋精神的本质属性 /90
三、集体主义在当今市场经济社会中仍具有重要意义 /93
第三节 雷锋精神实践社会主义道德的基本要求——“五爱” /96
一、社会主义道德与时俱进、薪火相传 /97
二、雷锋精神是对社会主义道德——“五爱”的实践 /100
三、弘扬社会主义道德，加强对公民的“五爱”教育 /103

第四章 雷锋精神彰显社会主义公民道德教育的多元性 /107
第一节 雷锋精神引领社会公德 /107
一、提倡雷锋精神应对市场经济条件下对社会公德的消极影响 /108
二、提倡雷锋精神解决当前社会公德领域存在的问题 /110
三、雷锋精神促进社会主义核心价值体系建设 /111
第二节 雷锋精神践行职业道德 /116
一、新时期公民职业道德建设存在的主要问题 /117
二、弘扬雷锋精神，加强职业道德建设 /118
第三节 雷锋精神拓新家庭美德 /126
一、用雷锋精神弘扬家庭美德的重要意义 /126
二、当前家庭美德建设存在的问题 /128
三、用雷锋精神推动家庭美德建设 /129
第四节 雷锋精神升华个人品德 /133
一、加强个人品德建设的重要性和紧迫性 /134
二、用雷锋精神引领个人道德建设的途径 /136
三、用雷锋精神引领个人品德建设的重点 /139

第五章　雷锋精神落实社会主义公民道德建设的实践性　/143

第一节　雷锋精神与社会主义公民道德建设的典型示范　/143

一、典型示范是公民道德建设的重要实践活动　/143

二、雷锋精神是公民道德建设典型示范活动的精神支持　/147

三、在雷锋精神指导下发现典型、培育典型、宣传典型、践行典型　/151

第二节　雷锋精神与社会主义公民道德建设的宣传途径　/154

一、广泛宣传是公民道德建设的重要实践活动　/155

二、雷锋精神是公民道德建设宣传活动的精神支持　/159

三、在雷锋精神指导下凝练宣传内容、拓展宣传阵地、激励宣传对象　/163

第三节　雷锋精神与社会主义公民道德建设的教育载体　/166

一、全面教育是公民道德建设的重要实践活动　/167

二、雷锋精神是公民道德建设教育活动的精神支持　/170

三、在雷锋精神指导下凝练教育内容、提升教育主体、拓宽教育渠道　/175

第四节　雷锋精神与社会主义公民道德建设的活动保障　/179

一、丰富多彩的活动是凝聚公民道德建设的依靠力量　/180

二、雷锋精神是开展公民道德建设活动的精神支持　/181

三、在雷锋精神指导下丰富活动形式、创新活动内容、提升活动效益　/184

第六章　践行雷锋精神，全面推进社会主义公民道德建设　/191

第一节　营造雷锋精神与社会主义道德共建的社会氛围　/191

一、优化社会环境，营造雷锋精神与社会主义道德共建的和谐氛围　/192

二、强化社会舆论，为雷锋精神与社会主义道德共建引领正确方向　/194

三、广泛开展道德实践，形成践行雷锋精神的社会热潮　/197

第二节　创建雷锋精神与社会主义公民道德建设的协调机制　/201

一、把学雷锋活动融入国民教育、精神文明建设和党的建设全过程　/201

二、把学雷锋活动体现到经济社会建设各领域，成为一项常态化活动　/207

第三节　完善雷锋精神与社会主义公民道德建设的保障制度　/210

一、构筑诚信体系，遏制道德失范　/210

二、增强公民自觉意识，共建美好精神家园　/212

三、坚持柔性和刚性并用，以德治国和依法治国相结合　/214

第四节　形成雷锋精神与社会主义道德共荣的文化形态　/218

一、雷锋精神是一种富有生命力的文化符号　/219

二、雷锋精神与社会主义道德共荣的社会意义　/220

三、弘扬雷锋精神，把社会主义道德建设提高到新水平　/224

参考文献　/227

后　记　/231

第一章

雷锋精神与公民道德的内涵解析

第一节 雷锋精神的内涵与本质特征

一、雷锋精神的内涵

雷锋是中国社会一个耳熟能详的名字，是亿万国人敬爱崇尚的道德楷模，以其名字命名的雷锋精神，更是推进社会主义道德建设，倡导共产主义道德理想的实践精神。雷锋精神不等同于雷锋，雷锋精神有狭义和广义的内涵之分。狭义的雷锋精神是对以雷锋个体为核心，对雷锋具体言行和事迹所表现出来的先进思想、道德观念和崇高品质的理论概括和理性总结，侧重雷锋个体的符号性；广义的雷锋精神，是对普世道德积极元素广泛吸收，浓缩共产党人先进经验，包含中华民族优秀道德传统，反映共产主义价值观，以雷锋同志命名的、以共产主义思想品质与社会主义道德要求对为基本内涵的精神价值与道德体系，侧重共产主义与社会主义道德的价值性、规范性与实践性。在公民道德建设中提倡雷锋精神，更多地是从广义内涵层面理解。就雷锋精神的内涵与外延的演变来看，雷锋精神在坚持共产主义、社会主义道德价值的核心基础上，其具体内容与形式是与时俱进，不断创新，在时代的变迁中得以丰富和发展的。概括而言，雷锋精神是以共产主义为价值导向，以全心全意为人民服务为核心，蕴含中华民族传统美德，遵循普世道德价值，反映社会主义道德本质要求，彰显共产党人的先进本色的精神财富与道德体系。具体而言，雷锋精神内涵本质是以实现共产主义理想为宗旨，遵循集体主义的基本道德原则，践行社会主义道德要求为任务，具体内容为：热爱党、热爱祖国、热爱社会主义的崇高理想和坚定信念；服务人民、奉献社会、扶危济困、乐于助人的无私奉献精神；干一行爱一行、专一行精一行，立足本职、恪尽职守的敬业精神；艰苦奋斗、勤俭节约的创业精神；锐意进取、自强不息的创新精神。

（一）雷锋精神坚持共产主义信仰与理想

雷锋精神最本质的特征就是共产主义的价值信仰与理想的体现。共产主义最本质的信仰与理想存在于科学共产主义与哲学共产主义两个层面，科学共产主义是经济学意义上，突出所有制形态的“共产主义”，即“扬弃私有财产”，实现“共产公有制”，在此理解下，马克思从唯物史观出发，揭示了阶级斗争的历史，尤其是科学地揭示了资产阶级社会剥削和压迫无产阶级的现状和实质。生产关系决定上层建筑，在共产主义实体性的理解上，马克思还从哲学的意义和价值层面，提出了对共产主义的非实体性理解，即“哲学共产主义”。马克思在《1844 年经济学哲学手稿》阐述了他业已形成的哲学共产主义思想：“共产主义是私有财产即人的自我异化的积极扬弃，因而是通过人并且为了人而对人的本质的真正占有。因此，它是人向自身、向社会的即合乎人性的人的复归，这种复归是完全的、自觉的和在以往发展的全部财富的范围内生成的。这种共产主义，作为完成了的自然主义 = 人道主义，而作为完成了的人道主义 = 自然主义，它是人和自然界之间、人和人之间的矛盾的真正解决，是存在和本质、对象化和自我确证自由和必然、个体和类之间斗争的真正解决。它是历史之谜的解答，而且知道它自己就是这种解答。”[①] 可见科学共产主义是以追求哲学共产主义为价值前提的，二者的融合实现，才是真正意义上的共产主义。在被问到“何为共产主义

① 《马克思恩格斯全集》第 42 卷，人民出版社 1979 年版。

的理想社会”这个问题时，马恩回答道：“代替那存在着阶级对立的资产阶级旧社会的，将是这样的一个联合体，在这里，每个人的自由发展是一切人的自由发展的条件”[①] 这里，马恩并没有选择“消灭私有制”作为回答，而恰恰选择了“自由人的联合体”来集中代表他们两个人的共产主义思想。在马恩看来，“消灭私有制”太“狭义”甚至“狭隘”，因为消灭私有制仅仅是实现人的自由解放的一个条件和中介，不是“人类发展的目标，并不是人类社会的形式”，[②]“自由人的联合体”才是马克思哲学性的共产主义理想社会。这一“回答”的出发点和归宿是“每个人的自由发展”。这是马克思在《手稿》中把哲学共产主义归结为“完成了的自然人道主义”的进一步发展，这正是马克思对全人类自由解放的终极的形而上的人道关怀。[③] 雷锋精神所蕴含的共产主义信仰与理想，是对共产主义全面理解基础上形成的，既有改造客观世界，建设社会主义，投身到消灭剥削阶级，确立无产阶级的共产主义斗争精神，更有向往共产主义自由人联合体的理想社会状态，践行这种状态下共产主义的人生态度，所以在雷锋身上就体现为对待敌人要像严冬一样冷酷无情，对待同志要像春天一样温暖。周恩来同志曾精辟地把雷锋精神概括为四句话：“憎爱分明的阶级立场，言行一致的革命精神，公而忘私的共产主义风格，奋不顾身的无产阶级斗志”，这体现雷锋精神共产主义战斗的精神内涵。现实中，雷锋更积极参加社会主义建设，全心全意为人民服务，雷锋曾说：“如果你要告诉我们什么思想，你是否在日夜宣扬那最美丽的理想？你既然活着，你又是否为未来的人类的生活付出你的劳动，使世界一天天变得更美丽。”“亲爱的党，我慈祥的母亲，我要永远做您的忠实儿子，为建设社会主义和实现共产主义贡献出自己的全部力最，直至生命。”雷锋这种对社会主义、对共产主义

---

① 《马克思恩格斯选集》第 1 卷，人民出版社 1972 年版。

② 《马克思恩格斯全集》第 42 卷，人民出版社 1979 年版。

③ 甘雅娟：《共产主义作为一种“人生态度”——论马克思共产主义思想》，《辽宁行政学院学报》2012 年第 3 期。

的坚定信念和执著追求，引起人们的尊崇和景仰，也是雷锋精神对共产主义信仰与理想的真诚诠释。

（二）雷锋精神蕴含普世价值

雷锋精神能够得到人民群众的真心崇尚，除了其所蕴含的共产主义信仰与理想的先进指引，也有对其所体现的普世价值的认可。雷锋精神具有开放性，它积极吸收社会发展先进因素与普世价值。真善美是全人类共同认同、认可与遵守的价值标准，对真善美的追求是人的本质属性与人需要的必然要求，在现实中人生观、世界观的性质主要通过真善美内涵表现出来，雷锋精神以共产主义特有的批判继承、兼容并蓄的开放创新精神，升华了真善美价值内涵。人是一种特殊的生命存在物，具有三重本质和三种属性。人同时具有类本质、群体本质和个体本质。其规定了人的社会角色和社会责任。人具有自然属性、社会属性和精神属性，其概括了人的生命特点。正因如此，我们有理由说人本身是一种区别于任何他者且不可替代的存在，“人是所有动物中最富有科学、哲学、神学以及艺术精神的”。[①] 人对生命的优化和文化自我意识蕴蓄了人的生理基础、心理基础、道德基础和情感基础，人的不可替代性恰恰在于人把类、群体、个体，自然、社会、精神联结在一起的价值存在性，在于人类对真善美的自觉意识和不懈追求，深刻影响着人类从什么角度和程度去认识外部世界，在什么空间和意义层面去反思自身，以及如何把握自身与外部世界的关系。人性是一种可塑的可能性，人性的提升是一个不断生成的过程。真善美的追求是人类不断适应于环境，正确处理“本我”与“非我”的关系，完善自身，传承文明的过程，是求得人性解放和人的自由全面发展的必然选择，是人尽可能多地摆脱动物性，向“人之为人”的彼岸世界前进的一种旨归性诉求，体现人的终极关怀和人对未来的理想性构建。无论物质生活条件处于何种水平的人都有对未来的憧憬和向往，人类对真善美的追求是人们发挥自身的能动性和创造性，对自身生命意义和境界的设定与反思，人们向往着并努力

① 《西方哲学原著选读》（下册），商务印书馆 1982 年版。

实现着可能的生活前景，并且渴望着更高层级的生活。具有自觉能动意识的人更加具有超越性情怀，其生命存在和发展的过程不仅仅是生存的过程，而且是一个追求生命的意义，追求创造性、生活性的生命存在价值的过程。现代人不仅注重人格修养的完善，而且关注人生价值和人生意义的实现，人的素质和人生境界的全面提升，真善美恰恰是通往这些理想的有效途径。[①] 雷锋精神就是以共产主义价值为导向的真善美具体实践方式与精神表达，雷锋精神崇尚真，追求共产主义的真理，力求实事求是，做到按科学规律办事，讲诚信，待人真诚；雷锋精神讲求善，全心全意为人民服务，热情对待同事，友善对待社会成员，帮助弱势困难群体，努力促进社会和谐；雷锋精神追求美，倡导共产主义价值，传扬传统美德，追求道德美、心灵美与行为美，从个体修养的提升，拓展到社会建设的发展，与良好文化的形成。雷锋精神的代表与楷模——雷锋，本身就体现着真善美，从而为群众所拥戴，但从美的层面来讲，雷锋本身就具有很高的审美观，在《雷锋日记》、《雷锋故事》、《雷锋诗文选》、《雷锋轶事》中，处处可见雷锋所进行的审美评价和审美判断。比如，对待青春，雷锋的观点是“青春啊，永远是美好的。可是真正的青春，只属于这些永远力争上游的人，永远忘我劳动的人，永远谦虚的人。”对待个人与集体的关系，雷锋的认识是由于党的教育，我懂得了这个道理：一朵鲜花扮不出美丽的春天，一个人先进总是单枪匹马。众人先进才“能移山填海。”对待领袖人物，雷锋的态度是“我一定争取实现自己最美好的愿望，真正见到我们伟大的领袖毛主席。”对时代的看法，雷锋更是有独到之处。他说：“什么是时代的美？战士那褪了色的，补了补丁的黄军装是最美的，农民那一双粗壮的，满是厚茧的手是最美的，劳动人民那被烈日晒得黝黑的脸是最美的，粗犷雄壮的劳动号子是最美的，这一切构成了我们时代的美。如果谁认为并不美，那他就不懂得我们的时代。”由此可见，雷锋的世界观、人生观、劳动观、

① 隋宁：《真善美追求是价值旨向性与现实可能性的统一》，《吉林省教育学院学报》2008 年第 3 期。

幸福观等等，均代表和体现了人类进步阶级的先进的审美思想，它是社会主义美学库中的一块瑰宝，也可以说是人类美学百花园中的一朵奇葩。①

（三）雷锋精神践行社会主义道德要求

社会主义道德要求是共产主义道德价值在当前社会形态中的表现形式，是反映社会主义初级阶段的道德现实，体现中国特色社会主义道德特点，雷锋精神在此方面的内涵意蕴，主要通过以下内容体现出来。

1. 热爱党、热爱祖国、热爱社会主义的崇高理想和坚定信念。这是雷锋精神的第一位，是对党、对国家、对社会主义的热爱。雷锋是党的忠诚战士，他时刻牢记党的宗旨，热爱党的事业，学习党的理论，坚持用先进理论武装头脑。他始终保持共产党员的政治本色，自觉把个人的命运与党和人民的事业紧密联系在一起，处处以国家、民族和集体利益为重，把个人的奋斗融入国家富强、民族振兴的历史洪流中，毫无保留地为祖国和人民奉献了一切。爱党爱国的坚定信念是激励我们为中国特色社会主义事业不懈奋斗的力量源泉。当前，改革开放和社会主义现代化建设全面推进，党和国家事业发展站在了新的历史起点上，我们要大力弘扬雷锋精神，引导人们深入学习雷锋热爱党、热爱祖国、热爱社会主义的崇高理想和坚定信念，升华爱国主义情怀，追求高尚的人生价值，自觉为民族振兴、国家富强、人民幸福贡献智慧和力量。

2. “服务人民，助人为乐”的奉献精神。雷锋是以服务人民为最大幸福，以帮助他人为最大快乐，这是雷锋精神的一个典型的标识，也是我们今天仍然要弘扬的一个崇高品德。雷锋的一生是无私奉献的一生，他以“燃烧自己、照亮他人”的实际行动，深刻地诠释了一个如何实现人生价值的重要命题。无论在任何岗位，他总是把火一样的热情倾注其中，对待同志像春天般温暖，总是把方便让给别人，把辛苦留给自己；无论走到哪里，他总是将春天般的温暖带向哪里，他把有限的生

① 李劲夫：《弘扬雷锋精神塑造美好心灵——论雷锋精神的美学价值》，《湖南社会科学》1992 年第 1 期。

命投入到无限的为人民服务中去，每当人民群众遇到困难，他总是伸出援手、倾力相助；他走到哪里，好事就做到哪里，用真情和行动履行着一个公民的神圣责任，实践着一名共产党员的庄严承诺。雷锋在为他人做好事、为社会作贡献所体现出社会价值的同时，也收获了乐趣、满足和幸福，从而实现了个人价值。从雷锋精神中可以深切地感受到，脱离社会的“自我实现”，不可能真正实现人生的价值。雷锋用自己的实际行动促进了良好社会风气的形成，助人为乐的宝贵品格体现着社会主义道德的要求，是推动全社会形成良好道德风尚的重要力量。当前，面对建设社会主义核心价值体系的繁重任务，我们要大力弘扬雷锋精神，大力加强社会公德、职业道德、家庭美德、个人品德建设，引导人们深入学习雷锋全心全意为人民服务的思想，自觉践行社会主义道德规范，牢固树立社会主义荣辱观，在生活中热心助人、尊老爱幼、诚实守信、见义勇为，用实际行动促进良好人际关系的形成和良好社会风气的发展。

3. “干一行爱一行，专一行精一行”的敬业精神。雷锋是诚实守信、爱岗敬业的标兵，雷锋生前做过多种岗位，但是干一行他热爱一行、干一行他精通一行，雷锋早年在县里当通信员，就是模范工作者；开拖拉机，他是优秀拖拉机手；到了鞍钢当工人，他又是先进工作者；到了部队，他是先进战士；入了党，他是优秀党员；当了班长，他又是模范班长。无论是在农村、工厂和部队，无论是当通讯员、推土机手和班长，无论是任何时候，雷锋都充满了真诚之情、上进之心、奉献之意，总是竭尽所能，为党的事业多做贡献，为人民群众多做好事，在本职工作中当好“螺丝钉”。这一点在今天这样一个时代仍然是需要的，仍然需要像雷锋那样立足本职、忠于职守、兢兢业业、精益求精，雷锋如螺丝钉般的敬业精神，值得我们学习发扬。

4. “锐意进取，自强不息”的创新精神。创新是一个民族进步的灵魂，是一个国家兴旺发达的不竭动力。雷锋把学习作为基本需求，把创新作为重要动力，发扬善于“挤”、善于“钻”的“钉子精神”，勤奋学习科学理论，刻苦钻研业务知识，努力用现代科学文化知识武装自己、提高自己、完善自己。他始终保持乐观向上、斗志昂扬的状态，始终保持与时俱进、勇往直前的品格，敢于直面挑战，勇于克服困难，善于开拓创新，在创造性的劳动中升华人生价值。他坚持把学习当成一种人生追求，无论任何时候，与此同时，他还能把所学知识充分运用于工作，在创新中为国家人民谋福利。他总是抽出时间阅读《毛泽东选集》，并把它作为自己的思想指南。他满怀崇敬地学习方志敏、白求恩、董存瑞等英模的事迹，把他们作为自己的人生楷模和行为镜鉴。这种刻苦学习、锲而不舍、锐意进取的精神仍然在我们今天这个社会中受到大家的推崇。锐意创新的进取精神是激励我们坚持不懈走自主创新之路的不竭动力。当前，世界范围内以信息技术为先导的科技革命加速推进，创新越来越成为经济社会发展的重要引擎，越来越成为综合国力竞争的关键，我们要大力弘扬雷锋精神，引导人们深入学习雷锋锐意进取、自强不息的创新精神，敢于探索、勇于突破，在知识创新、技术创新、制度创新、管理创新和其他各方面创新中发挥聪明才智，成为知识型社会主义建设者，为提高自主创新能力、建设创新型国家作出应有贡献。

5. “艰苦奋斗、勤俭节约”的创业精神。雷锋有句名言：“在工作上，要向积极性最高的同志看齐；在生活上，要向水平最低的同志看齐。”雷锋的一生是艰苦奋斗的一生，雷锋对自己很节俭，省吃俭用、节衣缩食，坚决反对贪图享受、铺张浪费，他在苦难环境中磨炼意志，在艰苦条件下砥砺品行，始终保持昂扬向上、乐观进取的良好精神状态。他勤俭节约、生活朴素，对他人却很慷慨，把点点滴滴节省下来的钱用于支援国家建设，用于帮助解决他人困难。艰苦奋斗的优良作风是激励我们战胜前进道路上一切艰难险阻的精神力量。当前，我国改革发展形势总的很好，全面建设小康社会取得重大进展，但社会主义初级阶段的基本国情没有变，经济发展中不平衡、不协调、不可持续的问题仍很突出，前进道路上还会遇到种种可以预料和难以预料的困难和风险，我们要大力弘扬雷锋精神，引导人们深入学习雷锋艰苦奋斗、勤俭节约的创业精神，立足社会主义初级阶段这个最大的实际，不为任何风险所惧，不被任何干扰所惑，攻坚克难、埋头苦干，奋力开拓中国特色社会主义更为广阔的发展前景。

二、雷锋精神的本质特征

雷锋精神能够历经50年的风雨，不仅精神的影响力依然深远，对于当前社会主义精神文明发展、社会主义道德建设与社会文明的提升具有重要的现实意义，这是由雷锋精神的本质特征所决定的。雷锋精神从广义上来讲，已经超越雷锋本人的人格、品质和道德操守的个体性范畴，而是体现出先进的价值性、道德性、文化性与创新性的特征，能够兼容并蓄，紧扣时代脉搏，引领道德风尚、建构精神家园。尽管在不同的历史时期，雷锋精神的时代内涵不断得到丰富和发展，但是雷锋精神具有始终如一的本质特征。

（一）共产主义价值理想、传统美德与时代精神的有机融合

雷锋精神能够具有超时空的精神引导力、道德感召力与发展创新力，无论在怎样的社会现实中，都是正能量的载体，正方向的旗帜与民众心中的精神家园，就在于雷锋精神将现实实体世界与人生哲学的理想王国有机结合，不偏颇而一，创新传承地将共产主义价值理想、中华民族传统美德与时代精神有机结合，这使得雷锋精神既有明确的目标宗旨，又有历史文化的心态沉淀，更符合时代发展的历史境遇要求。

1. 在雷锋精神的共产主义价值理想上，雷锋精神从未放弃这一理想信仰，总是从共产主义的理想信仰出发，倡导共产主义价值观，引导群众投身共产主义、社会主义建设事业，并在共产主义物质世界改造的基础上，形成共产主义的人生观、世界观与哲学观，形成正确、积极、先进的人与人、人与社会、人与生态的关系。突出人的主体性，寻求实现自由人联合体的实践方式，做到全心全意为人民服务，践行集体原则，弘扬爱党、爱国、爱社会主义的忠诚情怀，坚定对人生、社会远大理想的追求，发扬对人民群众无限热爱、对社会无私奉献，对工作精益创新，严于律己的精神。

2. 在雷锋精神的传统美德传承上，雷锋精神积极吸收传统优良成分，以创新精神批判地传承传统美德，适应了中国社会的历史发展性，

与群众的文化传统与心态特征，是中华民族传统美德的延续和彰显，从而深入社会、深入民心，具有影响力与生命力，如雷锋精神的奉献精神、自强不息精神、诚信精神与钻研精神都具有这种历史传承性。

3. 雷锋精神的时代精神体现。雷锋精神自诞生以来，就是与时俱进，反映时代诉求，引领时代发展的先锋，改革开放前，雷锋精神主要反映计划经济体制下，社会主义建设的现实要求，改革开放后，特别是新时期，网络化时代的到来，社会在转型中，形成了新的要求与发展内涵，雷锋精神在此积极适应时代，放映贴近时代，引领时代的发展，体现了科学发展观，以人为本的时代特征。特别是在市场经济条件下，要求雷锋精神科学反映、蕴含与协调具有私益性的社会关系与社会行为，这就需要对雷锋精神所倡导的全心全意为人民服务与无偿服务，做出科学的区别与解释，不再将有偿与无偿作为唯一划定标准，而需要从服务的彻底性，价值性，规范性等多个方面来界定，以适应现实经济基础的发展状态。又如在网络化时代，群众对于雷锋精神的传承、发扬，告别了个体化、单位化与政治化的传统，提出了价值化、社会化与公民化的要求，因此雷锋精神吸收了公民社会的积极因素，强调对于群众自觉意识，自主决定与自有权利的尊重，鼓励公民广泛参与社会活动，以倡导公民精神，培育公民社会，推进公民道德建设，当代雷锋郭明义及其学雷锋团队，就是雷锋精神的时代体现。正是由于雷锋精神这种共产主义价值理想、传统美德与时代精神有机融合的精神特征，使雷锋精神始终保持着强大的生命力，永不凋落，永不落伍，永保先进。

（二）马克思主义中国化、时代化与大众化的现实体现

雷锋精神的另一个本质特征就是，马克思主义中国化、时代化与大众化的现实体现，雷锋精神的主义核心就是马克思主义理念、共产主义价值观，而雷锋精神的生命力之根本，在于其对于马克思主义的中国化、时代化与大众化的表达，符合中国社会与中华民族的文化特点、心理特征，将马克思主义的要求现实体现欵来。从科学发展范式理解，“马克思主义中国化”的科学内涵可归结为两点：“所谓马克思主义中国化，第一，就是把马克思主义基本原理同中国实际和时代特征结合起

来，运用马克思主义的立场、观点、方法研究和解决中国革命、建设、改革中的实际问题，坚持和发展马克思主义；第二，是运用中国人民喜闻乐见的民族语言来阐述马克思主义理论，揭示中国革命、建设、改革的规律，使之成为具有中国特色、中国风格、中国气派的马克思主义。”① 马克思主义时代化，就是把马克思主义同当前时代的发展，同当前时代的特征结合起来，使之能够适应时代需要、把握时代脉搏、回答时代课题。② 这是鉴于当前全球化的发展态势，社会发展的时代性增强，特别是我国改革开放 30 年来国情社情发生重大变化，尤其是社会现代化转型的进程快速推进，使得对于马克思主义的理解与实践应用，需要做到历时性与共时性的认知联系，从当前时代发展的背景、特征、需要与趋势上把握、研判与理解马克思主义，运用马克思主义基本立场、观点、方法分析解决时代课题，推动马克思主义的时代化发展，能够通过其对于时代性的回应与反映，保持与体现其先进性，指导社会主义各项事业的发展。马克思主义大众化是与马克思主义在中国传播初始就存在的一个重要命题，是我们党在各个历史时期都长期坚持与倡导的理论共识与实践真知。所谓马克思主义大众化，就是通过对马克思主义理论的研究、宣传、普及、接受、回馈、发展工作的开展，使马克思主义理论由深奥到通俗，由党员群体到人民群众，以易于民众接受的形式与方式，提升其普及性，实现其通俗化、普世化的转变，使广大人民群众掌握马克思主义科学的分析和解决问题的基本方法，提高觉悟，使之成为其根本信仰，以先进的信念开启民心和民智，促进人民群众的马克思主义理念与素养提升，从信念层面巩固与拓展党的群众基础，实现党在理论传播与发展上的群众路线。雷锋精神做到了马克思主义中国化、时代化与大众化三者的辩证统一，在精神特质上实现了相互渗透、相互

① 中共中央宣传部理论局：《中国特色社会主义理论体系学习读本》，学习出版社 2009 年版，第 7 页。

② 《中共中央关于加强和改进新形势下党的建设若干重大问题的决定》，人民出版社 2009 年版，第 84 页。

补充、相互促进的有机统一整体。雷锋精神始终坚持马克思主义中国化的主题，将马克思主义与中国革命与建设的实际相结合，其在中国化主题中内在蕴含着时代化、大众化议题，在发展进程上具有时代化与大众化的进程性，时代化、大众化围绕着中国化展开，以拓展和深化中国化为己任；雷锋精神将时代化视为关键和保障，雷锋精神蕴含的马克思主义的生命力就体现在反映时代精神、适应时代需要、紧跟时代步伐、回答时代课题的时代解析与实践能力上，能否坚持时代性将直接影响雷锋精神的中国化发展与大众化实现，如雷锋精神强调艰苦创业、锐意进取，勇于创新就是与当前中国发展的现实相一致；雷锋精神把大众化作为精神实的根本途径。雷锋精神的中国化、时代化的理论成果，只有被广大群众所理解和掌握，才能发挥理论指导实践的作用，从理论的先进性转化为物质世界的积极成果，并在人民群众的实践中检验中国化与时代化的成效，是推动雷锋精神理论与实践发展的根本主体性途径。这反应雷锋精神中国化、时代化与大众化的本质特征。反映了雷锋精神的内在品质精神，即雷锋精神的普遍性与特殊性，实事求是及与时俱进，实践性与人民性的理论与实践品质。

（三）集体主义原则与个人修养的统一

雷锋精神能够对社会行为与个人行为起到引导作用，得到群众的广泛认可与遵循，各项内容具有现实实践性，就在于雷锋精神贯彻了集体主义原则与个人修养相统一的精神，成为其规范性本质特征。社会主体的行为失范与不当，建设社会主义，迈向共产主义的主要障碍，就是个人主义与集体主义的冲突，个人修养落后于时代发展要求，而雷锋精神本身及其具体内容都从坚持集体主义原则与提升个人修养的统一，通过坚持集体主义原则协调个人与社会、与集体的关系及行为取向，坚持个人修养的理念，促进个体素质的提高，促进社会文明的形成。同时，雷锋精神本身就是先进共产党人集体智慧结晶，与优秀个体修养的体现。雷锋精神所蕴含的集体主义原则，包含集体利益至上，集体观念等实践内容，并贯彻在雷锋精神的方方面面，如雷锋就具有强烈的集体责任感、荣誉感和归宿感，雷锋对此在日记中写道：“一朵鲜花打扮不出美

丽的春天，一个人先进总是单枪匹马，众人先进才能移山填海。”在雷锋看来，一个人的力量再大也是极其有限的，只有发挥每一个人的力量，只有大家团结在一起，为着一个共同目标去奋斗，才会产生无比巨大的力量。一个人的先进、进步固然是好的，但这仅仅是春天里的一朵鲜花而不是真正的春天，也不能造就一个春天；只有集体、社会中的众人进步、众人先进，发挥群体的力量、发挥集体的力量，才能造成集体与全社会的发展和进步。雷锋精神，绝不是在促进社会发展过程中的个人的单打独斗、各自为战，而是把要求进步的大多数个人团结在一起，拧成一股绳，使各个个人的力量变成集体的合力。同时，雷锋精神本身也是集体的结晶，汇聚为跨越社会主义不同历史时期的精神洪流而不断绵延。雷锋精神自它诞生的那一天起，就不仅仅是雷锋个人的思想、品质和行为的凝结，而是以雷锋为代表的广大社会主义的革命者和建设者，共产主义思想和共产主义品德的实践者、中华民族优秀传统的传承者在我国社会主义建设的伟大实践中，在中华民族走向伟大复兴的实践中的道德实践与道德创造的集体凝聚。[①] 在个人修养特征方面，雷锋精神强调在社会实践中，通过主客观改造，通过自律与他律相结合提升修养水平，从认知、情感、意志、信念、习惯与行为层面，进行系统性的修养，雷锋本身就是这样做的，坚持学习马列主义、毛泽东思想，在情感认识上贴近群众，热爱人民，严格自律，积极参与社会实践，集体主义原则与个人修养的统一，成为雷锋精神的实践特征。

第二节　道德视角下的雷锋精神解读

雷锋精神具有多维性，体现着政治、社会、文化与道德多元价值，意蕴丰富，其中雷锋精神的道德性是突出的表现，党的十八大报告中，

---

① 湖南省公民道德研究基地课题组：《论雷锋精神的本质特征、时代意义和实践路径》，《伦理学研究》2012 年第 2 期。

明确提出在社会主义公民道德建设中，推行学雷锋活动常态化，就是对于雷锋精神的道德先进性与功能现实性的重视与认可。所以，对于雷锋精神的深刻理解，就需要侧重其道德视角下的雷锋精神解读，在社会主义公民道德建设层面，系统地阐释雷锋精神的道德性。雷锋精神在社会主义公民道德范畴具有得天独厚的优势，成为民众习得公民道德规则的直接形式，就在于雷锋精神将优秀道德传统内化为共产党人的心理信仰和思想性格，通过群众性、民族性的表述方式，具体化地展现为道德行为规范和价值观念，使雷锋精神与学雷锋在某种程度上，成为公民道德优秀与先进的代名词。

一、雷锋精神体现共产主义、社会主义的道德规范形态

共产主义道德作为道德最高形态，具有历史发展性，共产主义道德的产生、形成与发展是同无产阶级的发展共同成长的，并在马克思主义和无产阶级先进政党的领导下，逐渐形成完备的科学体系，并在无产阶级的历史发展中呈现阶段性的道德调整侧重点，但其不变的共产主义道德核心是全心全意为人民服务，共产主义道德原则是集体主义，雷锋精神也是在坚持全心全意为人民服务核心与坚守集体主义原则的基础上，在具体道德内涵上一共产主义道德要求为指向，反映时代、现实的道德需求，形成科学、创新与可行的道德规范形态。

雷锋精神是以共产主义道德要求为核心与发展指引的，但在现阶段雷锋精神除了共产主义道德的本质要求外，还直接表现出社会主义道德的要求，这不仅不与共产主义道德要求相冲突，反而是践行共产主义道德的时代化、大众化与民族化的具体方式，是现阶段展现共产主义道德先进性与发展性的表现，这主要从共产主义道德的发展阶段性与当前的历史境遇层面综合考量。首先，共产主义道德的发展，又分为三个阶段：在无产阶级夺取政权时，共产主义道德具有鲜明的无产阶级性，具体表现在无产阶级的先进分子身上；在社会主义条件下，共产主义道德获得巨大发展，取代了资产阶级道德而成为占统治地位的道德；到了共产主义社会，共产主义道德将成为全体人民的道德。当前，我国处于社

会主义阶段，共产主义道德在这一阶段呈现出社会主义道德的特征，其社会道德基础是公有制是社会的主要形态，但还存有私有成分，人与人的关系正逐步摆脱物的依赖性，向人与人的自由联合发展，一方面，这种转变将是一个很长的历史过程；另一方面，社会关系物的依赖性还很强，特别是在有的领域，如市场经济领域，道德规范还必须与这种物质基础相适应，可以引导发展，当不能过多地超前实现。从共产主义道德历史境遇上来看，社会主义道德是共产主义道德特定历史时期的表现。我们现在所说的社会主义道德或中国特色社会主义道德，是指在改革开放后被提出并与社会主义初级阶段的历史相适应的道德。1986 年 9 月，中国共产党十二届六中全会通过的《关于社会主义精神文明建设指导方针的决定》中，专门论述了社会主义道德建设问题，明确提出了社会主义道德建设的基本要求，明确了社会主义道德与共产主义道德的关系，指出应该在树立社会主义道德风尚的同时在全社会提倡共产主义道德。社会主义道德和共产主义道德在内容的规定和要求上有所不同，共产主义道德追求的是无产阶级至高的理想，社会主义道德反映的是把先进性要求和广泛性要求相结合的道德范式。关于如何认识共产主义道德与社会主义道德的关系，一种最为简单的答案就是，社会主义道德是共产主义道德在现阶段的表现，现在的社会主义道德发展的方向就是共产主义道德。社会主义道德分为共产主义道德、社会主义道德、一般的社会公德三个不同的层次。[①] 国内主流伦理学者认为，共产主义道德的“无私奉献，即全心全意为人民服务的层次”，是社会主义集体主义的最高层次；“二是先公后私的层次，这是对广大工人、农民、知识分子的要求”；“三是顾全大局、热爱祖国、遵守纪律、诚实劳动、遵守社会主义的公共生活规则、职业道德和家庭伦理道德，这是对一个社会主义社会的公民所应有的基本道德要求”。[②] 所以，雷锋精神从全心全意

① 李莉、刘孜勤：《共产主义道德在社会主义道德体系构建中的历史境遇》，《山西青年管理干部学院学报》2011 年 12 月。

② 罗国杰：《以德治国与公民道德建设》，河南人民出版社 2003 年版，第 213 页。

为人民服务、奉献精神等共产主义道德要求明显的道德规范内涵，拓展出锐意创新、爱党爱国、乐于助人等符合社会主义发展现实的道德规范内容。

二、雷锋精神以“全心全意为人民服务”为道德规范核心

（一）“全心全意为人民服务”的内涵发展历程

中国化的马克思主义认为全心全意为人民服务是共产主义道德的最高表现，也是共产主义道德最基本的行为规范和本质特征。中共中央十四届六中全会《关于加强社会主义精神文明建设若干重要问题的决议》指出：“为人民服务是社会主义道德的集中体现”，“社会主义道德建设要以为人民服务为核心”。为人民服务既有中华民族传统美德的积淀，如毛泽东在《〈伦理学原理〉批注》中认为，自己和所有劳动人民的“良能”的伦理思想，“乃祖先以来多代相传之经验，其始固有意识存乎其间，及其行之以已久，成为社会之习惯，在个人之脑筋中成为一种不假思索脱然而出之反射运动”，更是共产主义与科学社会主义思想演化，马克思、恩格斯在《共产党宣言》中明确提出：“过去的一切运动都是为少数人或者是为少数人谋利益的运动。无产阶级运动是绝大多数人的，为绝大多数人谋利益的独立运动。”① 奠定了为人民服务的阶级思想基础，列宁就解答文学为谁服务这一问题时，其指出：“它不是为饱食终日的贵妇人服务，不是为百无聊赖、胖得发愁的几万上等人服务，而是为千千万万劳动人民，为这些国家的精华、国家的力量、国家的未来服务。”② 并在《从莫斯科——喀山铁路星期六义务劳动》一文中提出：“人人为我，我为人人”的原则，深化了这一思想，并在苏维埃国家建设过程中，成为基本道德准则，进行道德实践。而在在中国，历史地，继承性地结合中国实际，对马克思主义基本原理进行新概括，科学化、理论化提出“为人民服务”思想，并将其在中国社会主义建

① 《马克思、恩格斯选集（第一卷）》，人民出版社 1995 年版，第 262 页。

② 《列宁选集（第一卷）》，人民出版社 1995 年版，第 650 页。

设中付诸于实践的，是毛泽东同志，并成为毛泽东思想的重要内涵，广泛影响社会主义中国的道德发展。毛泽东于1939年写给张闻天的一封信中，首次提出了“为人民服务”，信中说孔子“勇于压迫人民，勇于守卫封建制度，而不勇于为人民服务。”1944年，毛泽东在中央警备团追悼张思德的会上发表了著名的《为人民服务》的演讲，这篇经典著作后来被选入小学语文教材，成为教育一代又一代社会主义接班人的精神武器。[①] 1944年10月，毛泽东在接见新闻工作者时并提出了“全心全意为人民服务”的观点。毛泽东说：“为人民服务，不能半心半意，不能三心二意，一定要全心全意。做任何一件工作，办任何一件事情，如果从个人的利益出发，夹杂着私心杂念，就不可能全心全意。中国革命事业是长期的，是艰苦的，如果我们革命队伍里，越来越多的人都能做到全心全意为人民服务，中国革命的进程也就可以加快些了”。1945年，毛泽东在《论联合政府》的政治报告中，把“全心全意为人民服务”作为党的宗旨提出来。建国后，“为人民服务”写入国家宪法，成为国家最高意志，中国共产党和人民军队的根本宗旨，社会主义道德建设的核心，社会主义核心价值体系中的核心内容。[②] 改革开放之后，以邓小平为核心的第二代领导集体，从执政党地位与社会主义建设现实出发，进一步肯定“为人民服务”思想的重要性，坚持把全心全意为人民服务作为党的全部工作的立足点和出发点。江泽民同志为核心的第三代领导集体，针对社会主义市场经济建设大潮中，道德方向与标准问题，提出了“三个代表”思想，这一思想为“为人民服务”理念注入了新的内涵与实践的标准。“三个代表”重要思想坚持马克思主义关于无产阶级政党必须植根于人民的政治立场，注重从人民群众的实践中吸取养分，为坚持马克思主义的群众观点，不断实现最广大人民的根本利益提出了新的理论要求，强调马克思主义政党的一切理论和奋斗都应致

---

① 敬芳：《试论“为人民服务”的时代内涵》，《淮海工学院学报（人文社会科学版）》2012年7月。

② 同上。

力于实现最广大人民的根本利益；必须以最广大人民的实践为理论创新的源泉，以实现最广大人民的根本利益为理论创新的目的，对为人民服务思想的内涵，行了新的充实与发展。① 在前人的基础上，胡锦涛同志提出科学发展观，作为党的第四代领导集体智慧的结晶，科学发展观以发展为要义，坚持以人为本，给“为人民服务”的思想注入了时代的科学内涵，促成为人民服务更加科学、系统地发展，使“为人民服务”与我国多元、多层次的社会经济发展相应，在各领域、各层面与各社会成员都能践行“为人民服务”道德规范，如针对市场经济条件下为人民服务与私人利益获得的关系困局，实事求是地提出“全心全意为人民服务”、“为人民义务服务”、“为人民无偿服务”、“为人民有偿服务”等“为人民服务”的层次，满足了我国道德水准多层次的发展现实，坚持了“为人民服务”的道德核心，实现了差别化、层次化、系统化的“为人民服务”的科学体系在全社会的贯彻与实现。

（二）雷锋精神“为人民服务”的道德规范内涵

雷锋精神能够作为公民道德要求的具体表现与道德符号，成为民众与社会各界普遍认可与遵循的道德形态，重要的道德先进性与优势在于其“全心全意为人民服务”的根本宗旨，并通过雷锋实践着这一宗旨，形成为人民服务的道德典范，凝聚为雷锋精神的内核，促使一代又一代雷锋式的道德楷模诠释“全心全意为人民服务”的道德准则，引导着社会与民众内化为人民服务要求。首先，“全心全意为人民服务”是雷锋精神的本质体现。雷锋的行为出发点与落脚点就是“全心全意为人民服务”，在能够全面反映其精神面貌与内心活动的雷锋日记中记载到：“自己是一个共产党员，共产党员的全部任务就是全心全意为人民服务”（1961 年 4 月 23 日日记）。“人的生命是有限的，可是，为人民服务是无限的，我要把有限的生命，投入到无限的为人民服务之中去”（1961 年 10 月 20 日日记）。雷锋精神的“全心全意为人民服务”既不

① 杨国林：《“三个代表”——为人民服务思想的延伸与发展》，《天津成人高等学校联合学报》2004 年 1 月。

是单纯的道德憧憬，也不是简单的感性感悟，而是具有实践性、科学系统性的道德思想体系，包括共产主义理想信念、社会主义行为规范和中华民族传统美德三个层面，共产主义是雷锋精神的本质特征，是全心全意为人民服务的根本目标与最高形态，是实现共产主义人与人自由联合，人全面发展的实现状态；社会主义行为规范层面，全心全意为人民服务，体现的是社会行为规则的理想状态，是具有自律性与他律性相结合，与社会主义以物的联系向人的联系发展的社会关系基础相适应的道德规范；在中华民族传统美德层面，全心全意为人民服务，反映了雷锋精神蕴含的助人为乐，无私奉献的传统美德认知，集中反映了民众朴素且美好的道德诉求与社会人与人关系的基本道德认同，是民族道德核心心理状态，具有深厚的民族性和广泛的群众性。正如雷锋所讲："我觉得要使自己活着，就是为了使别人过得更美好"（1961 年 11 月 26 日日记）。"我们吃饭是为了活着，可活着不是为了吃饭。我活着是为了全心全意为人民服务，是为人类的解放事业——共产主义而斗争"（1962 年 8 月 6 日日记）。其次，"全心全意为人民服务"是雷锋精神的具体实践方式。雷锋不等同于雷锋精神，但雷锋是雷锋精神的实践诠释，是雷锋精神的现实典范，雷锋式的"全心全意为人民服务"就是像雷锋那样在各活动领域，以符合活动规律的方式，发挥主观能动性，以共产主义价值观、中华民族传统美德为导向，切实进行为人民服务，雷锋甘愿做"傻子"，把为人民做好事当作自己最大的快乐。雷锋干一行、爱一行、钻一行，当个永不生锈的"螺丝钉"。如《雷锋日记》收集他所写的日记 143 篇，其中有 31 篇是直接记载雷锋甘当人民勤务员或为人民做好事的事迹。他用实际行动向人们表明："为建设社会主义和实现共产主义而献出自己的全部力量直至生命"（1961 年 7 月 1 日日记）。雷锋精神的"全心全意为人民服务"的道德规范，还具有"人伦与民本"的道德思想传承性，传统道德是在中国封建传统社会关系中形成的，其道德思想、道德价值与道德规范既有不符合社会发展的糟粕，也有体现道德普世价值与中华民族道德文化优秀的精华，其中"人伦与民本"思想的优秀成分，体现着中华民族所特有的文化传统与道德心态，至今仍潜移默化地发挥的道德调节作用。“人伦”思想主要是对于人与人关系的道德伦理调整，是以伦理关系作为辐射原点，以道德规范的形式进行关系调整，并由个体关系推演到社会关系。中国古代典籍《尚书·尧典》就有“父义、母慈、兄友、弟恭、子孝”的道德规范原则，确立家庭伦理关系，形成以血缘为纽带的人伦关系的道德要求。而在社会会道德伦理关系上，则以儒家“仁”的思想为核心，以“仁爱”的道德要求，调整社会道德关系，规范个体行为言行，如孔子的“仁者爱人”，墨家的“为人君必惠，为人臣必忠，为人父必慈，为人子必孝，为人兄必友，为人弟必锑”，再到孟子的“五伦”：“父子有亲，君臣有义，夫妇有别，长幼有序，朋友有信”。在殷商时期，有诸如“重我民”、“施实德于民”的记载。老子说：“圣人无常心，以百姓之心为心。”孟子在总结历史经验时深刻地指出：“莱封之失天下也，失其民也。失其民者，失其心也。得天下有道，得其民，斯得天下矣”，主张“民为贵。社租次之，君为轻”。荀子讲得更明确：“君者，舟也；庶人者，水也，水则载舟水则覆舟”。这一民本思想在秦汉以后的历朝政治家、思想家如西汉的贾谊、唐朝的李世民，宋朝的司马光、明清之际的王夫之那里，得到进一步的发展，他们在观念上以察民情、顺民意、解民忧为荣，在措施上采取一些诸如休养生息、轻徭薄赋的开明政策。可见在传统道德文化中，以民为本的思想非常丰富。[①]“全心全意为人民服务”的雷锋精神，内化、发展传统道德民本思想精华。全心全意为人民服务贯穿于雷锋的一生，表现于雷锋的一言一行。他说：“我学习了《毛泽东选集》一、二、三、四卷以后，感受最深的是，懂得了怎样做人，为谁活着”。“我觉得自己活着，就是为了使别人过得更美好”。在他牺牲的前几天，他解答的仍是这个人生话题：“我们吃饭是为了活着，可活着不是为了吃饭。我活着是为了全心全意为人民服务，是为人类的解放事业——共产主义而斗争。”这就是雷锋的世界观、人

---

① 郑炎明：《中华民族传统道德文化与当代共产党人的价值取向》，《江西省团校学报》2004年第3期。

生观、价值观。他对自己提出了两个基本要求："在工作上，要向积极性最高的同志看齐；在生活上，要向水平最低的同志看齐"。这两个要求体现的就是"吃苦在前，享受在后"的"奉献"精神。正是这种"奉献"精神铸就了雷锋，这种精神也是当今人们学习雷锋精神的重点。[①] 雷锋精神的生命力与先进性主要表现在对于优秀道德思想与元素的继承与发展，雷锋精神的"全心全意为人民服务"批判地继承中华民族传统道德中"人伦"、"民本"的思想，吸收其中亲民、利民、惠民的积极道德元素，通过马克思主义价值观、道德观的科学改造，实现科学性、先进性与民族性的有机结合，丰富了"全心全意为人民服务"的内涵与中国化的色彩。雷锋精神诞生于毛泽东时代，是毛泽东思想的具体成果与表现形式，而毛泽东思想具有浓厚的中国传统文化底蕴，对待为人民服务折射"民本"思想的积极成分，雷锋精神因此具有相应的精神内涵，毛泽东同志提出"为人民的利益坚持好的，为人民的利益改正错的。"党的第二代领导集体，根据新时期的特点与形式，以邓小平同志为代表提出"三个有利于"标准，把人民拥护不拥护、人民满意不满意、人民高兴不高兴、人民赞成不赞成作为检验我们一切工作得失成败标准，这使得雷锋精神具有实践标准。进人新世纪，江泽民同志、胡锦涛同志创造性地提出"三个代表"重要思想与科学发展观，以中国化、民族化、科学化的方式提出人民为本，人民利益为本的思想，做到了民本思想的创新性历史传承，使得雷锋精神的"全心全意为人民服务"的科学性、实践性程度进一步提升，习近平总书记所领导的新一代中央领导集体，在开局伊始就从"全心全意为人民服务"的观念出发，借用传统文化，提出"实干兴邦，空谈误国"的观点，要求推进学雷锋活动的常态化开展，将雷锋精神的为人民服务宗旨落实到实处，雷锋精神的传承发展历史，具有内化、发展传统道德民本思想精华的特点，成为传统道德优秀元素的时代先进代表。

---

① 罗文章：《让雷锋精神焕发出时代风采——雷锋精神时代化研究》，《红旗》2012年4月。

三、雷锋精神以爱党爱国、爱社会主义为道德规范价值导向

中华民族能够屹立于世界民族之林，中华文化源远流长五千年，最重要的一个民族特性就是爱国主义，具有“公忠”精神，在其积极方面表现为忠于集体、忠于国家、忠于道义，将国家与大义结合起来，成为衡量个人、社会与国家价值关系的人生准则，是一种崇高的思想道德境界。自古中华民族就重视整体观念，强调家国情结，道德明辨利义，尚大义，去小利，《诗经》有云“夙夜在公”，《尚书·周官》所曰“以公灭私民其允怀”，贾谊“国而忘家，公而忘私”的公论、王羲之的“以身任天下”的抱负、范仲淹的“先天下之忧而忧，后天下之乐而乐”的情怀，岳飞“精忠报国”的壮志，顾炎武“天下兴亡，匹夫有责”的历史责任感，林则徐“苟利国家生死以，岂因祸福避趋之”的气节，孙逸仙“天下为公”的道德理想等等，都是积极爱国怀民的精神表现与道德准则，彰显中华热血儿女“以天下之本为国”、以国家之务为己任，为民族、为国家前赴后继、奋斗不息，英勇献身的崇高集体主义、爱国主义精神。而对于个人之间、个人与社会、与国家关系的调整上，以利义之辨的形式，突显整体观念，重视集体利益，把群体、国家、民族利益至上的道德价值取向与道德评价标准，传统道德在规范个人、社会、国家的关系问题上，强调“舍己从人”、“先人后己”、“舍己为群”的集体观念，如墨家提倡“兼爱互助”，要求人们“有力者疾以助人，有财者勉以分人，有道者劝以教人”，做一个大公无私的“兼士”，在“义”与“利”的关系上，把代表整体利益的“义”，放在代表个人利益的“利”之上，倡导“重义轻利”、“贵义贱利”，强调“义以为上”、“先义后利”、“义然后取”，主张“见得思义”、“见利思义”，反对“见利忘义”，其内涵的道德行为规范是在个人利益与集体利益发生矛盾、相互冲突时，应以国家、民族之大义为先，牺牲个人的私利，甚至“舍生取义”。这种传统爱国尚义的道德取向，对于后世的道德标准与道德评判具有深远影响。爱国尚义的道德传统经由近代中国革命血与火的洗礼，特别是中国共产党在长期革命斗争和和平建设

实践中，继承和发扬这一优秀民族传统，把集体主义原则与爱国主义思想有机地统一起来，根据变化了的形势和任务，赋予爱国主义以新的时代内涵。在争取民族解放和国家独立的峥嵘岁月，爱国主义精神表现为对中华民族尊严的维护、对外来侵略的反抗，体现在为祖国的独立、人民的翻身解放而英勇献身的义举上。在当代中国，爱国主义与社会主义在本质上是一致的，建设中国特色社会主义、建设全面小康社会、实现中华民族的伟大复兴是新时期爱国主义的主题。邓小平同志指出：中国人民有自己的民族自尊心和自豪感，以热爱祖国、贡献全部力量建设社会主义祖国为最大光荣，以损害社会主义利益、尊严和荣誉为最大耻辱。经过中国共产党人的积极倡导和身体力行，今天，集体主义已经成为社会主义道德的基本原则，爱国主义已经成为鼓舞和激励全国人民维护民族稳定和发展的强大精神支柱和前进动力，它其中蕴涵着巨大的物质力量，深深融入在中华民族的生命力、创造力和凝聚力之中。[①] 这种历史的选择与发展，使得雷锋精神在现代，最突出、最根本的精神内涵与道德准则，就是热爱国家、热爱中国共产党。雷锋是党的忠诚战士，他时刻牢记党的宗旨，热爱党的事业，学习党的理论，坚持用先进理论武装头脑。他始终保持共产党员的政治本色，自觉把个人的命运与党和人民的事业紧密联系在一起，处处以国家、民族和集体利益为重，把个人的奋斗融入国家富强、民族振兴的历史洪流中，毫无保留地为祖国和人民奉献了一切。爱党爱国的坚定信念是激励我们为中国特色社会主义事业不懈奋斗的力量源泉。

当前，改革开放和社会主义现代化建设全面推进，党和国家事业发展站在了新的历史起点上，我们要大力弘扬雷锋精神，引导人们深入学习雷锋热爱党、热爱祖国、热爱社会主义的崇高理想和坚定信念，升华爱国主义情怀，追求高尚的人生价值，自觉为民族振兴、国家富强、人

① 郑炎明：《中华民族传统道德文化与当代共产党人的价值取向》，《江西省团校学报》2004 年第 3 期。

民幸福贡献智慧和力量。[①] 雷锋的一生就是对此的最好诠释，雷锋精神就是对此的实践精神。中国共产党是人民根本利益的代表，是引导中国正确发展的先进旗帜，是中华民族伟大复兴，实现中国梦的坚定领导者，紧跟党、热爱党，就是从根本利益上热爱祖国，热爱人民，爱国爱党是时代的爱国尚义。

四、雷锋精神以助人为乐为道德规范品格倡导

雷锋精神在民众中最直观的表达就是做好事，助人为乐，在实践中雷锋成了助人为乐的代名词，这也是雷锋深受人民爱戴，雷锋精神代代相传的根源，中华民族自古具有友善助人的道德传统，形成了独特的中华仁爱观念，其中蕴含的积极进步因素，至今仍影响着当今社会道德行为，而雷锋精神是根源于传统道德文化与先进共产主义思想，所以雷锋精神对于友善仁爱的道德传统，进行了本质性的升华，表现为助人为乐的道德品格特征。友善与仁爱是传统道德的理想状态，友善侧重道德实践的表达，仁爱体现德者内在的品格，只有仁爱之心，没有友善之行，是假爱；只有友善之举，没有仁爱情怀，是伪善。从字面理解友善是“友”与“善”两个会意字联用而成，其含义从社会道德交往层面理解，就是友好、亲善之意，意味着在与人交往中与人和睦为善、关爱他人，善待身边的人和物，所谓“与人为善”，“与人善言，暖于布帛，伤人以言，深于矛戟”。《易兑》之疏有谓：“同门曰朋，同志曰友”，《说文》有曰，“善，吉也。”中国传统社会是以血缘、家庭为纽带的，友善的范围也具有伦理的局限性，存在对社会大范围交往的友善问题，友善对待非亲缘、非血缘关系的社会其他成员的推演问题。对此以“仁爱”加以化解，孔子提出“仁者爱人”，进一步提出“己欲立而立人，己欲达而达人。能近取譬，可谓仁之方也已。”儒家所谓“仁也者人也，合而言之道也”，“推己及人”归根到底在于爱人，能够心怀仁

---

① 李长春：《在全国深入开展学雷锋活动座谈会上的讲话》，湖北省人民政府门户网站：www. hubei. gov. cn，2012 年 3 月 9 日。

爱由近推远、由己推人去实行友善，如所谓“老吾老以及人之老，幼吾幼以及人之幼。”在社会道德规范上，就强调有道德的人，能够爱人，关怀社会成员，通过自身的友善行为，帮助社会其他成员，形成互帮互助的社会氛围。雷锋精神助人为乐品格是友善仁爱的现实践行，雷锋精神助人为乐的要求，是基于共产主义人与人自由联合的道德理想，实现了对传统道德友善仁爱的发展，真正将人民视为同志，拓展了友善对象的范围，并使仁爱发展为共产主义的大爱，将普世情怀与共产主义高尚的道德情操有机结合，并以大众化的方式予以表达、实践。正如雷锋是实践社会主义思想道德的楷模。他以服务人民为最大幸福，以帮助他人为最大快乐，对待同志像春天般温暖，总是把方便让给别人，把辛苦留给自己。他把有限的生命投入到无限的为人民服务中去，每当人民群众遇到困难，他总是伸出援手、倾力相助；他走到哪里，好事就做到哪里，用真情和行动履行着一个公民的神圣责任，实践着一名共产党员的庄严承诺。助人为乐的宝贵品格体现着社会主义道德的要求，是推动全社会形成良好道德风尚的重要力量。当前，面对建设社会主义核心价值体系的繁重任务，我们要大力弘扬雷锋精神，大力加强社会公德、职业道德、家庭美德、个人品德建设，引导人们深入学习雷锋全心全意为人民服务的思想，自觉践行社会主义道德规范，牢固树立社会主义荣辱观，在生活中热心助人、尊老爱幼、诚实守信、见义勇为，用实际行动促进良好人际关系的形成和良好社会风气的发展。①

五、雷锋精神以创新进取为道德规范精神取向

自强不息是中华民族的优良品德，在道德规范层面强调个体通过主动学习与道德自律，提升自身的道德境界，能够积极地面对困境，正确地抵御不良诱惑，通过修己、正人，进而推动社会的发展。雷锋精神同样吸收了自强不息传统道德的积极因素，并在共产主义道德观的改造

① 李长春：《在全国深入开展学雷锋活动座谈会上的讲话》，湖北省人民政府门户网站：www. hubei. gov. cn，2012 年 3 月 9 日。

下，形成创新进取的道德精神，不仅强调个体的自我奋斗，勇往直前，更要求通过钻研精神的发挥，对社会的发展贡献创新力量。自省是不断从道德修养层面进行自我反省，发现不足与缺陷，进行改正与提升，是中国传统道德的修养根本，传统认为只有个体的道德修养不断提升，才能由此及彼地影响他人、影响社会。孔子认为，人生在世，修身为本，正人先正己，治人先修己，只有通过格物、致知、诚意、正心等途径，才能达到齐家、治国、平天下的修身结果。在修身、内省的方法上，孔子不仅主张学习礼的知识，加强道德修养；而且强调思和行，通过不断的思考、反省、使自己的思想意识符合道德准则，从而培育良好的道德风尚，提高精神境界。孟子提倡："见贤思齐焉，见不贤而内自省也"，认为只有经过一个艰苦的学习和锻炼过程，才能成为对事物有正义感、对社会有责任感、对逆境有作斗争的勇气的君子。曾子的"吾日三省吾身"思想和王阳明的"知行合一"观都是对儒家重视道德修养和道德实践这一思想的继承和发展。① 而自强不息则是以道德力的形式，调整个体内心活动、个体与外界的交互时的积极状态，并转化为现实的行动力与行为方式。自强不息语出《周易·乾》"天行健，君子以自强不息"。近代学者梁启超对此的解释是："乾象言君子自励犹天之运行不息，不得有一暴十寒之弊，且学者立志尤须坚忍强毅，虽遇颠沛流离，不屈不挠；若或见利而进，知难而退，非大有为者之事，何足取焉。人之生世，犹舟之航于海，顺风逆风，因时而异，如必风顺而后扬帆，登岸无日矣！"朱熹在《四书章句集注，中庸》中说："闻道有蚤莫，行道有难易，然能自强不息，则其至一也。"自强不息的道德价值在于，通过道德形式促使个体乃至整个社会在确定正确目标或是行为规范后，不管主观与客观的困难有多少，都坚定不移、开创性地努力去践行应有的道德信念，这正是中华民族经历了无数风雨仍然屹立于民族之林，不断发展兴盛的因由。雷锋本身就是一个自强不息，用于自省的代表，雷

---

① 郑炎明：《中华民族传统道德文化与当代共产党人的价值取向》，《江西省团校学报》2004 年第 3 期。

锋虽然家事不幸，从小受苦，但从未自甘堕落，而是积极向上，成为一个自强、自立的代表，如果说这具有自强不息的传统道德特点，那么建国后，雷锋的自强不息更具有共产主义的精神支持，更将个人与国家、社会与人民的发展紧密相连，雷锋不断以毛泽东思想为参照对自身行为进行自省，并在实践中创新为人民服务的形式。众所周知，雷锋的文化水平并不高，只有小学文化程度。为了提高自己的文化水平，他找到了一个秘诀——学习。无论是当农民、公务员，还是当工人、战士，他都坚持不断地学习。他不仅向书本学习，还注意向实践学习；不仅学习一般知识，而且注重学习革命理论。雷锋参加革命后，很快认识到学习革命理论的重要性。他把革命理论当作“粮食、武器、方向盘”。他说：“人不吃饭不行，开车没有方向盘不行，干革命不学习毛主席著作不行！”在学习上，他不仅有明确的目的，而且还非常善于学习。在鞍钢工作时，他制订了早晨学一小时，晚上学到10点至11点的自学计划。到部队后工作更忙，没有更多的学习时间，他就把学习的书本放在挎包里，人到哪里书到哪里，有空就看上一点。熄灯号响后，为了不影响其他同志休息，他就到工棚、车场、厨房、司务长的宿舍去读书，并且一读就是大半夜。雷锋有时还把灯拉到自己的枕头边，用报纸遮盖起来看书。由于雷锋有这种挤劲，他读的书越来越多，知识越来越丰富。当雷锋听到有的同志说工作忙，实在没有时间学习时，他便根据自己的学习体会，在日记中写下了这样一段话：“有些人说工作忙、没有时间学习。我认为问题不在工作忙，而在于你愿不愿意学习，会不会挤时间。要学习的时间是有的，问题是我们善不善于挤，愿不愿意钻。一块好好的木板，上面一个眼也没有，但钉子为什么能钉进去呢？这就是靠压力硬挤进去的，硬钻进去的。由此看来，钉子有两个好处：一个是挤劲，一个是钻劲，我们在学习上，也要提倡这种‘钉子’精神，善于挤和善于钻。”这就是人们广为称道的“钉子”精神。[①] 雷锋把学习作为基

① 罗文章：《让雷锋精神焕发出时代风采——雷锋精神时代化研究》，《红旗》2012年4月。

本需求，把创新作为重要动力，发扬善于“挤”、善于“钻”的“钉子精神”，勤奋学习科学理论，刻苦钻研业务知识，努力用现代科学文化知识武装自己、提高自己、完善自己。他始终保持乐观向上、斗志昂扬的状态，始终保持与时俱进、勇往直前的品格，敢于直面挑战，勇于克服困难，善于开拓创新，在创造性的劳动中升华人生价值。[①] 雷锋精神所蕴含的创新进取精神，是中华民族自强自省精神的时代表达，这一道德精神突破了传统的个人道德精神局限，拓展到社会国家发展层面，将个人的创新进取意识与国家社会的发展紧密联系起来，将创新进取精神贯彻到日常的学习、生活与工作中，特别是对于我国创建创新型国家，走强国之路具有时代现实意义，我们要发扬雷锋精神的创新进取精神敢于探索、勇于突破，在知识创新、技术创新、制度创新、管理创新和其他各方面创新中发挥聪明才智，成为知识型社会主义建设者，为提高自主创新能力、建设创新型国家作出应有贡献。

第三节　雷锋精神与社会主义公民道德建设

中国共产党的十八大报告中明确提出：“全面提高公民道德素质，这是社会主义道德建设的基本任务。”公民道德建设成为新时期的战略任务，具有突出的现实意义。雷锋精神与社会主义公民道德建设在内涵实质是一致的，具有相近的历史传承脉络，相对于社会主义公民道德内容的明文规范化，雷锋精神更能从内心信仰与社会舆论层面诠释社会主义公民道德要求，将社会主义公民道德建设的自律与他律功能定位，有机地结合起来，在实践层面对公民道德起到引导与领率的作用。现阶段，在社会主义公民道德建设过程中，积极弘扬雷锋精神，已成为社会

---

① 李长春：《在全国深入开展学雷锋活动座谈会上的讲话》，湖北省人民政府门户网站：www. hubei. gov. cn，2012 年 3 月 9 日。

主义公民道德建设的实践内容、运作手段和评价尺度，雷锋精神在公民道德价值观，公民道德行为准则与实际道德调节作用上，发挥着先进性的功能作用，是加强社会主义公民道德建设、提升公民道德素质的切实之举，体现着社会主义公民道德建设的先进性。

一、公民道德的内涵

对于公民道德的内涵，有多种解读，这种解读的多元性在于公民道德是与公民及公民社会相伴而生的产物，是具有历史性、阶级性。从历史考察，公民道德的提法是源于西方，发达于公民社会，体现法治与德治精神的同一，协调了道德的多层次性，将社会道德与个体道德要求相融合。从历史发展考察，公民道德可追溯至古希腊城邦时期与古罗马市民社会发展阶段，柏拉图和亚里士多德等伦理学家的著作里记载了公民道德的基本内涵与要求，如柏拉图提出了公民应该具备的“四主德”：智慧、勇敢、节制和正义，并在《理想国》中对四主德进行了全面而系统的论述。现代意义上的公民道德，是随着现代公民社会的形成而产生，是根植于西方现代民主、法制社会，主要通过爱心、尊重意识、自尊心、责任心、民主意识、平等观念、诚信意识、公平竞争意识、宽容意识等观念表达，并从道德的个体性拓展到社会公共性，如法国社会学家涂尔干从个人与国家关系的角度，对公民道德作了这样的定义：“公民道德所规定的主要义务，显然就是公民对国家应该履行的义务，反过来说，还有国家赋予个体的义务……”① 我国著名伦理学家罗国杰教授指出：“所谓公民道德，就是一个国家所有公民都必须遵守和履行的道德规范的总和。”② 宋惠昌认为公民道德的提出具有鲜明的时代意义。因为公民是现代民主政治社会中有独立、平等法律地位的个体，不是任何政治实体的附庸。公民道德的提出还具有重要的实践意义，它是对我

---

① 涂尔干：《职业伦理与公民道德》，上海人民出版社 2001 年版，第 52 页。

② 中共中央宣传部宣传教育局组织编写：《〈公民道德建设实施纲要〉学习读本》，学习出版社 2001 年版，第 38 页。

国社会关系和社会结构深刻变化的理论概括。它比社会主义道德这样的道德概念具有更大的社会普遍性，而且以国家公民为主体的公民道德，与单纯的阶级道德相比，具有更基础的性质，是整个社会道德体系中最基本的道德层次。[①] 中国的公民道德是与共产主义道德要求、中国公民社会的形成发展直接相关，共产主义道德要求是我国公民道德发展的方向与审核标准；中国公民社会发展，强调德治与法治共生的治理形态，为公民道德的形成与实践提供了沃土，无论从哪个层面理解公民道德，公民道德可以概括为：公民道德指公民个体在社会公共生活中所需要遵循的各种行为标准，是道德层面进行调整社会成员间伦理关系与行为规范的总和，是社会普世道德与共产主义道德的有机结合，是最基本的道德标准，是公民基本道德素质的体现，是社会公德、家庭关德与职业道德的基础，具有权利与义务的对等性。

二、公民道德建设的指导思想、原则与内容

公民道德建设是公民道德具体的推进方式，其具体的指导思想、原则与内容是雷锋精神发挥倡导公民道德要求，提升公民道德素质，促进社会主义公民道德建设的着力点，而社会主义公民道德建设的指导思想、原则与内容以《公民道德建设实施纲要》为准，对此《公民道德建设实施纲要》的规定主要体现在以下方面。

（一）公民道德建设的指导思想和方针原则

1. 根据党在社会主义初级阶段的历史任务，当前和今后一个时期，我国公民道德建设的指导思想是：以马克思列宁主义、毛泽东思想、邓小平理论为指导，全面贯彻江泽民同志“三个代表”重要思想，坚持党的基本路线、基本纲领，重在建设、以人为本，在全民族牢固树立建设有中国特色社会主义的共同理想和正确的世界观、人生观、价值观，在全社会大力倡导“爱国守法、明礼诚信、团结友善、勤俭自强、敬

① 宋惠昌：《〈公民道德建设实施纲要〉的历史意义》，载于王伟、李舒东主编《全球化进程中的伦理建设研究》，党建读物出版社 2002 年版，第 64 页。

业奉献”的基本道德规范，努力提高公民道德素质，促进人的全面发展，培养一代又一代有理想、有道德、有文化、有纪律的社会主义公民。

2. 坚持社会主义道德建设与社会主义市场经济相适应。要充分发挥社会主义市场经济机制的积极作用，不断增强人们的自立意识、竞争意识、效率意识、民主法治意识和开拓创新精神。正确运用物质利益原则，反对只讲金钱、不讲道德的错误倾向，在实践中确立与社会主义市场经济相适应的道德观念和道德规范，为改革开放和现代化建设提供强大的精神动力与思想保证。

3. 坚持继承优良传统与弘扬时代精神相结合。要继承中华民族几千年形成的传统美德，发扬我们党领导人民在长期革命斗争与建设实践中形成的优良传统道德，积极借鉴世界各国道德建设的成功经验和先进文明成果，在全社会大力宣传和弘扬解放思想、实事求是，与时俱进、勇于创新，知难而进、一往无前，艰苦奋斗、务求实效，淡泊名利、无私奉献的时代精神，使公民道德建设既体现优良传统，又反映时代特点，始终充满生机与活力。

4. 坚持尊重个人合法权益与承担社会责任相统一。要保障公民依法享有政治、经济、文化、社会生活等各方面的民主权利，鼓励人们通过诚实劳动和合法经营获取正当物质利益。引导每个公民自觉履行宪法和法律规定的各项义务，积极承担自己应尽的社会责任。把权利与义务结合起来，树立把国家和人民利益放在首位而又充分尊重公民个人合法利益的社会主义义利观。

5. 坚持注重效率与维护社会公平相协调。要把效率与公平的统一作为社会主义道德建设的重要目标，在全社会形成注重效率、维护公平的价值观念。把效率与公平结合起来，使每个公民既有平等参与机会又能充分发挥自身潜力，促进经济发展，保持社会稳定。

6. 坚持把先进性要求与广泛性要求结合起来。要从实际出发，区分层次，着眼多数，鼓励先进，循序渐进。积极鼓励一切有利于国家统一、民族团结、经济发展、社会进步的思想道德，大力倡导共产党员和各级干部带头实践社会主义、共产主义道德，引导人们在遵守基本道德规范的基础上，不断追求更高层次的道德目标。

7. 坚持道德教育与社会管理相配合。要广泛进行道德教育，普及道德知识和道德规范，帮助人们加强道德修养。建立健全有关法律法规和制度，把公民道德建设融于科学有效的社会管理之中。逐步完善道德教育与社会管理、自律与他律相互补充和促进的运行机制，综合运用教育、法律、行政、舆论等手段，更有效地引导人们的思想，规范人们的行为。

（二）公民道德建设的基本内容

在《公民道德建设实施纲要》中，对于公民道德建设的基本内容，做出了详细的规定，就其纲目来讲，就是社会主义道德建设要坚持以为人民服务为核心，以集体主义为原则，以爱祖国、爱人民、爱劳动、爱科学、爱社会主义为基本要求，以社会公德、职业道德、家庭美德为着力点。在公民道德建设中，应当把这些主要内容具体化、规范化，使之成为全体公民普遍认同和自觉遵守的行为准则。

1. 为人民服务作为公民道德建设的核心，是社会主义道德区别和优越于其他社会形态道德的显著标志。它不仅是对共产党员和领导干部的要求，也是对广大群众的要求。每个公民不论社会分工如何、能力大小，都能够在本职岗位，通过不同形式做到为人民服务。在新的形势下，必须继续大张旗鼓地倡导为人民服务的道德观，把为人民服务的思想贯穿于各种具体道德规范之中。要引导人们正确处理个人与社会、竞争与协作、先富与共富、经济效益与社会效益等关系，提倡尊重人、理解人、关心人，发扬社会主义人道主义精神，为人民为社会多做好事，反对拜金主义、享乐主义和极端个人主义，形成体现社会主义制度优越性、促进社会主义市场经济健康有序发展的良好道德风尚。

2. 集体主义作为公民道德建设的原则，是社会主义经济、政治和文化建设的必然要求。在社会主义社会，人民当家作主，国家利益、集体利益和个人利益根本上的一致，使集体主义成为调节三者利益关系的重要原则。要把集体主义精神渗入社会生产和生活的各个层面，引导人们正确认识和处理国家、集体、个人的利益关系，提倡个人利益服从集体利益、局部利益服从整体利益、当前利益服从长远利益，反对小团体主义、本位主义和损公肥私、损人利己，把个人的理想与奋斗融入广大人民的共同理想和奋斗之中。

3. 爱祖国、爱人民、爱劳动、爱科学、爱社会主义作为公民道德建设的基本要求，是每个公民都应当承担的法律义务和道德责任。必须把这些基本要求与具体道德规范融为一体，贯穿公民道德建设的全过程。要引导人们发扬爱国主义精神，提高民族自尊心、自信心和自豪感，以热爱祖国、报效人民为最大光荣，以损害祖国利益、民族尊严为最大耻辱，提倡学习科学知识、科学思想、科学精神、科学方法，艰苦创业、勤奋工作，反对封建迷信、好逸恶劳，积极投身于建设有中国特色社会主义的伟大事业。

4. 社会公德是全体公民在社会交往和公共生活中应该遵循的行为准则，涵盖了人与人、人与社会、人与自然之间的关系。

5. 职业道德是所有从业人员在职业活动中应该遵循的行为准则，涵盖了从业人员与服务对象、职业与职工、职业与职业之间的关系。

6. 家庭美德是每个公民在家庭生活中应该遵循的行为准则，涵盖了夫妻、长幼、邻里之间的关系。

三、雷锋精神对社会主义公民道德建设的作用

雷锋精神的传承与创新，特别是学雷锋活动常态化的开展，与社会主义公民道德建设结合起来，对于落实《公民道德建设纲要》，推进公民道德建设，提升公民道德素质具有重要的现实作用。

（一）雷锋精神具有提升公民道德建设的认知作用

公民道德建设得到群众的认可，并广泛参与其中，践行公民道德要求，主动提升自身公民道德素质的前提，就是对社会主义公民道德建设的意义、指导思想、原则与具体内容的科学、理性与实践性认知，形成良性的道德认知，而雷锋精神可以通过朴实的善恶观念与共产主义道德意识来能动地反映社会现实，前进的正确方向，从而使人们认识公民道

德建设必然性和所要调整的各种利益关系，明晰公民个体在社会道德关系中的地位，应有的权利和应负的责任等。雷锋精神对于社会主义公民道德的认识功能，主要通过公民在学习、发扬雷锋精神，参与学雷锋活动中，在社会公共领域、职业活动领域与家庭私人领域，习得公民道德的基本观念、规范准则、公民道德建设理想等公民道德建设内容。认知公民道德建设的道德调整客体，人与人、人与社会，人与自然之间的伦理道德利益关系，并通过了雷锋精神的道德价值引导，使公民选择正确的与社会、与他人相互关系准则和价值方向，切实进行公民道德评价行为，进而做出符合公民道德要求的道德选择，通过雷锋精神的实践，引导人们按照公民道德建设的内容、原则与方法，去创造完美的社会关系和完善的人格。

（二）雷锋精神具有实践公民道德调节功能的典范作用

公民道德建设的重要功能目标，就是发挥公民道德在社会活动中的道德调节作用，这一道德功能的有效实现，是检验公民道德建设成效，通过功能发挥推动公民道德建设的关键，也是群众评价公民道德的实践基础。而雷锋精神能够通过其道德规范的实践性，成为公民道德之道德调节功能发挥的实践典范，使群众切实感知公民道德的良好作用，坚信公民道德建设的正确性。这主要通过雷锋精神的道德倡导，与学雷锋活动的开展，在具体雷锋精神道德规范的运用下，通过社会评价等方式，来指导和纠正公民主体的社会行为，以达到协调人际关系、维护社会秩序，促进生产发展的功能。雷锋精神所蕴含的道德规范内容，与社会群众贴近，经过几十年的发展与实践，雷锋精神已经成为人生产生活中共识的道德规范准则，并具有现实道德评价的标准性，加之雷锋精神的表达与学雷锋活动的开展，是与社会舆论、风俗习惯、内心信念等有机结合，形成道德实践性的善恶标准，实际发挥着道德调节的作用。同时，雷锋精神在实践层面，深化公民道德调节功能，公民道德调节功能借由雷锋精神与学雷锋活动实现，一方面可以推进公民道德的社会调节功能，因为雷锋精神为社会普遍接受，并成为道德价值与评判的标准，通过雷锋精神体现公民道德的原则、规范，成为尺度性符号评价人们的道德行为，协调人们的道德关系，这是最基本的道德调节方法；另一方面，强化公民道德自我调节的功能，公民道德在重视社会公德性的基础上，也强调个体私德调节功能的发挥，而雷锋精神具有个体道德思想的感召力与修养力，能够提升个体的公民道德素养，促进个人以雷锋精神的道德思想为尺度，来评价社会的道德行为，协调自我在社会中的道德角色及与他人、与社会的道德关系。

（三）雷锋精神实现是公民道德培养和教育的有效途径

公民道德之所以要以建设的形式推进，就在于公民道德意识的形成、公民道德规范的习得与公民道德行为的养成，不是自然而成，是需要科学、系统、实践地培养和教育。正如马克思主义认为，人的本性不是先天的，而是后天的；人的本性是由社会经济状况决定的，它是可以变化的，因而人的向善，向恶的能力也是可以改变的。但是人们的这种善恶本性的改变，并不是随着社会经济状况的变更而自然而然地发生变更，而是需要通过人们自觉的活动来实现这种变更。人们在社会实践中形成的道德规范和行为准则，反过来又转化为自觉的道德需要，这一过程本身就是一个道德教育和自我教育的实践过程。[①] 而雷锋精神的传承学习及学雷锋活动的开展，通过雷锋精神的道德评价、精神激励等方式，形成良性的社会舆论，演化为高尚的社会风尚，树立雷锋式的道德榜样，塑造公民道德理想人格，培养公民道德道德观念、提升公民道德境界和养成公民道德行为，这是进行公民道德教育与培养的有效途径。按照中央的部署，学雷锋活动的总体要求是着眼于推进社会公德、职业道德、家庭美德、个人品德建设，着眼于提升公民思想道德素质和社会文明程度，以传承和弘扬雷锋精神为主题，以青少年为重点，以社会志愿服务为载体，广泛开展学雷锋实践活动和社会志愿服务活动，广泛普及爱国、敬业、诚信、友善基本道德规范，推动学雷锋活动常态化、机制化，形成践行雷锋精神、争当先进模范的生动局面，形成我为人人、人人为我的良好氛围。通过开展雷锋精神学习教育活动，例如开展形式

① 郑祖泉：《也谈道德功能》，《中共浙江省委党校学报》1994 年第 6 期。

多样的社会宣传活动，举办公民道德论坛、道德建设网上谈、道德宣传日等活动，编辑出版雷锋精神的图书，制作播出雷锋事迹专题片，广泛运用展览展示、座谈报告、征文演讲等方式；通过形式多样的学雷锋实践活动，例如精心打造有特色有影响的学雷锋活动平台和品牌，在企业、社区、农村、军营、服务行业、窗口单位和公共场所广泛开展学雷锋活动，拓展学雷锋活动的覆盖面，把学雷锋活动延伸到基层单位，拓展到非公有制经济组织和社会组织，深入、覆盖各种群体；通过广泛开展社会志愿服务活动，拓展和创新学雷锋活动，把学雷锋活动与社会志愿服务活动紧密结合，打造社会志愿服务组织，动员和引导更多社会成员和社会组织投身志愿服务；通过学雷锋活动与加强未成年人思想道德建设和大学生思想政治教育相结合等，有效培育良好的公民道德。①

（四）雷锋精神是提升公民道德修养品格的境遇与载体

公民道德建设的重要内容，就是促进公民自身养成良性、发展的公民道德修养品格，将公民道德内化为公民的道德品格，并具有不断提升的主体性意识与能力。从道德修养层面来讲，这涉及公民道德情感陶冶，公民道德意志磨炼与公民道德确立的实现，雷锋精神所体现的道德价值先进性、精神动力性与实践境遇性，将有力促成公民的公民道德修养品格的提升。

雷锋精神对于公民道德情感的提升作用，表现在雷锋精神所表现的公民道德内容、内涵、原则与规范的社会与个体的价值认同与效果认可，雷锋精神坚持共产主义道德信仰与理想，体现了人的情感层面的共识性，以其特有的精神心理性，充分反映共产主义道德人的本质性，使雷锋精神境遇下的公民道德修养具有人情味，符合中国伦理情景的道德文化特点，促使公民从情感层面感知职业道德的人性伦理之美与共产主义的崇高价值追求，生成人文的公民道德情感修养的环境与氛围，形成良性的公民道德修养状态具体的途径可以通过诸如情感教育、情操陶冶

① 蔡俊：《陈亚东从学雷锋活动看中国公民社会的建设》，《内蒙古农业大学学报（社会科学版）》2012 年第 4 期。

与实践体验等方式开展。公民道德的道德素养提升，不仅在于公民道德内化，更需要实践养成，在实践中磨练公民道德意志，坚定公民道德信念取向，雷锋精神是实践性精神，不仅精神内涵先进，更注重实践的考验与养成，在雷锋精神上坚持“全心全意为人民服务”，遵循集体主义原则，热爱人民、热爱国家社会，具有自然崇高的审美标准，这需要公民在社会活动与独处，能够合理处理各种利益冲突与诱惑，抵御公民道德践行中出现的外在压力与内在私情。而雷锋精神及其实践活动，能够对公民道德意志与信念，提供理念支持与实践磨炼，在理念层面，雷锋精神坚持共产主义先进的世界观、人生观、价值观与道德观，能为公民破解道德困惑，明辨价值是非，坚信先进真理提供精神航灯；在实践层面，为公民在社会活动与个体行为中存在的能力制约、利益诱惑、舆论压力等实践阻碍提供化解渠道与体验情景，以坚定公民道德意志与信念，成为提升公民道德修养品格的有效境遇与载体。①

① 康风云：《论雷锋精神的本质内涵与时代价值》，《武汉纺织大学学报》2012 年。

第二章

雷锋精神体现社会主义公民道德建设的先进性

第一节　雷锋精神是中华民族传统美德的体现

中华民族传统美德是在中国历史长河中长期积淀和流传下来的，对社会及其成员的发展和进步起着深远影响的优秀道德遗产，是中国古代诸多思想家对中华民族道德实践经验的总结、提炼和概括。主要包括中华民族优秀的道德品质、优良的民族精神、崇高的民族气节、高尚的民族情感以及良好的民族习惯。雷锋精神融会了中华民族传统美德的精华。助人为乐的雷锋精神体现了中华民族传统美德的仁爱之心，克己奉公的雷锋精神体现了中华民族公而忘私的传统美德，谦虚谨慎的雷锋精神体现了中华民族谦敬礼让的传统美德，爱岗敬业的雷锋精神体现着中华民族敬业诚信的传统美德。

一、助人为乐的雷锋精神体现了中华民族传统美德的仁爱之心

仁是中华民族优秀传统道德的核心，是儒家的最高道德原则和道德理想，仁的核心是爱人。儒家伦理思想的创始人孔子对仁做过诸多方面的论述，并赋予仁以非常丰富的道德内涵，仁经常被儒家视为“全德”。“仁包括忠恕，包括克己，包括孝悌，包括自爱，还包括智、勇、

恭、宽、信、敏、惠等美德及其规范。”[1] 孔子把仁作为儒家伦理思想的核心，第一个用“爱人”来解释仁，把“爱人”作为仁的根本要求之一，即所谓“仁者爱人”、“推己及人”，强调对他人应该帮助、爱护、关心和同情。孔子在《论语》中提及仁的次数多达109处。“樊迟问仁，子曰：‘爱人’”（《论语·颜渊》），首先指明了仁即“爱人”。同时，孔子认为“爱人”还表现为忠恕之道。孔子强调“己所不欲，勿施于人”（《论语·颜渊》）、“我不欲人之加诸我也，吾亦欲无加诸人”（《论语·公冶长》），认为在人际交往中，个人应该设身处地地为他人着想，凡是不愿意别人施加于自己的一切事情，自己都应当自觉地不施加于别人，以免别人受到伤害，即宽恕待人；孔子认为“夫仁者，己欲立而立人，己欲达而达人”（《论语·雍也》），认为仁德的人，就是自己想要成功，也得让别人成功，自己想被别人理解，也要先理解别人，即要“推己及人”。因此，忠恕是推爱己之心以爱他人，爱人的积极表现就是成人之美、助人为乐。“人能爱人而后才能利人、己所欲施于人的忠，就是成人之美、助人为乐，就是爱人的积极表现；人能爱人而后才能不害人、己所不欲勿施于人的忠，就是不成人之恶、不损人利己，就是爱人的消极体现。”[2] 孟子继承和发展了孔子的仁爱思想，从“人人都有不忍人之心”（《孟子·公孙丑上》）出发，认为人之所以异于禽兽，就其根本是在于人有着与生俱来的对他人的关心、慈爱、同情和怜悯之心。孟子强调“老吾老以及人之老，幼吾幼以及人之幼”（《孟子·梁惠王上》），“亲亲而仁民，仁民而爱物”（《孟子·尽心上》），认为在人和人的相处中，应当推己及人，推恩及人，“故推恩足以保四海，不推恩无以保妻子。古之人所以大过人者无他焉，善推其所为而已矣”（《孟子·梁惠王上》）。可见，儒家的仁爱是由己推人，由内而外，由近及远。墨子主张“兼相爱，交相利”（《墨子·兼爱》），认为对待别人要如同对待自己，爱护别人如同爱护自己，彼此之间相亲

① 罗国杰：《中国传统道德（简编本）》，中国人民大学出版社2012年版。

② 许亚飞：《论“仁爱”精神及其现代价值》，《探索》1995年第3期。

相爱，不受等级地位、家族地域的限制，应当“爱人若爱其身”（《墨子·兼爱》）。兼爱的理想境界是“天下之人皆相爱，强不执弱，众不劫寡，富不侮贫，贵不敖贱，诈不欺愚”。综上所述，提倡人与人相爱、帮助人、尊重人、同情人的仁爱思想，无疑是中华民族优秀传统道德的精髓，是引导历代人民行为的准则。

助人为乐即乐善好施，雷锋“一团火”的助人为乐精神体现了中华民族以仁为核心的传统美德。雷锋把“助人”作为自己的欢乐，融入工作，融入生活，即是“仁爱”思想中人与人相爱、帮助人、尊重人、同情人的真切体现。这“一团火”的助人就好比“雷锋出差一千里，好事做了一火车”[①]。雷锋无论走到哪里，都能以“仁爱”作为自己的信条，时刻助人为乐。少年时期的雷锋就在学校和生活的点滴中处处为他人着想。一天放学的时候，已经打过放学铃了，雷锋还有一道算术题没有做出来，一直坐在教室里解题。有个同学路过招呼他回家再做，可是雷锋坚持要做完，并苦头疑惑着为什么总也解不对。那个同学走到雷锋身边，想让雷锋抄了自己的作业然后赶紧一同回家。这时，雷锋发现自己反复琢磨的答案竟和他的不同，并和这个同学讨论起来。此时，这个同学想赶紧拿来抄一下雷锋的作业了事，而这时，雷锋却提出让该同学亲自解题，亲自找到正确的解题方法，不可草草了事。这是雷锋关心他人成长，真正从内心帮助他人并秉持“爱人”的最好体现，即帮助不是单纯的帮助，而是为了这个人的全面发展而从不同角度帮助。北上后的雷锋，从生活中的每个细节关心同事和党组织的工作，他常说“关心他人比关心自己重要”，“把别人的苦难当成自己的困难，把同志的愉快看成自己的幸福”[②]。雷锋在日记中写道：“对待同志要像春天般的温暖，对待工作要像夏天一样火热，对待个人主义要像秋风扫落叶一样，对待敌人要像严冬一样残酷无情。”[③] 在雷锋短暂的一生中，

---

① 陈广生：《雷锋传》，解放军出版社 1983 年版。

② 同上。

③ 同上。

雷锋将助人、爱人作为自己一生的事业，追求人际和谐。雷锋从身边做起，像关爱自己的父母亲一样关爱并帮助他人，达到了“推己及人”，“爱人若爱其身”，这即是中华民族优秀传统道德的“仁”的体现。也这正像孔子提出的，把爱人作为人与人之间的纽带，使整个社会都建立在人人爱人的基础上，实践了人与人相爱，尊重人的价值、同情人、帮助人。助人为乐的雷锋精神是中国共产党第十八次全国代表大会提出的社会主义核心价值观中个人层面的“友善”的当代价值的体现，即强调人与人之间的和睦友好、互相帮助、互相施爱，亦是对中华民族传统美德的继承和发展。

二、克己奉公的雷锋精神体现了中华民族公而忘私的传统美德

公而忘私是中华民族的传统美德，“公私之辩”是中国传统道德发展并演化的一条主线，即为公与为私、公利与私利的关系问题。在公私之辩中，把“公义胜私欲”作为道德的根本要求，把“公”作为道德的最高标准，主张克己奉公，并关注能否“先公后己”，“天下为公”。两千多年前的《诗经》已经提出“夙夜在公”（《诗经·召南·采蘩》）的道德要求，认为日日夜夜为公家办事是一种高尚的道德品质。西汉的贾谊提出“国而忘家，公而忘私”（《治安策》），强调国家和民族的利益，强调一种为整体而尽忠、献身的精神。东汉的班固则认为“故化成俗定，则为人臣者主耳忘身，国耳忘家，公而忘私，利不苟就，害不苟去，唯义所在”（《汉书·贾谊传》）。宋代的范仲淹提出“先天下之忧而忧，后天下之乐而乐”（《岳阳楼记》）。清代的顾炎武提出“天下兴亡、匹夫有责”（《日知录·正始》）的思想。鸦片战争时期的林则徐曾写下“苟利国家生死以，岂因祸福避趋之”的诗句。这些高尚的境界，都显示了强烈的为国家、为民族、为整体而献身的精神。我国历史上曾出现过许多爱国爱民，为民族为社会舍小家顾大家的杰出人物，他们创造了无数可歌可泣的业绩，至今仍为人们所传颂。他们秉承“为公”的主流价值取向，从国家利益和整体利益的原则出发，在个人对他人、对群体、对社会的关系上，以公为重。

克己奉公就是约束自己，以公事为重，一心为公。雷锋“一辈子”的克己奉公精神体现了中华民族公而忘私的传统美德。在雷锋的短暂生命里，雷锋总能坚守“克己奉公”，因此，奉献是雷锋精神的实质所在。首先，雷锋积极主动为组织、为社会着想，主动为社会、为国家贡献自己的微薄之力。在农业合作化的高潮中，正值少年的雷锋主动把土地改革中分得的、由互助组代耕的二亩四分地全部入了社；社里开展扫盲运动时，没有教师，他就和同学商量一起在社里办了夜校，想利用少有的业余时间和掌握的有限的文化知识为社会培养人才，学生全都是在旧社会没有机会上学的小伙子和大姑娘。这正是从“天下兴亡、匹夫有责”出发，依靠自己的力量为整个社会的教育和百姓的素质问题而努力奋斗的真实写照，是雷锋为公着想、为民福利的写照。其次，雷锋服从组织需要，在义和利面前，选择前者、坚持前者。原本在鞍钢表现优异的雷锋，放弃了已经熟悉并稳定的工作环境，不顾自己利益，在祖国最需要的时刻，选择来到了弓长岭偏僻山脚下的焦化工厂，投身于祖国的建设中。然而，来到那里，“一切就好比白手起家，工人宿舍还没有盖起来，他住在破旧的土房里，那里又漏雨，又漏风。食堂是临时搭建的席棚，厨房是露天灶，走的是坑洼不平的山路，吃水和用水都要到离工地二里多路远的村子里去挑……”[1] 原本在运输连当汽车兵的雷锋，因为平时善于写诗和朗诵诗，被组织挑去做了团里的战士业余演出队，他放弃了从小就致力于上前线打仗、为国家做大贡献的愿望，“服从革命需要，当个什么兵都行。革命需要我烧木炭，我就去做张思德；革命需要我去堵枪眼，我就去做黄继光”[2]。在演出队，雷锋自报节目的劲头让组织吃惊，较高的工作量让组织对雷锋又一次刮目相看。这正是雷锋舍我求公的表现，国家和人民需要他做什么他就做什么。第三，雷锋自己省吃俭用来奉献社会、回报社会。在县委开办农场，想让芜湖的湖沼地变成鱼米之乡时，雷

---

① 陈广生：《雷锋传》，解放军出版社 1983 年版。

② 同上。

锋立刻拿出自己省吃俭用节约下来的二十元钱，全部送到团支部，“人民每月给我的钱，我用不了，全交给农场买拖拉机吧”[①]；在抚顺市成立人民公社时，雷锋不假思索的取出多年来节约下来的二百元，交到了公社党委办公室，办公室的同志想让雷锋把这辛苦钱寄回家里，“人民公社就是我的家，我这钱就是给家里用的，假如我的父母还活着，我相信，他们一定不会拒绝一个儿子给的钱……”[②] 雷锋在国家和集体最需要的时刻，献出了自己的力量，秉承“天下兴亡、匹夫有责”的思想，“先天下之忧而忧，后天下之乐而乐”，这不仅仅是用“二十元”、“二百元”表达了个人对公家的热爱和真诚，而是展现了用自己对国家的最热诚的心而行走的力量。克己奉公的雷锋精神在当代社会表现为以集体主义为原则，爱党、爱人民、爱社会主义，为人民和祖国的社会主义事业而奉献。同时，强调个人对他人的感恩，个人对社会的感恩，个人对大自然的感恩，呈现出一种主体间的意识触动和需求关怀。慈善机构、公益组织等社会各个非盈利领域中涌现的群体（如爱心团体“微尘”、中国青年志愿者协会）和个人（如丛飞、林秀贞）就是当代的雷锋群体和个人，是继承和发展了的中华民族传统美德中“公而忘私”的情怀的真实流露。

三、谦虚谨慎的雷锋精神体现了中华民族谦敬礼让的传统美德

中国自古就有“礼仪之邦”的美誉，谦敬礼让是中华民族的传统美德。谦敬既是个人自身修养的美德，也是对人处事的道德要求。谦即自谦，虚以处己；敬即敬人，礼以待人，谦在己、敬在人。谦敬与礼让是紧密联系在一起的，“恭敬之心，礼也”（《大学》）。礼让是中国传统道德的一个基本要求，内容上包括三个层次：“指整个社会等级制度、法律规定和伦理规范的总称；指整个社会的道德规范，所谓‘礼

① 陈广生：《雷锋传》，解放军出版社 1983 年版。

② 同上。

者，德之基也’；指仪礼、礼节仪式以及待人接物和处事之道。”[①] 我们讲求更多的是第三点，即待人处事之道。中国传统道德认为，礼是人与动物相区别的标志。“凡人之所以为人者，礼义也”（《礼记·冠义》）。礼也是人的立身之本和区分人格高低的标准。孔子说：“不学礼，无以立。”《左传》上也提到：“礼，人之干也。无礼，无以立。”另外，中国传统道德在提倡谦敬礼让的同时，提醒人们“事思敬”、“不居功”，“择善而从”。老子曾以江海处下而为百谷王的事实，告诫人们不要“自矜”、“自伐”、“自是”。谦敬礼让这种优秀的道德能促使人们拥有和谐的人际关系并促进群体的团结向上。

谦虚谨慎即虚心礼让，小心谨慎。雷锋的谦虚谨慎精神体现了中华民族谦敬礼让的传统美德。一方面，雷锋秉承谦虚的态度坚持以礼待人，而且不论做什么都很踏实，一丝不苟。在县委机关工作的雷锋，对于来县委机关办事的基层干部和来访群众，他总能以最饱满的热情接待，态度和蔼可亲，服务周到，礼貌待人；对教他开推土机和拖拉机的师傅，他总能恭敬并谦虚的学习技术，还不忘照顾师傅的生活起居；对周围的同事，他总能礼貌待人，热心助人。雷锋的这种精神感染着周围的同事和社会的风气。这正是中华民族传统道德中仪礼、礼节仪式以及待人接物和处事之道。雷锋将这种珍贵的道德品质展现得淋漓尽致。另一方面，雷锋秉持谦虚谨慎的作风，时常将荣誉和自我批评相结合，并常把荣誉分享给其他人。在1961年冬训总结的时候，李连长在军人大会上表扬了四班副班长和班级里几个战士，表扬这些人干劲大、进步快，冬训成绩突出，可是对班长雷锋却只字未提。班级里的同学都感到奇怪，都认为班长雷锋才应该是本荣誉的最佳获得者，再三思量，最终忍不住向组织打听原因。这才得知，原来是雷锋向连里汇报工作时，主动提出要表扬这几个人，而他却做了自我批评，说自己平时外出多，班里工作他抓得不够。同时提及其他同志们积极性很高，如果能把集体的积极性进一步调动起来，班级的工作会做得更好，成绩会更大。这种精

① 罗国杰：《中国传统道德》（简编本），中国人民大学出版社2012年版。

神在部队中得到宣扬，战士们纷纷认可雷锋的作风，这种作风在无形中有效加强了班级建设和组织建设，增强了班级的凝聚力和战斗力。雷锋常说，“骄傲的人，其实是无知的人。他不知道自己能吃几碗饭，他不懂得自己只是沧海一粟。这还有什么值得骄傲的呢!”① 雷锋的这种谦敬与礼让，戒躁和自我批评，正是“事思敬”、“不居功”、“择善而从”等传统美德的体现，如此避免了“自矜”、“自伐”、“自是”。当代社会，如何保持个人的自律意识，树立正确的人生观、世界观、价值观、权力观及地位观，达到自重自省自警自励，尤为重要。同时，自我批评、谦虚谨慎、艰苦奋斗是当代人民保持廉洁自律和抵御风险及诱惑的保障。可见，谦虚谨慎的雷锋精神依然具有顽强的生命力，在当代社会中依然值得弘扬和继续学习。

四、雷锋的“螺丝钉”精神体现了中华民族敬业守信的传统美德

敬业守信是中华民族传统道德中的基本规范。敬业体现的是中国传统道德中的职业道德，它以儒家学说的敬业观为主体。敬业的核心内容是“忠勤”，“忠”是指对所从事事业的忠诚无私、崇敬热爱；“勤”是指勤勉奋发、尽职尽责，以求业务上更加精熟。敬业的要求是“自强”，是对事业追求的一种积极向上、努力奋取的精神。孔子的“发愤忘食，乐以忘忧，不知老之将至”（《论语·述而》）和荀子的“锲而舍之，朽木不折；锲而不舍，金石可镂”（《荀子·劝学》）都讲到自强是进取的过程。在中国古人看来，诚是指一种真实无妄、表里如一的品格。诚既是天道的本然，也是道德的根本，故“养心莫善于诚”（《荀子·修身》）。信是指一种诚实不欺、遵守诺言的品格。孔子不仅提出“人而无信，不知其可也”（《论语·为政》）的思想，而且认为“民无信不立”（《论语·颜渊》）。荀子则进一步将信推行于选贤治国，使信不仅是朋友伦理、交际伦理的规范，而且扩至一切伦理关

① 陈广生：《雷锋传》，解放军出版社 1983 年版。

系皆应以诚信为本。中国传统道德认为，诚信的内容和要求是多方面的，但最基本的是以诚为本，取信于人，“与朋友交，言而有信”（《论语·学而》）；为人思诚，信以行义，“信近于义，言可复也”。诚信之德在于言必信，行必果，言行一致，表里如一，讲究信用，遵守诺言。

雷锋的“螺丝钉”精神是指他在工作岗位上尽职尽责，兢兢业业，干一行爱一行，其中干一行爱一行还从不同角度体现着他的守信操守。这种“螺丝钉”精神体现了中华民族敬业守信的传统美德。首先，雷锋的敬业体现了“忠勤”和“自强”。雷锋“干一行爱一行，钻一行精一行”。雷锋在老家湖南望城县做过通信员在鞍钢做过拖拉机手和推土机手，在部队曾是模范班长和先进战士。在每一岗位上，他都自觉忠于职守，投身与点滴工作中。不论是领导还是同事，都夸奖他并认同他是一颗永不锈的“螺丝钉”，处处闪光，而且照亮了所有人的内心。其次，雷锋在工作的点点滴滴中实现了诚信的原则和价值。曾在县里工作的雷锋，严格职守工作岗位，时刻以诚信为本。一次，他到长沙市去办事，张书记的爱人托他给孩子买一顶帽子，随手掏出五元钱给雷锋。等他进城办事回来，把买来的帽子送给张书记的爱人时，同时找还了她七元钱。这时，张书记的爱人不禁疑惑起来。雷锋笑了笑，说是她把两张五元的新票子当成了一张给他……雷锋在做校外辅导员工作的时候，坚持“言必行，行必果”，不论怎么忙，都能遵守和孩子的承诺，及时解决孩子们的思想问题和学习问题。这种敬业和守信，体现了雷锋怀揣感恩之心对待工作和回馈社会的风貌，也正是他常说的在“党给了他第二次生命”后感恩社会、服务社会的体现。这也是与其他的优秀传统道德相协调一致之处。“最美司机”吴斌在突发的危难时刻坚守岗位、清晰而紧急的做出职业判断保证了全车乘客的安全；“良心医生”陈晓兰敬畏生命、以身试药，敢于质疑、十年打假，完成了医生救死扶伤的使命。雷锋的“螺丝钉”精神不仅是中华民族敬业守信美德的体现和传承，也被当代社会和各个岗位的人民用生命演绎着。

第二节　雷锋精神是中国特色社会主义道德的体现

党的十八大提出了中国特色社会主义核心价值体系建设要落实“三个提倡”，从公民层次提出了“爱国、敬业、诚信、友善”的社会主义核心价值观，为中国特色社会主义道德建设指明了方向。中国特色社会主义道德是时代的精神坐标，引领亿万人民树立正确的人生观、价值观，是巩固和发展全党全国各族人民共同奋斗的思想道德基础，主要包括雷锋的爱国奉献精神、爱岗敬业精神、诚实守信精神和关怀友善精神内容。集中体现了中国特色社会主义道德产物。弘扬雷锋精神，在今天就是发扬中国特色社会主义道德，它为激发人民心中蕴藏的美好思想品德，构筑富强、民主、文明、和谐的社会氛围，为中国特色社会主义伟大事业提供了强有力的思想道德支撑。

一、爱国奉献的雷锋精神体现了中国特色社会主义道德的崇高境界

（一）雷锋的爱国奉献精神体现为对中国共产党的无限忠诚

“听党的话，跟党走”是雷锋始终坚持的座右铭，1960 年 11 月 8 日是雷锋加入中国共产党的日子，他在日记中写到：“伟大的党啊，你是我慈祥的母亲！我所有的一切都是属于您的，我要永远听您的话，在您的身边尽忠效力，做您忠实的儿子。”① 雷锋忠于党，对党无限热爱的感情源于他的生活经历，雷锋出身于一个贫苦的农民家庭，年幼的时候便失去父母成为孤儿。在旧社会里，雷锋饱尝了生活的艰辛，备受地主阶级的剥削与压迫，深刻体会到了农民阶级的苦大仇深。中国共产党领导人民群众推翻了地主剥削阶级，又带领人民走上了社会主义道路，

① 《雷锋日记》，解放军文艺社 1963 年版。

才使得和雷锋一样千千万万的劳苦大众脱离苦海，扬眉吐气做了时代的新主人，从此有了新的人生。雷锋正是在这样的背景下成长起来的革命战士，对于中国共产党的恩情，雷锋心中充满了无限的感激，对中国共产党和社会主义的无比热爱，浑身充满了革命热情和为共产主义事业奋斗的力量，甘愿为革命事业献出自己的一切甚至生命的代价。“为了党，我愿洒尽鲜血，永不变心。”“我是一名共产党员，为了全人类的自由、解放、幸福，哪怕高山、大海、巨川，为了党和人民的事业，就是入火海进刀山，我甘心情愿，头断骨粉，身红心赤，永远不变。”①雷锋忠于党，忠于革命的精神鼓舞着他“坚决听党的话，一辈子跟党走”。党号召大兴农业，雷锋就主动申请从县委机关下到农业生产第一线，当一名好农民；党需要加强工业建设，他就离开家乡，从南方来到北方当一名好工人；党号召青年应征服役，他经过多次恳求，参军到部队。雷锋就是这样怀着对党的无比热爱，不知疲倦地为革命事业奉献自我，以钉子精神从事着党交给的每一项工作，无怨无悔地奉献给社会。雷锋这种忠于党的爱国精神充分体现了一位伟大革命战士对中国共产党的执著追求，是当今中国特色社会主义道德中急需的优秀品质。现阶段，作为社会主义公民，我们有义务坚持中国共产党的领导，热爱伟大的祖国，维护国家的民族尊严，这是中国特色社会主义道德对我国公民提出的最基本要求。

（二）雷锋的爱国奉献精神体现为对社会主义制度的拥护

雷锋自觉把个人前途与国家、人民、社会主义的前途紧紧联系在一起，处处以国家和集体利益为重，一心向着社会主义事业，体现着中国特色社会主义道德的精神追求。雷锋对社会主义国家的热爱体现在他努力学习马列主义、毛泽东思想，坚持用马克思主义的理论、观点武装自己的头脑，坚信只有社会主义制度才能让广大的穷苦人民当家做主，可以调动人民的积极性。他将马列主义、毛泽东思想比作“粮食”、“武器”和“方向盘”，如饥似渴地学习，在思想上确立了为社会主义事业

① 《雷锋日记》，解放军文艺社 1963 年版。

奋斗终生的人生理想，雷锋以勤于挤和钻的“钉子精神”刻苦学习社会主义制度思想和科学文化知识来充实自身，不断提高政治觉悟和为人民服务的本领，将自己有限的精力毫无保留地投入到无限的社会主义事业当中，并为此奋斗了一生。在雷锋的一生当中，他将对社会主义制度的无比热爱，始终把献身社会主义的伟大事业作为人生的最高追求。雷锋无论遇到怎样艰难复杂的情况，都不动摇社会主义信念。随着时代的发展，雷锋精神被不断地赋予了新的内涵，已成为民族精神、时代精神和中国特色社会主义道德的集中体现。新形势下，社会主义经济建设的过程中面临着种种矛盾和亟待解决的问题，需要我们弘扬雷锋精神。我们学习雷锋精神，要像雷锋那样，志存高远，胸怀宽广，牢固树立远大的爱国主义理想，为建设中国特色社会主义事业，实现中华民族伟大复兴，贡献自己的智慧和力量。同时，今天我们所推崇的雷锋式爱国主义精神不仅表现为热爱祖国的美好山河和中华的灿烂文化，更重要的是表现为热爱中国特色社会主义伟大事业。

（三）雷锋的爱国奉献精神体现为对人民的热爱

雷锋重视人民，与人民群众血肉相连，他经常说：“人的生命是有限的，可是为人民服务是无限的，我要把有限的生命，投入到无限的为人民服务中去”。[①] 雷锋把人民的困难当成自己的困难，把帮助人民克服困难当成自己的责任，在帮助地方群众救火的过程中，他的手被烧伤，伤还没好，遇到了抚顺的洪灾，他不顾战友们的阻拦和伤势的严重，坚决参加到了抗洪抢险的队伍中，在抗洪抢险过程中，他几次晕倒，但是他却始终保持着幸福的神情。他这种全心全意为人民服务的爱国奉献精神是我们今天构建中国特色社会主义道德体系必须倡导的原则，当代人应该时刻用“自己活着，就是为了让别人过得更美好”的无私奉献精神激励自己，以为人民服务为荣，把人民的需要放在第一位，在为人民服务中践行中国特色社会主义道德。在中国特色社会主义道德建设的过程中，雷锋精神深深扎根于人民群众和社会主义生活之

---

① 《雷锋日记》，解放军文艺社 1963 年版。

中。40 多年来雷锋精神从军营走向社会，从青少年学习的榜样发展成为全社会尊崇的道德典范，影响教育了几代人，给我国公民道德建设做出了榜样，是中国特色社会主义道德建设新时代的精神坐标。雷锋的一生是奉献的一生，是为人民服务的一生。雷锋精神的核心价值，即全心全意为人民服务，把有限的生命投入到无限的为人服务中去。新时期弘扬雷锋精神，就是要牢记像雷锋那样热爱人民，服务人民，奉献人民，积极为建设中国特色社会主义贡献力量。

二、爱岗敬业的雷锋精神体现了中国特色社会主义的职业道德

（一）雷锋的爱岗敬业精神体现为不怕苦、不怕累，干一行、爱一行、钻一行

雷锋对待本职工作一丝不苟，尽职尽责，把个人的事业与国家和人民的需要有机结合起来，“革命需要我炸碉堡，我就去学董存瑞，革命需要我堵枪眼，我就去做黄继光，保证听党的话，服从组织调配。”① 雷锋短暂的一生是积极进取、努力工作的一生。雷锋的职业选择完全是根据国家的需要，主动投身到社会主义建设当中，甘心当成一块砖，为建设社会主义大厦添砖增瓦，真正做到了“干一行，爱一行”，这种敬业精神反映了中国特色社会主义的职业道德，雷锋在工作上还表现出了一股“钉子”精神的“钻”劲，他业务水平高，做事认真，在雷锋的职业生涯中，他取得的成绩说明了雷锋的敬业精神之可贵：在鞍钢工作期间，他坚持早来晚走，努力学习本职工作，3 次被评为先进生产者，18 次被评为标兵，5 次被评为红旗手，荣获过青年社会主义建设积极分子的称号；在部队生活的 2 年 8 个月中，雷锋先后荣获过二等功 1 次，三等功 2 次，多次受到嘉奖，被评为“节约标兵”和“模范共青团员”，出席过沈阳军区首届共青团代表大会，并当选为抚顺市第四届人民代表大会代表。雷锋精神一直被社会歌颂，教育和鼓舞着一代又一代人，在他短暂而光辉的一生当中，他以自身的实际行动“把有限的生

① 《雷锋日记》，解放军文艺社 1963 年版。

命投入到无限的为人民服务中去”，雷锋崇高的思想境界与脚踏实地机密结合，在平凡的岗位上发挥着无限的光和热，这正是雷锋精神被亿万人民所推崇、所赞扬的根本原因。

（二）雷锋爱岗敬业的“螺丝钉”精神反映出雷锋对待工作的基本态度

雷锋曾说：“一个人的作用，对于革命事业来说，就如一架机器上的一颗螺丝钉。机器由于有许许多多的螺丝钉的连接和固定，才成了一个坚实的整体，才能够运转自如，发挥它巨大的工作能力。螺丝钉虽小，其作用是不可估量的”。[①] 每一项科学发明、理论创新、技术进步都离不开人们的敬业精神，培养敬业精神是发扬中华优秀的传统道德。在社会主义计划经济时代，个人的职业观以国家、集体利益为重，倡导人们坚守岗位、精通业务，全力以赴地进行创造性劳动，将自己的一生用在岗位上建功立业。雷锋在工作上以高标准要求自己，甘于从平凡的小事做起，“螺丝钉精神”反映了个人志愿与国家社会发展需要的一致性，成为构建社会主义过程中鼓舞人们热爱本职工作，尽职尽责，在平凡的岗位上埋头苦干、脚踏实地的精神力量。在社会主义市场经济发展的今天，“螺丝钉精神”体现着服从性和选择性的统一，它把个人的自主择业与服从社会分配和人民的需要有机结合起来，提倡岗位竞争而不能忘记勤勉敬业、忠于职守，更体现了甘居平凡岗位而又不安于现状、甘于平庸。“我愿做高山岩石之松，不做湖岸河旁之柳。我愿在暴风雨中锻炼自己，不愿在平平静静的日子里度过自己的一生”，[②] 在雷锋短暂的人生中，他为人谦和，甘于平凡，从小事做起，从点滴做起，把自己的生命融入社会主义和人民事业的整体当中，立志在平凡的岗位上，做出不平凡的成绩，乐于当一颗永不生锈的螺丝钉。雷锋早年在县里当通信员，是模范工作者；开拖拉机，是优秀拖拉机手；到鞍钢当工人，是先进工作者；到了部队，是先进战士；入了党，是优秀党员；当了班

---

① 《雷锋日记》，解放军文艺社 1963 年版。

② 同上。

长，是模范班长。雷锋不论当农民还是当工人或者当军人，他都脚踏实地，努力工作，尽职尽责，在本职工作中当好“螺丝钉”，在任何工作岗位上都闪现出了金子般的光芒，在哪里工作就在哪里发光，一心一意为社会主义的发展做贡献。

（三）勤劳敬业、尽职尽责是雷锋敬业精神的具体体现

雷锋曾说过：“我要积极肯干，做到说干就干，干就干好，脚踏实地，实事求是地干，千方百计地干，事事拣重担子挑”。[①] 雷锋不论在什么工作岗位上，都脚踏实地，勤奋努力，表现出了一位社会主义建设者高度的责任感。1958 年春天，组织选派雷锋到团山湖农场学开拖拉机，雷锋积极的热情投入到工作中，白天在师傅带领下熟悉拖拉机的构造和性能，晚上认真阅读关于拖拉机驾驶维修方面的书籍，经常学习到下半夜，并将掌握的知识一丝不苟地记录在笔记本上。功夫不负有心人，他边工作，边学习，仅仅学习了一个星期就能独立操作拖拉机了，成为望城县第一位自己培养的拖拉机手；1958 年 11 月，雷锋来到了鞍钢，负责开推土机的工作，雷锋学得刻苦，学得好，并且善于在工作中发现问题、解决问题，把心思都扑在了工作上，工作期间，他经常学习相关资料，并且学以致用，多次解决工作中的实际问题，这与雷锋平时对待工作的敬业和负责态度是分不开的；来到部队，雷锋被分配到运输连，负责一辆耗油量的汽车，雷锋花费了很多心思，把大部分业余时间都用在了维护保养这辆车上，最终汽车耗油大的问题解决了，运行状况也好了起来。雷锋勤劳敬业，尽职尽责的工作作风是中国特色社会主义道德的重要部分，是一般道德或公德、家庭道德等无法替代的，对于完成中国特色社会主义的伟大事业和进入小康社会具有积极的促进作用。

在中国特色社会主义道德中，敬业精神作为公民道德的一部分，是实现社会主义市场经济又好又快发展的内在要求，积极向上的工作态度，高昂的工作热情和工作干劲，把对社会的奉献和付出看做无上的光荣，在职业活动的领域中树立社会主义主人翁的责任感、事业心，追求

---

① 《雷锋日记》，解放军文艺社 1963 年版。

崇高的职业理想，这是社会主义敬业精神的本质内涵。

三、诚实守信的雷锋精神体现了中国特色社会主义道德的品德修养

（一）雷锋的诚实守信精神体现为他时刻自觉主动为人民做好事

“做一件好事容易，难的是做一辈子好事，不做坏事。”雷锋做到了，从旧中国的孤儿到新社会的主人，从普通工人到革命战士，他为人民做好事从来没有间断过。小到为车队节约油耗，大到为国家抢险赈灾，都是在为国家和人民办实事，做好事。雷锋为人民服务是真诚的，不做假，他时刻提醒自己：我们是国家的主人，要处处为国家和人民着想。雷锋心里装着人民，体现在时刻自觉为人民做好事的实践中，把有限的生命投入到了无限为人民服务的事业中去。雷锋不断地在提醒自己，要使有限的生命绽放出灿烂的光辉，个人价值的实现要寓于社会主义事业建设之中。在部队，公差勤务、内务卫生，他事事抢在前面；连队放电影，他为了让别人去看，主动留下站岗；平时战友的衣服脏了，袜子破了，他不声不响地帮忙洗好补好；战友生病了，他主动请军医，送水送饭；发现哪位战友有了缺点，他利用一切机会找其谈心，热心帮助改正。在我们当今社会，有多少人能像雷锋一样，永远都那么富有爱心，永远都那么真诚善良，为了心中的承诺，甘愿为社会主义事业奉献一生。在现代中国特色社会主义道德中，个人诚信是社会稳定发展的基础，没有诚信，相互欺骗，一个社会就会出现严重的信任危机，所有的社会关系就会在这样的危机中恶化甚至解体。诚信是一条有中国特色社会主义道德不可缺少的道德纽带，它使一个社会具有更强的凝聚力，让有限的社会资源产生更大的公共效能。只有营造诚实守信的社会氛围，人与人之间的关系才会融洽，人与社会之间的关系才会协调发展，才会为他人和社会着想，为他人和社会履行自己的责任，做到全心全意为他人服务，时刻自觉地为他人做好事。

（二）雷锋的诚信精神体现在他以当“人民勤务兵”而自豪

雷锋将全心全意为人民服务作为人生的座右铭，把有限的光和热毫

不吝惜的奉献给了人民，他对党和人民的热情毫无自私自利之心，在他看来，“一个人，只要大公无私，处处从党和人民的利益出发，兢兢业业为党工作，老老实实为人民服务，就是一个有益于人民的人”① 雷锋真正做到了走到哪里就为人民服务做到哪里，他为群众排忧解难，做了大量的好事、实事。群众称颂他：“出差一千里，好事做了一火车。”他言行一致，表里如一，他坚信，“扎扎实实地干，一定要把事情办好”，是人民群众的勤务兵，他用自己的实际行动，诚实地履行了自己的誓言，为世人树立了全心全意为人民服务的光辉典范。每逢过节，雷锋总会想到运输和服务部门是最忙的时候，他会主动到附近的车站，帮着打扫候车室，给旅客倒水，雷锋在车站送走了一批批回家过节的人们，他不觉得辛苦，反而心中充满了幸福。他为人民服务过程中不掺假，为人民做好事、办实事不留名，甘当“人民勤务兵”，这就是雷锋诚实守信精神的真实写照。雷锋将诚实守信这一中国特色社会主义道德融入自身行动之中，雷锋留给我们的诚信精神，在当今社会具有积极的时代价值，值得我们大力的弘扬与传承，这是在新的历史条件下对中国特色社会主义道德建设的重要要求，是提高人们的道德素质、改善社会风气、保障经济秩序良性运行的支撑。

（三）雷锋的诚信精神体现在他信守承诺，时刻维护集体利益

雷锋立志要响应党的号召，当新式的农民……驾驶拖拉机，耕耘祖国的大地，将来要做个好工人，建设好祖国，要做个好战士，用生命和鲜血保卫我们的祖国……雷锋在实际生活当中也是这样做的，言必信、行必果，脚踏实地，奋发有为。他在团山湖农场工作期间，不怕苦和不怕累，当洪水泛滥时，他用身体堵缺口，保护了集体劳动成果。雷锋究其本质来看雷锋是一个讲究诚信的人，他为了遵守自己的诺言，诚信做事，诚实做人，努力做好本职工作，并在工作中取得了优秀成绩。雷锋在入伍的第一天就下定决心像模范学习，他在部队中汲取了人民解放军的营养和精华，让他深深地感受到：一个人要具备高度的主人翁责任

① 总政治部：《雷锋日记选》，解放军文艺出版社 2003 年版。

感，要对党、对社会主义建设事业赤胆忠心；要热爱同志和集体、爱护国家财产和人民的生命安全、忠心耿耿为党工作、谦虚好学不断进步。雷锋确立了为国家、为人民、为集体贡献一生的价值观，时刻谨记维护国家和集体的利益。“革命利益高于一切，处处为集体利益而不惜牺牲自己的一切。”[①] 是雷锋对待集体的准则，他在处理个人利益和集体利益关系时，始终自觉地把党和人民的利益放在第一位，把个人利益的实现建立在维护集体利益的基础之上。雷锋认为，“一滴水只有放进大海里才能永远不干，一个人只有当他把自己和集体融合在一起的时候才能有力量。力量从团结来，智慧从劳动来，行动从思想来，荣誉从集体来。”[②] 在社会主义建设过程中，处理好个人利益与集体利益是发展社会主义市场经济的关键，在合理追求个人利益的基础上，不损害国家和集体的共同利益，到把个人利益、个人发展、个人价值的实现与社会根本利益统一起来，坚决维护集体利益也是中国特色社会主义道德的主要原则。在社会主义中，集体利益代表了人民的利益，没有了集体利益，个人利益也就失去了保障，所以集体利益与个人利益在根本上是保持一致的，如果将集体主义价值观融入个人价值观之中，那么就会形成全社会诚信做人、诚实做事的良好风气。

诚实守信属于中国特色社会主义道德体系中个人品德培养部分，是个人道德建设的基本准则，是雷锋精神的重要组成部分，他信守承诺，做好本职工作，时刻自觉做好事，将人民的利益放在第一位。雷锋从对同志、对人民关心的“小爱”上升到了对集体、国家热爱的“大爱”，他始终把国家和人民的利益放在了第一位，在雷锋的一生中，他做到了这些，给祖国和人民交上了一份满意的答卷。弘扬雷锋诚实守信的精神有利于社会主义市场经济健康稳定的发展，讲诚信，是高尚的个人品德体现，是中国特色社会主义道德的基础和根本，是做人做事及经济生活中的一个基本道德规范，中国特色社会主义伟大事业的建设，需要诚信

---

① 《雷锋日记》，解放军文艺社 1963 年版。

② 《雷锋日记选》，中国人民解放军战士出版社 1977 年版。

守信的精神作为道德支撑。只有大力倡导诚实守信的基本道德，才能凝聚社会的向心力，从而更好地推进中国特色的社会主义道德建设。

四、关怀友善的雷锋精神体现了中国特色社会主义道德的和谐人际关系

（一）雷锋的关怀友善精神体现在“春天般的温暖”对待人民

雷锋二字，已成为人们心目中热心公益、乐于助人、扶困济贫、见义勇为、善待他人的代名词，他走到哪里，就把温暖带到哪里，他把人民的困难看成是自己的困难，对待人民“像春天般的温暖”，在鞍钢工作期间，他主动担任业余文化补习班的教员，对待那些文化水平低的同志，总是耐心细致地辅导；在部队，雷锋晚上为了不影响同志们休息，他就离开宿舍另找地方学，还耐心地帮助战友解决问题，用省下来的钱买图书供战友们学习用；战友因为执行任务而没有时间照顾生病的父亲，雷锋便主动帮忙照顾。雷锋关怀友善精神的弘扬有助于良好社会风气的形成。雷锋曾说：“我愿做山涧一滴水，投入激流是大河；我愿是小小一团火，点燃自己，温暖他人。”① 雷锋用实际行动温暖着每一个需要帮助的人，他不图回报，赢得了人民对他的信任、尊重和友善。这就是中国特色社会主义道德提倡的人与人之间应该关怀友善的真正意义，在友善的社会环境中生活，每个人都可以获得他人对自己友好善良、诚实信用、宽厚仁慈的态度，形成“我为人人，人人为我”的社会道德氛围。中国特色社会主义的建立不是一朝一夕的，需要每个公民的共同努力，学会关怀友善对待人民则是建立中国特色社会主义的第一步。

（二）雷锋的关怀友善精神体现在助人为乐，不求回报

雷锋将“生为人民生，死为人民死”作为自己的人生信条，处处关心群众，帮助群众，“永远愉快地多给别人，而少从别人那里索取”，用实际行动促进了社会团结友善、助人为乐的良好风气形成，他把人民

---

① 《雷锋日记》，解放军文艺社 1963 年版。

大众都视为自己的亲人，只要是人民需要的，不管分内分外都主动去做，他同人民群众血肉相连，全心全意为人民服务，人们以“出差一千里，好事做了一火车”形容雷锋的助人为乐，他对人友善、真诚，做好事不求回报，出差中主动照顾老人；帮助丢了钱包的大嫂买车票，当人们问他叫什么名字时，他只是留给人们一句：我叫解放军，我住在中国。雷锋将助人为乐，不求回报的友善精神融入了个人价值观中，如果当今社会，人人都自主自愿地助人为乐、见义勇为、扶危济贫，那么整个社会就形成了“四海之内皆兄弟”的友善氛围。中国特色社会主义社会是一个社会成员关怀友善的社会，就是要大力倡导以文明礼貌、助人为乐、友善待人为主要内容的社会道德，友善是个人品德的财富，只有每个公民都做到友善的对待他人，社会才能健康的发展，与人为善是实现人际关系和谐的前提，助人为乐是实现人际关系和谐的根本。在《雷锋日记》中曾这样描述：“今天我从营口乘火车到兄弟部队作报告，下车时，大北风刺骨地刮，地上盖着一层雪，显得很冷。我见到一位老太太没戴手套，两手捂着嘴，口里吹一点热气温手。我立即取下了自己的手套，送给了那位老太太。他老人家望着我，满眼含着热泪，半天说不出话来……一路上，我的手虽冻得像针扎一样，心中却有一种说不出的愉快。”① 这篇朴实的日子，看后让人感动，雷锋将助人为乐、不求回报的精神传送到了社会的各个角落。如果一个社会不能在公民中普遍地培育起助人为乐的个人品质，人与人之间就不能做到相互信任、关怀友善，政治、经济、文化等方面发展就不能协调一致，不利于中国特色社会主义的建立。助人为乐、不求回报可以减少社会生活中的各种弊端，从而实现社会利益的最大化，使社会充满活力与生机，有利于早日实现中国特色社会主义伟大事业的宏伟蓝图。

（三）雷锋的关怀友善精神还表现为严于律己，宽以待人

雷锋以“对党和人民要万分忠诚”的态度，正确对待来自群众的批评和意见，为人民的利益严于律己，发扬优点，改正缺点。在《雷

① 《雷锋日记》，解放军文艺社 1963 年版。

锋日记》中，多处可以体现出他对自己的严格要求，“今天排长给我指出，要我今后办事多和群众商量，注意工作方法。我觉得很好，一定改进。至于其他方面的小缺点，我也要特别注意，加以纠正。有些反映虽然有出入，但我也很欢迎，今后提高警惕，随时注意。我深记了斯大林的教导：‘我们不能要求批评百分之百的正确。如果批评是来自下面的，那么即使这种批评只有百分之五到百分之十的正确，我们也不应当忽视。’今天我是一个班长，对待战士的反映和意见，丝毫不能轻视，一定要坚决克服缺点，做好工作。”① 雷锋虚心接受人民的批评，不断地提高自身的思想修养，时刻准备着为人民的利益贡献一切，他在工作上严于律己，在生活上更是坚持“生活上像水平最低的同志看齐”，②雷锋平时生活很节俭，舍不得花一分零钱，然而，当他得知辽阳市遭受洪水灾害后，毫不犹豫地寄去100元；为庆祝抚顺市望花区人民公社成立，他送去100元；战友的父亲病重，他主动寄钱帮解燃眉之急……雷锋已经把友善、关怀他人当作自己生活中特有的习惯和乐趣了。这些发生在平凡中的小事足见雷锋精神的伟大，这些都突显雷锋精神崇高道德典范的闪光点，也正是雷锋一生始终坚持严于律己、宽以待人的美德典范，严以律己，宽以待人是一种高尚的道德品质，它能够化解人与人之间的许多矛盾冲突，增强人与人之间的友善，如果公民能够养成严于律己，宽以待人的优良品德，就一定可以在与他人的相处中，严格的要求自己，宽容友善地对待他人，不断地提高自己的思想境界，使自己成为一个道德高尚的人。雷锋的严于律己、宽以待人足以体现了中国特色社会主义道德的友善本质，激励着人们成为社会主义道德规范的模范践行者，引导我们崇德扬善、辨别是非，构建社会主义的道德坐标，内化为人们的道德自觉。

在现代经济社会中，人们对交往方式和交往能力提出了更高的要求，友善的道德品格在人际交往中发挥了重要作用，对于正确处理人民

---

① 《雷锋日记选》，中国人民解放军战士出版社1977年版。

② 同上。

内部非对抗性矛盾和冲突的发生，提高现代社会人的良好道德修养重要方面，体现友善待人、一视同仁的社会主义和谐社会关系，提高中华民族最强大的向心力和凝聚力，具有深远的历史意义和现实意义。

第三节 雷锋精神是共产主义道德的体现

共产主义道德是人类道德发展史上的最高阶段，它不仅是人类的道德理想，而且深深根植于中国革命的历史实践和中国特色社会主义的实践中，表现为大公无私、公而忘私，毫不利己、专门利人，艰苦奋斗、无私奉献，全心全意为人民服务。雷锋“毫不利己、专门利人”的精神是“全心全意为人民服务”精神的体现，雷锋“主动负责、不计报酬”的精神是共产主义主人翁劳动态度的体现，雷锋“勤俭节约、艰苦奋斗”的精神是自觉遵守共产主义道德规范的体现。

一、“毫不利己、专门利人”的雷锋精神体现了“全心全意为人民服务”的共产主义道德原则

“毫不利己专门利人”是1939年毛泽东在《纪念白求恩》一文中提出的。他在这篇纪念文章号召每个共产党员都要“学习他毫无自私自利之心的精神。从这点出发，就可以变为大有利于人民的人。”①，“白求恩同志毫不利己专门利人的精神，表现在他对工作的极端的负责任，对同志对人民的极端的热忱。”②。此后，这种精神就成为共产主义精神的体现。雷锋用他短暂的一生，践行了“毫不利己专门利人”的精神，通过“一辈子”、“一家人”、“一团火”、“一颗心”的精神，诠释了“全心全意为人民服务”的共产主义道德原则。

---

① 《毛泽东选集》第二卷，人民出版社1991年版。

② 同上。

（一）雷锋的“一辈子”精神

毛主席在《吴玉章同志六十寿辰祝词》中说曾说过：“一个人做点好事并不难，难的是一辈子做好事，不做坏事，一贯的有益于广大群众，一贯的有益于青年，一贯的有益于革命，艰苦奋斗几十年如一日，这才是最难最难的啊!”然而，雷锋做到了在短短22年的生命旅程中，他时时刻刻都在做好事，时时处处都在做奉献。雷锋真诚地说“人的生命是有限的，可是，为人民服务是无限的，我要把有限的生命投入到无限的为人民服务之中去”。人们称赞他：“雷锋出门一千里，好事做了一火车”。

近半个世纪过去了，2012年2月23日人民日报刊文《宁要不完美的改革，不要不改革的危机》，揭示了改革发展中面临的深层次矛盾和考验。文章指出，当前一些群众，特别是领导干部共产主义信仰丧失，为人民服务意识淡薄，他们是“贫寒的少年、奋斗的青年、辉煌的壮年、悲惨的晚年”。他们尽管早年为人民服务，做出过一定贡献，但在拥有一定职务、一定权力后，开始腐化堕落、晚节不保，甚至身陷囹圄，成为人民的罪人。雷锋“一辈子”的奉献精神从历史的高度切入了这个问题，彰显出与时俱进的时代智慧。因此，雷锋“一辈子”精神对于当前提升人民群众特别是手握权力的领导干部的道德境界，提升全社会的道德水平，引导新时期道德发展方向，具有重大现实意义，是宝贵的精神财富。

（二）雷锋的“一家人”精神

1962年，雷锋因公殉职，在抚顺市为他送行的群众达10多万人；1964年，雷锋迁葬时，为雷锋送行的群众达20多万人。为何这名普通的解放军战士能在群众中享有如此崇高的威望？为何人民群众对雷锋同志有如此之深厚的感情？雷锋的日记告诉我们了答案。1961年，雷锋参加抚顺市第四届人民代表大会，他在日记中写道：“我看见有6位六七十岁的老太太来参加抚顺市第四届人民代表大会，内心十分羡慕和尊敬。我看到他们就好像看到了自己祖母一样。拉着他们的手，微笑地向她们问好，并把她们一个个送到宿舍，给她们倒茶、打水……

并和她们有趣地拉家常”。[1] 看到群众有困难，他在入党转正申请书中写道：“……我就想到，穷苦大众是一家，阶级兄弟要帮助，哪怕牺牲个人的利益或者付出什么代价也心甘情愿。例如，我接到河南省一个民办小学校的来信，他们说，因几年遭受自然灾害，造成了一些暂时的困难，要我给予他们经济帮助。我看了这封信后，就向首长请示，准备卖掉自己的衣服和皮鞋，以支援他们办学。当首长没有同意我这种做法的时候，我心里却感到很不安，连觉也睡不好，我左思右想，后来拿出自己在部队一年零九个月的集留下来的全部津贴费（壹佰元），支援了干沟民办小学校。我把钱寄出去了，心里也就快活了”。雷锋把人民群众当“亲人”，朴素的道德情感是他“毫不利己、专门利人”的情感基础。

（三）雷锋的“一团火”精神

雷锋对战友、对人民的真挚感情犹如“一团火”。他热心助人的行为温暖了千万颗心灵，他说：“对同志要像春天般温暖”[2]，他说“热情，像熊熊的烈火，是一切的原动力！有了伟大的热情，才有伟大的行动”[3]。据雷锋生前的战友介绍，雷锋身躯弱小，娃娃脸，健谈且嗓音洪亮，笑起来带着一对酒窝，时刻洋溢着令人惊叹的生活激情和乐观精神。他拼命地工作，不倦地学习，勤勤恳恳地为人民服务，甚至在病中还到附近工地帮忙运转。似乎在他身上，总有着使不完的劲、用不完的精力。凡是接触过雷锋的同志都被雷锋同志如亲人般火热贴心的热情温热着，他活着就是为了让他认识甚至不认识的“亲人们”活的更美好，他总是竭尽全力的帮助他人，给人带来真切的关怀。

（四）雷锋的“一颗心”精神

雷锋在日记中写道：“有人说过我是傻子，是不对的，我要做一个有利于人民、有利于国家的人。如果说这就是傻子，那么，我甘心情愿

---

① 《雷锋日记》，解放军文艺社 1963 年版。

② 同上。

③ 同上。

做这样的傻子，革命需要这样的傻子，建设也需要这样的傻子。我就是长着一个心眼，我一心向着党，向着社会主义，向着共产主义。”① 在这里，雷锋讲了“甘心情愿”和“一个心眼”，意思就是全心全意为人民服务。他无论在部队还是在社会，都做到了积极主动、自觉自愿“一颗心”的为他人着想，他把部队过节发的苹果送给伤员；他经常帮战友缝被子、洗衣服；他不顾雨淋送大嫂和孩子，用自己的钱帮丢失车票的旅客买车票，这些都是雷锋自觉地、常态化、习惯性的生活方式。

雷锋平时奉献多，紧急危难之际更是奋勇当先，不惜献出生命。家乡河水泛滥，在治河物资面临被洪水吞没的紧要关头，他奋不顾身涉水抢运，哪里最危险，就到哪里去，被评为“治沩模范”；上级命令雷锋所在连队抗洪抢险，在本来没有他参加的情况下，他反复要求奔赴第一线，带着伤病与战友们一起连续奋斗七天七夜，由于表现英勇突出，荣获二等功。雷锋之所以达到“公而忘私”的程度，是因为他全心全意地投入到了实践共产主义道德的过程中。他说：“我就是一个心眼，我一心向着党，向着社会主义，向着共产主义”②。由此可见，雷锋是在共产主义道德的鼓舞下成长起来的。

雷锋乐观积极的生活态度、热心助人的利他行为，归根到底，是源自有一种坚定正确的道德追求，这才是他取之不尽用之不竭的力量源泉。道德理想是人的最高价值追求，是人生观和价值观最高层次的表现。不但是人的精神支柱，而且是人的目标和力量源泉。一个人有了正确的道德支撑，他就会立场坚定、方向明确、意志坚强、热情高涨、精力旺盛。他的生活就有了意义，有了乐趣，有了力量。雷锋以共产主义道德为自己的行动指南，在思想和行动上表现了对共产主义远大理想、对实现共产主义的必然道路的确信和执著追求。雷锋之所以是一个伟大的共产主义战士，就在于他完美地体现和实践了崇高的共产主义道德。

雷锋并不是一个天生的利他主义者，而是一个由对旧社会满腔仇

---

① 《雷锋日记》，解放军文艺社 1963 年版。

② 同上。

恨、对共产党报恩心切的苦孩子成长起来的伟大的共产主义战士。在童年的苦难生活中产生的朴素阶级感情，是他树立共产主义道德的阶级基础，对党的感恩之心是他树立共产主义道德的思想开端。后来，他通过自觉学习毛泽东著作和政治理论书籍，接受艰苦生活的实际锻炼，再加上良好的社会风尚的影响，雷锋终于树立起了坚定的共产主义的信仰，成为坚定的共产主义者。毛主席说："军民团结如一人，试看天下谁能敌"。当前，学习雷锋"一家人"的精神，对于密切党和群众的"鱼水关系"，谨记"人民最可爱，人民最可敬，人们最可怜，人民最可畏"的宝贵经验，紧密连接干群关系，共同营造和谐的社会氛围，有很强的现实意义。

雷锋生长在一个贫困的农村家庭，他既受到中国传统美德的熏陶，又接受了共产主义道德的教育。尤其1949年新中国成立以来，共产主义道德提倡和传播的"先公后私、大公无私"、"毫不利己、专门利人"的道德观念在雷锋的思想和行动上打下了深深的烙印。这就是毛泽东同志在《纪念白求恩》一文中所作的概括："我们大家要学习他毫无自私自利之心的精神。从这点出发，就可以变为大有利于人民的人，一个脱离了低级趣味的人，一个有益于人民的人"①。

1960年2月15日，雷锋在当天日记中谈及这段话对他的启示中写道："敬爱的毛主席，我看到您的《纪念白求恩》这篇文章，深受教育，被感动得留下了热泪。过去有人讽刺我：'你积极有什么用，那么点个子，给你150斤的担子，你就担不起来'……一个人能力有大小，但只要有这点精神，就是一个高尚的人，一个纯粹的人，一个有道德的人……这句给我很大的鼓舞。个子小我也要尽我自己最大的力量，做到毫不利己，专门利人，向伟大的国际主义战士白求恩学习"。可见，雷锋的思想境界是在和现实生活中的各种思想矛盾和斗争中逐步形成和成长起来的，它源于一个人不懈的精神追求和主观世界的自我改造、升华。

---

① 《雷锋日记》，解放军文艺社1963年版。

二、“主动负责、不计报酬”的雷锋精神体现了共产主义主人翁劳动态度

共产主义道德所肯定的劳动和劳动态度的道德价值，其重要的根本点是从劳动和劳动态度的社会意义上来看待劳动和劳动态度的，它要求人们以社会主人的姿态，而不是以雇佣态度或者只为自己一家一户的温饱以致发财致富的目的，来从事劳动。作为一种道德理想，正如列宁所说：“共产主义劳动，从比较狭窄和比较严格的意义上说，是一种为社会进行的无报酬的劳动，这种劳动不是为了履行一定的义务、不是为了享有取得某种产品的权利、不是按照事先规定的定额进行的劳动，而是自愿的劳动，是无定额的劳动，是不指望报酬、没有报酬条件的劳动，是根据为公共利益劳动的习惯、根据必须为公共利益劳动的自觉要求（这已成为习惯）来进行的劳动，这种劳动是健康的身体的自然需要”。[①]

作为一种理想的劳动态度，列宁所说的共产主义劳动，只有到了高级阶段的共产主义社会才能变为普遍的现实，在雷锋所处年代，它还只是出于萌芽状态，主要表现为先进劳动者主动负责、不计报酬，甚至不计较自己的生命的忘我劳动。从《雷锋日记》以及他的同学、同事、战友的回忆中，我们可以得知，雷锋没有惊天动地的事迹和惊心动破的壮举，他做的每一件好事似乎都很平凡。他把在工厂和部队工作所积累的200元钱捐献给望花区新成立的人民公社和辽阳灾区；他用自己的津贴给丢失车票的中年妇女买票；他冒着大雨用两个多小时把一位带着小孩的大嫂送回10几里之外的乡下家中等等。雷锋所从事的劳动并不是为了满足个人的物质需求，而是出于社会义务和责任，不计较个人得失、不计报酬地主动的发现并承担社会劳动。雷锋的共产主义劳动态度主要体现在以下两个方面：

---

① 《列宁选集》第4卷，人民出版社1972年版。

（一）雷锋的“一块砖”精神

雷锋说，有人认为“人生在世，吃好、穿好、玩好才是最幸福的。我觉得人生在世，只有勤劳，奋发图强，用自己的双手创造财富，为人类的解放事业——共产主义贡献自己的一切，这才是幸福的。”[①] 雷锋还说，“党叫干什么，我就干什么”[②]。他一颗红心，时刻听从党的召唤。党号召大办农业，他就主动申请从县委机关下到农业生产第一线，当一名农民。党需要加强工业建设，他就离开家乡，在鞍钢做一名好工人。党号召青年入伍当兵，他又经过多次请求，参军到部队。雷锋的职业选择完全是以党和国家的建设需要，以人民的发展需要为原则，完全不计较职位收入和职业的社会地位，充分反映了他“主人翁”的共产主义劳动态度。革命战士一块砖，哪里需要哪里搬，雷锋认为自己就是共产主义建设过程中的“一块砖”，他当过通讯员、拖拉机手、推土机手、工人和战士、无论在哪个岗位上都兢兢业业、任劳任怨，而且都是该岗位的模范和先锋：雷锋早年在县城里当通讯员，是模范工作者；开拖拉机，是优秀拖拉机手；在鞍钢当工人，他是先进工作者。到部队后，当了班长，他是模范班长；沈阳军区工程兵部队把雷锋作为重要典型培养。雷锋在部队只有两年八个月，立了 2 次三等功，1 次二等功，被评选为“模范共青团员”、“学习毛主席著作积极分子”、“优秀校外辅导员”、出席了军区团代会，被选为抚顺市人民代表。

无论是在农村、工厂，或是在部队，任何时候雷锋都不讲条件、不讲代价，为党的事业、为人民的利益、为本职工作竭尽所能，甘当岗位“螺丝钉”。他在日记中写道：“一个人的作用，对于革命事业来说，就如一架机器上的一颗螺丝钉。机器由于许许多多的螺丝钉的连接和固定，才成了一个坚实的整体，才能够运转自如，发挥它巨大的工作能。螺丝钉虽小，其作用是不可估计的。我愿永远做一颗螺丝钉”。[③] 就是

---

① 《雷锋日记》，解放军文艺社 1963 年版。

② 同上。

③ 同上。

靠着这种干一行爱一行，专一行精一行的敬业精神，雷锋无论从事什么样的工作，无论地位和报酬高低，都投入了高度负责的态度，无论遇到什么困难，他都满怀激情，冲锋陷阵。他始终自觉地同社会各个领域里各行各业的劳动保持密切地协同动作，既争分夺秒地搞好自己的本职工作，还从大局出发，从人民利益出发，认真地、诚恳地、切切实实地支援并参与其他社会劳动。雷锋倾注毕生精力投身工作和事业的脚踏实地精神及对工作高度负责的精神，不仅体现了敬业的工作作风，更是一种人生态度和精神境界。

然而，现实社会中，有些党员干部由于不能正确认识价值问题，不能正确对待个人利益，精神支柱坍塌、人生方向迷失，以个人利益、地位为职业导向，导致工作作风漂浮，工作效率和服务效率低下；有的缺乏工作激情，缺乏雷锋的革命热情和积极工作态度，工作主观能动性差，使得一些重大工作和项目没有起色，以“无作为”的消极工作状态逃避工作责任，工作不求进步、发展，只求无过，不能高效能地发挥职务功能；有的墨守成规、固步自封，习惯于用传统的思维方法想问题、办事情，在工作中存在求稳怕乱的消息心理；有的甚至守不住党纪国法的底线，终于走向腐败堕落。如何保持积极正确的共产主义工作态度，雷锋用“一块砖”精神作了完美的诠释。当前，职业对于每个人来说还只是谋生糊口、获得物质财富的手段，但它也是人生为之奋斗的事业和实现自我价值的方式。共产主义的伟大理想、共产主义道德的崇高目标、共产主义劳动态度的实践，是与许许多多平凡的、具体的工作岗位联系在一起的。雷锋的“一块砖”精神把职业生活的这种平凡与伟大很好的结合在一起。当前，在改革开放的新形势下，广大人民群众特别是共产党员要用甘当革命螺丝钉的实干精神做好本职工作，大力弘扬雷锋精神。像雷锋那样，强化事业心和责任感，干一行爱一行，专一行精一行，不计较个人得失和利益，敬业为民，始终保持着奋发有为、开拓进取的奋斗激情，充分发挥共产党员的先锋模范带头作用。

（二）雷锋的“一把油”精神

雷锋刚参军练习投掷手榴弹，因为个子矮、力气小，开始总也头不远。他就加班加点，起早摸黑地练，自己给自己加“一把油”，最后终于达到了优秀的水平。新兵训练结束后，雷锋被分到运输连当汽车兵，服从革命需要，革命需要他去烧木炭，他就去做张思德；革命需要他去堵枪眼，他就去做黄继光，这是雷锋向组织上表明的态度。雷锋刚开始学驾驶汽车的时候，在日记中写道：“我相信，只要再加一把油，勤学苦练，虚心学习，是一定能把汽车开好的。”[①] 针对缺少教练车的现状，他带领大家做了一个汽车驾驶台。雷锋废寝忘食地学习技术，最终后来居上，被大家一致推举为技术学习小组长。雷锋还生动地比喻说：“工作和学习的关系就像点灯加油一样，点灯如果不加油就会变得暗淡无光，只有不断加油，灯才会明亮。人只有不断地努力学习，才会不迷失方向，才会做好工作。否则就会落后，甚至犯错误。”他不断地给自己提目标、提要求，就是不断地给自己加“一把油”。不仅提高了为人民服务的水平与能力，还是雷锋“毫不利己、专门利人”的鲜活内容。

雷锋虽然只有小学文化，但由于他如饥似渴地学习态度，时刻不忘为自己加“一把油”，努力学习政治、文化、科技等各方面知识，几年下来，他不仅学会了开推土机、汽车，还成为岗位能手和标兵。他不断提升自己科学知识和业务水平的精神，是“自觉”进行创造的体现。此外，雷锋还熟练地掌握了几种应用文体的写作，不仅写了一些散文、小说，而且写出了30多首诗歌。共产主义劳动态度不仅要求崇高无私的主人翁姿态，还要求劳动者勤于思考、敢于思考、善于思考、手脑并用。既要勤于和善于总结经验教训，又要敢于和善于进行新的开拓；既要敢于和善于大胆地冲破旧的框框，绝不因循守旧，又要尊重科学、尊重前人的劳动经验和劳动成果，尊重事物发展的客观规律，一步一个脚印地踏踏实实地进行创新和改革。雷锋对知识如饥似渴的求学态度、对业务精益求精的进取精神，都是与时俱进“力争上游”、“以主人翁态度自觉进行创造性劳动”的共产主义劳动态度的生动体现。

---

① 《雷锋日记》，解放军文艺社1963年版。

三、“勤俭节约、艰苦奋斗”的雷锋精神体现了自觉遵守共产主义道德规范

艰苦朴素作风和艰苦奋斗精神不仅是我们党的优良传统和作风，也具有共产主义道德意义。雷锋一生努力工作，克勤克俭，始终保持艰苦朴素的作风。他曾经在日记中写道：“我们的国家不富裕，还有困难，一定要发扬勤俭节约、艰苦朴素的优良传统。我每花一分钱都很自然地联想起过去的生活，告诫自己不能忘本”[①]。他给予人民的甚多，用之于己的甚少，在群众心目中树立了共产党人的崇高形象。雷锋“勤俭节约、艰苦奋斗”精神主要体现在以下两个方面：

（一）雷锋“一分钱”的节约精神

雷锋生活作风勤俭朴素，是人人称颂的节约标兵。他要求自己：“在工作上，要向积极性最高的同志看齐；在生活上，要向水平最低的同志看齐”[②]，这就是雷锋的“一分钱”精神。雷锋定下这个标准，集中体现了共产党人勇于奉献、甘于吃亏的精神风貌和艰苦朴素、艰苦奋斗的政治本色，更体现共产主义劳动态度的现实消费要求。

雷锋出生在贫寒的农村家庭，在旧中国，妈妈被逼受辱而死，哥哥和弟弟都因负伤、饥饿、疾病先后去世，自己也一度临近死亡的边缘。他深知生活的艰难，因而特别懂得珍惜。雷锋时刻惦念着国家的困难，时刻不忘为人民分忧，他甚至利用业余时间到地里拾粪便，支援农业生产。雷锋外出口渴舍不得买汽水喝，而是喝自己水壶的水。雷锋还有一个节约箱，他经常把牙膏皮什么的捡来卖钱交公。雷锋“勤俭节约”的质朴作风也是在思考和反省中逐渐走向崇高的。雷锋当工人时工资比较高，年轻人爱美，他就拿结余的钱买了一件时尚的皮夹克，穿上拍照后寄给家乡望城县委的老领导。老领导收到照片，回信告诫雷锋不应在国家困难时期贪图个人享受，希望他艰苦奋斗，永不忘本。雷锋读信后

---

① 《雷锋日记》，解放军文艺社 1963 年版。

② 同上。

很惭愧，从此再也没穿过那件皮夹克。古语说：“由俭入奢易，由奢入俭难。”雷锋的可贵就在于，心里始终装着国家和人民，不断地用崇高的共产主义道德审查自己的行动，从而一步步走向高尚和完美。

雷锋对自己很节俭，他经常说：“要节约一分钱、一颗粮、一度电、一滴水”。雷锋入伍后，连队发放夏装，每人两套单军装，两套衬衣，两双鞋，当司务长把这些东西发给雷锋的时候，雷锋只领一套军装，一套衬衣，一双鞋。他说：“减少国家的开支，支援国家的建设。”[1] 雷锋对自己的节俭、对人民财产的珍惜已达到了严苛的程度。雷锋曾因“吃锅巴”两次向炊事员做检讨，他在 1962 年 3 月 24 日的日记里做了详细记述：“今天吃早饭，我看到炊事员的饭盆里有很多锅巴，便随手拿了一块吃。炊事员 × ×同志：‘自觉点啊！’我听了这句话，心里很难受，觉得吃了一块锅巴有什么？赌气把那块锅巴放到盆里，走了出来。这是，通信员送来了一张报纸，我接过一看，首先看到报纸上毛主席的语录说：‘因为我们是为人民服务的，所以，我们如果有缺点，就不怕别人批评指出。不管是什么人，谁向我们指出都行。只要你说的对，我们就改正。’我一口气把这段话念了 10 遍，越念越感到自己不对，越念越感到毛主席这些话好像是专门对我说的……我硬着头皮跑到炊事班，承认了自己拿锅巴吃不对，并检查了自己的缺点”[2]。吃一块锅巴，即使在物质匮乏的年代，也算不上多大过错，而雷锋严肃地看待自己的问题，甚至“一口气把这段话念了 10 遍”，最终向炊事员检讨自己，而且还将自己的不当行为披露在日记里。可见，雷锋珍惜集体财产，珍惜人民劳动成果的高尚共产主义道德，容不得半点灰尘。然而，雷锋对别人很慷慨。他当工人时每个月有几十元工资，当兵后每月仅有 6 元津贴，他省吃俭用、节衣缩食，不但在银行里存了 100 元钱，还先后给灾区群众和困难的战友家里寄了 200 元钱，在当时这是一笔很大的款项。

---

① 《雷锋日记》，解放军文艺社 1963 年版。

② 同上。

（二）雷锋“一头牛”的奋斗精神

雷锋能够艰苦奋斗，因为他是中国人民的儿子，他从心中爱着我们的祖国和人民，他说：“我要把我可爱的青春献给祖国最壮丽的事业”、“我就是长着一个心眼，我一心向着党，向着社会主义，向着共产主义。”① 一心向着党，是雷锋最重要的政治品质，一心向着共产主义，是雷锋忠贞的信仰，这是雷锋成长为共产主义战士的坚实基石。他像一头“孺子牛”，踏实地奋斗在建设共产主义事业的伟大实践中。雷锋带病在抗洪抢险第一线奋斗七天七夜，直至战胜洪水，把“只有勤奋、发奋图强，用自己的双手创造财富，为人类的解放事业共产主义贡献自己的切，这才是幸福的”融入行动中。雷锋艰苦奋斗的精神唤起了几代人的道德自觉，他通过长久的艰苦奋斗，达到了高尚的共产主义道德境界，使人在喧嚣的尘世纷扰、利益之争和现实矛盾的漩涡中，获得了一份内在的超越感和一份心灵的宁静感。

在当今这样一个快速变革发展的时代，要实现经济社会全面协调持续发展仍然需要我们不断发扬锐意进取、自强不息的创新精神和艰苦奋斗、勤俭节约的创业精神。但是，当前在一部分党员干部中不但缺乏这种艰苦奋斗的思想准备，而且还滋长了一种贪图安逸、追求享受，个人生活糜烂，讲排场、比阔气，奢侈浪费等不良风气。这种奢靡之风不仅直接影响了改革开放和现代化的进程，而且也腐蚀了部分党员干部的思想斗志，引起了群众的强烈反感。因此，新形势下，保持党员作风上的先进和纯洁，必须像雷锋同志那样，把勤俭节约，艰苦奋斗的精神不断传承下去，始终保持共产党人的蓬勃朝气、昂扬锐气和浩然正气，在实践中不断磨炼艰苦奋斗的意志、锻炼艰苦奋斗的作风。以勤俭节约、艰苦奋斗精神去凝聚人心，团结带领人民群众奋发图强，不断开创改革开放和现代化建设的新局面。

---

① 《雷锋日记》，解放军文艺社 1963 年版。

第三章 雷锋精神集中体现社会主义公民道德的本质属性

雷锋精神是时代的产物。雷锋成长于共和国建设的初期，是那个建设社会主义的火红年代产生的英雄模范人物。雷锋精神集中体现了中华民族传统美德，是中国优秀文化和优秀品德的代表。同时，雷锋精神也鲜明体现了时代的风貌，雷锋是在社会主义新社会中成长起来的忠诚的共产主义战士，集中体现了共产主义的道德品质。尽管雷锋精神和社会主义核心价值体系产生于不同的时代，然而，在人类社会所崇尚的价值理念上却实现了穿越时空的精神对接。现在我们宣传和学习雷锋精神，正是因为雷锋精神在当代仍然具有重要的价值，是我们在进行思想道德建设上应该借鉴和吸取的重要的价值体系和精神养料。雷锋精神集中体现了社会主义公民道德的精髓，与我们当今提倡的社会主义核心价值体系一脉相承，在精神实质上有本质的契合。雷锋的事迹和他焕发出的精神正是社会主义公民道德的一个具体、形象的载体，值得我们在当今的经济社会中大力宣传和弘扬。

第一节　雷锋精神体现社会主义道德的核心——为人民服务

雷锋精神的内涵很丰富，如爱党、爱国、爱民、爱社会主义，无产阶级的坚定立场，集体主义，勤俭节约，艰苦奋斗，等等，但“为人民服务”是雷锋精神最核心的体现，是在上述精神品德基础上的集中的提炼，或者说，雷锋的这些精神品德最终落实在他为人民服务的理想信念、快乐情感和行为实践上。可以说，“为人民服务”是雷锋精神最贴切的一个诠释。不论从历史上看，还是从现实来看，为人民服务，始终都是我党的执政宗旨和取得胜利的可靠保障，也是我们进行社会主义道德建设的核心内涵。

一、为人民服务是我党的执政宗旨

我党自成立之日起，就将我党定位于是无产阶级的先锋队，代表工人、农民等最广大的穷苦民众的利益，除了人民大众的利益，没有自己特殊的利益。党的宗旨就是要为人民谋利益，为人民服务。中国共产党从建立之初，就自觉将政党的利益与人民大众的利益天然地结合在一起了，与人民大众成为不可分割的一家人。中国共产党不论是在新民主主义革命时期不屈不挠、英勇顽强的革命斗争还是在社会主义建设时期的经济建设、曲折探索和改革开放，都体现了我党为人民服务的执政宗旨。

我党的领袖在我国不同的历史时期，都非常强调共产党为人民服务的性质，将其作为加强党的建设、巩固党的地位的一个重要的措施。毛泽东、刘少奇、周恩来等老一辈家在不同历史时期，不同场合都多次强调为人民服务的思想。毛泽东在 1945 年共产党第七次代表大会上提出为人民服务的思想主张，并深刻阐述其科学内涵。毛泽东指出：“全心全意为人民服务，一刻也不脱离群众，一切从人民利益出发，而不是从个人或集团的利益出发。向人民负责和向党的领导机关负责的一致性，这就是我们的出发点。”毛泽东特别强调我党为人民服务的性质，他的思想言行、情感倾向往往与人民群众的利益联系在一起。“东方红，太阳升，中国出了个毛泽东，他为人民谋幸福，他是人民的大救星”。歌曲里透露的人民群众对毛泽东的热爱，集中体现了广大群众对人民领袖心系人民的感怀和歌颂之情。毛泽东思想哺育了一代代共产党人，成为党的事业的指导思想。毛泽东思想中有一个重要的思想主张就是“群众路线”，这是我党战胜敌人的一个宝贵经验。“群众路线”意味着党的事业要相信群众、依靠群众、为了群众。其中一个重要的思想内涵，就是最终的目的是为了实现人民群众的利益。

从毛泽东思想到邓小平理论、三个代表、科学发展观，在不同的历史时期，我党的指导思想与时俱进，虽然内容上都与当时的革命和建设紧密相关，呈现了不同的内涵，但为人民服务的精髓一脉相承，始终不变。

（一）毛泽东为人民服务的思想内涵

1. 为什么人的问题。毛泽东指出，共产党的利益与人民的利益是完全一致的，共产党人一切都是为了人民群众。共产党人只能为人民服务，而不是为别的什么人服务。在《为人民服务》一文中，毛泽东开宗明义：“我们的共产党和共产党所领导的八路军、新四军，是革命的队伍。我们这个队伍完全是为着解放人民的，是彻底地为人民的利益工作的。”“因为我们是为人民服务的，所以，我们如果有缺点，就不怕别人批评指出。不管是什么人，谁向我们提出都行，只要你说得对，我们就改正。”在这里毛泽东明确指出了中国共产党奋斗的宗旨：共产党除了人民群众的利益，没有自己什么特殊的利益，共产党奋斗的宗旨就是为人民群众谋利益。立党为公还是立党为私，这是无产阶级政党区别于其他政党的分水岭。毛泽东说：“共产党人的一切言论行动，必须以合乎最广大人民群众的最大利益，为最广大人民群众所拥护为最高标准。”

2. 共产党与人民群众是鱼水不分的关系。共产党人是人民的公仆、军队是人民子弟兵。这就决定共产党人必须和人民群众打成一片。毛泽东坚决反对、甚至是极其厌恶脱离群众、打压群众的官僚主义作风。毛泽东要求共产党人绝不能搞官僚主义，而要和人民群众紧密地结合在一起；要了解群众的疾苦、关心群众的生活，切实解决关系到人民群众实际利益的问题，如农业生产、粮食收成，甚至要关心和解决诸如百姓的柴米油盐、妇女生孩子、小孩要读书等实际问题。为人民服务不是唱高调，要从人民群众实际的事情上做起。

3. 以人民的利益作为检验共产党人一切言论和行为的标准。毛泽东认为，我们共产党人的一切言论和行为的对错，不能自话自说，不能凭自己的主观感觉而定。他提出检验的办法只有一个，就是符合人民群众的利益，这是检验共产党人行为的唯一标准。凡是对人民群众有利的，就是对的，正确的，就要坚持；反之则是不对的，错误的，就要坚决改正。因此，共产党人要为人民用好权，共产党人的权力只能为人民而使用。毛泽东对共产党的领导干部提出为人民用好权的要求，他说我们的权力是谁给的呢？是人民给的。他要求领导干部一定要用这种权力为人民服务，要当人民的公仆，当人民的勤务员。他号召共产党人在工作中为了人民的利益，要艰苦奋斗勤俭节约，多做工作，少取报酬，做勤政廉政的模范。

（二）邓小平为人民服务的思想内涵

在共产党为人民服务的执政宗旨方面，邓小平继承了毛泽东思想，与毛泽东思想一脉相承，并在新的历史时期又有了新的发展。他提出在社会主义市场经济的新形势下，仍然要继续坚持共产党人为人民服务的执政宗旨，这成为邓小平理论的一个重要的组成部分，对于我党新时期的建设起到了重要的指导作用。他先后提出了一系列重要的论断，1985年5月邓小平在全国教育工作会议上指出："什么叫领导？领导就是服务。"语言简洁、果断，含义却是非常深刻的，说明了领导干部的工作性质、工作职责和工作定位。

1. 领导就是服务，说明了社会主义新型的领导与群众的关系。在中国历史上，"官"从来都是高居于平民百姓的阶层，居高临下；与人民群众是一种压迫与被压迫的关系；民众只能是怀着敬畏之心，高高仰望。能为民众做主的官，尽管不把民众视为平等的人，是以父母官的身份在为"草民"办事，但这就已经是好官了，是民众所求之不得的了。社会主义领导关系则体现了社会主义社会的性质，社会主义制度是一种完全不同于以往社会的制度，他是人类历史上从未有过的公有制社会，消灭了私有制、消灭了人剥削人的现象，每个人都是地位平等的普通劳动者。领导不是与众不同的特殊基层，而是怀着人民给予的权力为人民办事的“公仆”。

2. 领导就是服务，诠释了社会主义领导的本质属性。以往的时代，领导阶级是代表统治阶级的利益，是为少数人服务的。社会主义领导要坚持为大多数人谋利益。在工作态度上，要与过去那种居高临下的“统治”思想分道扬镳，防止和克服站在群众之上的做官当老爷的习惯。所思所想所为都要合乎最广大人民群众的基本利益，多做好事、实事，为人民群众排忧解难。他说：“全党要始终把人民拥护不拥护、人民赞成不赞成、人民高兴不高兴、人民答应不答应作为党的一切工作的出发点和归宿点。”邓小平以他特有的语言风格，通俗地解释了为人民服务的精神实质。说到底，能实现上述的要求就是真正做到了为人民服务。

3. 领导就是服务，是为人民服务思想的升华。在改革开放的新时期，邓小平在提出以经济建设为中心，强调了“一个中心，两个基本点”的改革开放基本路线的同时，又非常重视党的建设工作，提高党的干部队伍的素质，努力建设一支与新形势相适应的领导干部队伍。这支队伍首先是要在政治上过关，在思想上和作风上过硬，政治素质是第一位的。那么优秀政治素质的表现，就是要不忘党的宗旨，牢记并实现为人民服务的理想，密切联系群众，为人民的利益而奋斗。只有这样才能保证我们党不改变颜色，保证党的执政地位的稳固。

（三）新一代领导人为人民服务的思想内涵

新一代党的领导人江泽民、胡锦涛继承毛泽东思想和邓小平理论，在为人民服务的思想主张上一脉相承，不论是“三个代表”还是“科学发展观”都继承了前两代领导人为人民服务思想的精髓，成为我党在新时期指导思想。江泽民强调：“全党同志的一切工作都是全心全意为人民服务的，都是为了实现好、发展好和维护好人民的利益。”“不断发展先进生产力和先进文化，归根到底都是为了满足人民群众日益增长的物质文化生活需要，不断实现最广大人民的根本利益。”立党为公，执政为民，是中国共产党的本质特征，是我们党在长期的革命和建设中始终坚持一贯的指导思想。我党从成立那一天开始，就抱定了一个目的，就是为了使中国人民从被压迫被奴役的苦难中解放出来，获得当家做主的权利；我们党发展、壮大的过程，就是为中国最大多数人的利益英勇奋斗的过程；我们今天仍然要始终保持党同人民群众的血肉联系，更好地为最大多数人谋利益。立党为公、执政为民，是我们党在新时期为人民服务宗旨的另一种表述，是我党在新时期党的建设和奋斗目标的指导思想。

二、助人为乐是雷锋为人民服务精神的集中体现

雷锋精神的内涵十分丰富，为人民服务是雷锋精神的一个重要体现，而助人为乐是雷锋为人民服务精神的集中体现，或者说，雷锋为人民服务的精神在思想感情和行为实践上的体现就是助人为乐。助人为乐几乎成为现代人对雷锋精神的诠释，在今天的社会形势下我们学习雷锋精神，可以说助人为乐是最有意义的一个方面，是需要全社会大力弘扬的。

（一）雷锋助人为乐言行一致、表里如一

雷锋是一个平凡的人，又是一个伟大的人。他没有什么惊天伟业，做的都是平凡小事，任何人都可以做到。但是，他将自己的全部身心都投入到为人民服务的实践中去，真心实意、表里如一、坚持一贯，而且还乐在其中，以对人民的真诚和火热的赤子之心和自觉把有限的生命都投入到无限的为人民服务之中去，谱写了美好的人生乐章，这又是非凡人所能为的。雷锋的可贵之处就在于：于平凡中见伟大，伟大寓于平凡之中，小事中体现出人格的高尚和伟大。每一个人都可以学习雷锋，但是又很不容易做到。助人为乐是雷锋精神的重要体现，在他的思想言行中都有许多的表现。雷锋在日记中写道：“我觉得一个真正的革命者，他是大公无私的，所作所为，都是对人民有益的，他的责任是没有边际的。”“我活着，只有一个目的，就是做一个对人民有用的人。”这些朴实、真诚的话语，表明他脱离了资产阶级自私自利的品行，将思想境界升华到共产主义战士的高度。雷锋多次表示，他要将自己的全部力量贡

献给他人和社会，把自己有限的生命投入到无限的为人民服务中去。他在读毛泽东《纪念白求恩》一文时，深深被白求恩“毫不利己，专门利人”的精神所感动，表示一定要努力学习白求恩，将白求恩作为自己学习进步的榜样。在雷锋的思想言行中，我们可以看到，雷锋助人为乐的思想和行为是完全发自内心的，已经融入他的信念之中，并且已成为了他的人生的一种乐趣，所谓的助人为乐，在雷锋这里确实是感受到了帮助别人给自己来了的人生乐趣。这更加说明雷锋思想境界的高尚，成为自觉的共产主义战士。所以，雷锋的为人民服务从来都是言行一致，发自内心的。

（二）雷锋助人为乐自觉自愿、不图名利

雷锋在好人好事完全是自觉自愿、不图名利的。正是因为雷锋具有为人民服务的信念，并深深扎根于自己的内心深处，已成为了他人生中的一种生活乐趣，甚至是自己成就感的一种体现，所以雷锋做好人好事，不是给别人看的，更不是有意地作秀来博取自己的名声，而是化为自己发自内心的一种自觉。这其中毫无疑问是信念的力量在发挥作用，有了信念，人才会有自觉的行动，而且是心甘情愿、无怨无悔，甚至是成为自己的人生乐趣。雷锋在日记中记录的这类默默无闻做好事的情况非常多。

“火车上的人很多，我让座给一位老太太坐下，并给她倒了一杯开水。因她老人家没吃午饭，我又拿出自己没舍得吃的面包送给她吃。我除了照顾这位老太太，还帮助服务员扫车厢、擦车厢，给旅客们倒开水，帮炊事员买饭。很多人都要我休息一会儿。我想为人民服务嘛，自己累一点算不了什么，只要大家多些方便，就是我最大的快乐。”

雷锋总是这样默默无闻地做好人好事，只要能够给别人带来帮助和方便，雷锋就会感到一种满足的快乐。对于雷锋而言，快乐不是来源于索取，而是来源于付出和奉献。这既是雷锋善良本心的一种体现，更是雷锋为人民服务的理想信念深入和坚定的体现。

有一天，与雷锋同班的战士周述明接到家里来信，他看过信后，像有什么心事似得，引起了善于助人的雷锋的注意。后来他了解到小周情绪变化的原因。原来小周的父亲得了重病。雷锋知道小周一贯思想进步、要强，从来不谈个人的困难。父亲病了，他也不会请假。雷锋设法搞清楚了小周家的地址，然后以小周的名义写了封信，同时寄去了10元钱。不久，小周家来信了，说你寄来的10元钱收到了，父亲的病也好多了，要他不要担心惦记，安心在部队工作。小周觉得事情奇怪，后来他了解到这事情是雷锋办的，他对雷锋既感激又敬佩。雷锋却说：不用提了，你的困难不就是我的困难吗？为什么一定要告诉你！

雷锋就是这样，关心他人胜于关心自己。把别人的困难当做自己的困难，把同志的快乐当做自己的快乐。宁可自己麻烦也要给别人方便和快乐。他说："我觉得一个真正的革命者，是大公无私的，他所作所为，都是对人民有益的，他的责任是没有边的。"

（三）雷锋助人为乐始终如一、坚持不懈

毛泽东说过，一个人做点好事并不难，难的是一辈子做好事，不做坏事。而雷锋在他的生命中却实现了这一点。雷锋助人为乐绝不是一时感情冲动或者是沽名钓誉，不是三天打鱼两天晒网，而是坚持不懈始终如一。无论在哪里雷锋都是满怀工作的热情，满怀对他人的爱心和关心，像一团火一样热情而认真地工作、热情而真诚地待人。雷锋一生生命短暂，但是却做过农民、公务员、工人和军人许多工作，不论他做什么工作，都是满怀对共产党、毛主席和社会主义的热爱和感激之情，充满激情地工作，满怀友善地待人，所到之处都受到领导和同事的喜欢和好评。雷锋多次被评为红旗手、标兵、模范等荣誉称号。入伍后，雷锋来到了集体大家庭更加是如鱼得水，雷锋那种乐于助人等诸多美好的品质和行为得到了更加淋漓尽致发挥的机会，军民一家亲的鱼水关系在雷锋和人民群众的关系那里得到了完全充分的体现。雷锋不论到哪里、不论什么时候，都坚持不懈、始终如一做好事。所以，人们评价雷锋是"出差一千里，好事做了一火车"。他在外帮助陌生人、为公家集体的事情做奉献尽义务，这样的事迹不胜枚举，他在部队里在生活上、工作上帮助战友共同进步的事情也是俯拾皆是。这些平凡小事都能映照出雷锋高尚的品德，在此仅举一例：

乔安山是雷锋的同班战友，他工作热情，为人朴实，但文化程度低一些，对学习有为难情绪。雷锋有时间就引导他、鼓励他加强学习，给他讲学习的重要性，讲学习的方法。在雷锋的鼓励和热心帮助下，乔安山开始用心学习，学习成绩有了很大的提高。但在学习算数时，他又犯了愁，说：“咱脑子笨，学这玩意太费劲了”。虽然雷锋尽力帮助他，他的进步还是不大。一天，雷锋在报上看到一篇《毛主席关怀警卫战士学文化》的文章，读后深受感动。他把乔安山找来一起读这篇文章，乔安山心领神会，鼓起了学习勇气，以后学习成绩有了很大的提高。雷锋为战友的进步深感高兴，为了鼓励他学习的热情，又把自己的笔记本和钢笔送给了乔安山。

事情不大，但是起到的作用和效果却很重要。这里面体现着雷锋对战友的关心和爱护，能让战友感受到集体大家庭的友善和温暖，这是非常重要的。雷锋精神给集体，扩而广之，给社会带来了和谐和温暖，这正是当前社会所稀缺的宝贵的精神财富，需要我们大力呼唤。

（四）雷锋助人为乐完全彻底、无私无畏

雷锋为人民服务，可以说真正做到了毛泽东所说的“完全”、“彻底”。雷锋对待同志像春天般温暖，对待工作像夏天一样火热。雷锋对同志怀着一份真诚的情感，对工作怀着火一样的热情，所以雷锋助人为乐是完全彻底、无私无畏的。在雷锋众多的事迹中，都可以看出，雷锋为人民服务是全心全意、真心真意的，是无条件的，而不是三心二意、有条件的；雷锋为人民服务是坚定不移、始终如一的，而不是忽冷忽热、半途而废的。雷锋不愧是一个完全、彻底为人民服务的高尚的人。

雷锋众多的事迹都可以说明这一点，他舍己为人、助人为乐的精神在一些小事情上都能得到鲜明的体现。他到公共场合去尽义务劳动，如列车车厢中、候车室、劳动工地上；他风雨中送迷途的大娘、大嫂回家，甚至还主动拿自己的钱给不相识的人买车票；在劳动工地上将自己的午饭送给饭量大的战友吃，而自己宁肯饿肚子；为保护工地的水泥不被雨水淋湿而报废，将自己的被褥拿出来盖在水泥垛上；把靠自己微薄的工资积攒起来的钱捐献给受灾地区，等等。这类的事迹举不胜举，在这里我们可以看到雷锋是极力将自己火一样的热情奉献给他人、给社会。并且从中感到无上的快乐和自豪。

雷锋之所以这样做，是因为他心中有对党、对人民、对这个社会充满了爱的感情。雷锋将这些爱的感情在日常的工作中、在与战友的交往中、甚至在与陌生人交往中都能够表现出来。在连队他以实际行动发扬人民军队团结友爱的光荣传统，公差勤务、内务劳动，他像一团火一样的奉献。对此有人很不理解，说雷锋是“傻子”。雷锋对别人的误解和嘲笑不以为然，他自信自己做得好做得对，只要是对社会有益对人民有益，他不怕别人的嘲笑。他说：“我要做一个有利于人民、有利于国家的人，如果说这是傻子，那我是甘心愿意做这样的‘傻子’的。”

雷锋的“傻子”精神是非常可贵的。傻子不如精明人“精”，不会为自己算计，不会占便宜，总要吃亏，只知道付出，不知道索取。而正是这样的“傻子”才是共和国的脊梁和柱石。那些只知道占便宜不吃亏的人，是不能指望他们对社会做出奉献的，国家事业的建设和发展是指靠不上这些“精明人”的。雷锋的“傻子”精神之所以可贵，就是因为它是一种牺牲精神和奉献精神；是一种只知道多做贡献、少取报酬的精神；是一种不怕吃苦的实干精神。在一定程度上说，当今的经济社会太需要“傻子”精神了，这样的“傻子”多一些，“精明人”少一些，我们的社会就会更和谐更美好。

三、为人民服务是社会主义道德建设的核心

所谓道德建设的核心，就是道德建设的灵魂，他决定着社会道德建设的根本性质和发展方向，是统率一切道德原则、道德规范的指导思想。道德领域中所有的道德现象都要受道德核心的制约和规定，并以这一核心作为其出发点和归宿。在改革开放、建立和发展社会主义市场经济体制的形势下，我们的道德建设应以“为人民服务”为核心，这具有深刻的理论依据和现实意义。

（一）为人民服务是马克思主义道德观的核心，是马克思主义政党的宗旨

毛泽东等老一辈无产阶级革命家坚持并丰富和发展了马克思主义伦理思想。全心全意为人民服务是共产主义道德的最高表现，也是毛泽东伦理思想的核心。毛泽东在毕生的革命实践中，始终坚持马克思主义关于人民群众是历史的创造者的基本原理，把为人民服务作为共产党人和革命者的行为准则。1945 年他在《论联合政府》一文中，完整地提出了“全心全意为人民服务”，并明确地将其规定为中国共产党和人民军队的唯一宗旨。至此，“全心全意为人民服务”不仅成为中国革命和建设的一条重要的政治原则，而且成为共产主义道德的核心，贯穿于毛泽东伦理思想的全部理论体系中，成为毛泽东同志马克思主义伦理观最富有特色的部分。邓小平理论作为马克思在中国发展的新阶段，始终贯穿着全心全意为人民服务的崇高道德追求。邓小平曾深刻地指出：“中国共产党党员的含义或任务，如果用概括的语言来说，只有两句话：全心全意为人民服务，一切以人民利益作为每一党员的最高准绳。”作为一个马克思主义的实践者，邓小平总是把能否真正“富民”、“利民”作为为人民服务的实在尺度，他对三个有利于的阐释，对共同富裕的强调和追求，无不体现着这一思想。党的第三代中央领导集体的核心江泽民也明确指出：“全心全意为人民服务，密切联系群众，是我们党区别于其他任何政党的一个显著标志。”在新的历史时期，我们党又提出了科学发展观，虽然这一理论在实践中正不断发展，不过它的实质和核心不会变更，那就是以人为本，以人为本就是以最广大人民的根本利益为本。

（二）为人民服务是发展社会主义市场经济的内在要求

市场经济不只是一种单纯的、孤立的经济现象，它同时也是一种文化现象。我国要大力发展商品生产和市场经济，就应与社会主义基本制度结合，并且应以社会主义社会人与人之间同志式的互助合作、平等友爱、竞争激励、共同前进的关系为基础，这决定了它所需要的必然是以社会为本位的社会主义文化精神和价值理性为依托，这便是社会主义道德价值体系之核心——为人民服务的精神。

但是在现实生活中，一些人却对要不要提倡为人民服务产生了怀疑甚至是动摇，认为市场经济是一种“求利”的经济，追求利润最大化的功利行为和为人民服务的超功利性之间，似乎是截然不同的两种价值取向。而实质上发展社会主义市场经济与为人民服务之间是相互协调的关系，具有内在的统一性。为什么这样讲呢？市场经济是与发达的商品生产和商品交换相联系的一种经济体制和运行机制。它以市场为纽带，以商品货币为媒介，把生产者与消费者、个人与社会联结在一起。商品具有二重性，即价值和使用价值。只有通过市场交换，消费者认可、购买了商品，商品的价值才能实现，利润才能获得。所以经营者要想通过市场为自己牟取更大的利益，就要更好地为他人和社会服务。这里实质上已内在地蕴含了利己与利他、盈利与服务的统一。马克思曾深刻地揭示这种统一性，他说：“谁要生产商品，他就不仅要生产使用价值，而且要为别人生产使用价值，即社会的使用价值。”市场经济条件下的为人民服务充分体现了社会主义的道德观和市场经济条件下的义利观，发展社会主义市场经济，必须大力倡导并努力实践为人民服务。

（三）为人民服务是实现道德价值的动因和精神支柱，集中体现了社会主义道德的要求

人类社会的道德是一个多层次、多维度的复杂体系，而要使复杂体系整合为一个有机整体并发挥其不同功能，就必须有一个共同的精神支柱和价值原则。社会主义道德体系正是以为人民服务为核心和价值动因，为人民服务是社会主义道德要求的集中体现。何谓道德，怎样才算有道德？用一句通俗的话来说，就是要有为人民服务、为社会奉献的精神。道德就是使人们能够时时处处想到别人，想到国家和社会，能够设身处地、推己及人、服务他人，使他人能够因同自己的相处而得到益处。一个有道德的人在实践服务他人、献身社会的崇高行为的过程中必然会使自己的道德觉悟不断提高，思想境界不断升华，由此受到社会的尊重，使身心获益。为人民服务就是这样一种献身精神，这种献身精神的大小是同道德的升华成正比例的。从众多的先进楷模的行为中可清楚地看到，社会主义初级阶段道德的核心，就是他们所体现出来的这种崇

高的为人民服务的精神。

（四）为人民服务实现了社会主义道德建设的先进性要求和广泛性要求的有机统一

道德作为人们行为的规范，它本身必然包含着从低到高的多层次的要求。一个人只有在道德阶梯上不畏艰难地攀登，持之以恒地养气修身并勤于践行，才可能达到较高的境界。古人认为，道德的最高要求是成为激励人们进步的一种动力，即使短时期内达不到，也要本着“虽不能至、心向往之”的精神，不断向理想人格的目标努力。所以，在社会主义道德建设中既有先进性要求，又必须注意广泛性要求，在弘扬社会主义共产主义道德的同时，要鼓励支持一切有利于解放和发展社会主义生产力的思想道德，一切有利于国家统一、民族团结和社会进步的思想道德，一切有利于追求真善美，弘扬正气的思想道德。从一定的意义上看，为人民服务这一思想，既包含着社会主义道德的基本要求，也与社会主义道德的最高要求有着必然联系。为人民服务的最高要求是全心全意为人民服务，这是对共产党员和先进分子的要求，同时作为社会主义道德建设核心，它还有一种低层次的要求，这就是在人和人相处中，要尽量做到替别人着想，使自己行为给他人和社会带来有益的后果。这种思想和行为的不断发展、升华，必然会培养起人们“全心全意为人民服务”的理想和信念，从而使人们在日常的行为中发扬为人民服务的精神。总之，为人民服务内涵广泛，那种认为为人民服务只适用于党员干部而不能推广到全体人民的看法是一种误解。事实已经证明并将继续证明，在我们的社会，不论何种岗位，不论能力大小，职务高低，都应当并且能够实践为人民服务的道德。

第二节　雷锋精神体现社会主义道德的原则——集体主义

在社会主义道德体系中，集体主义原则是指导人们行为选择的主导性原则。这是社会主义经济、政治、文化建设的必然要求。生产资料公有制占主体地位的社会主义基本经济制度，为集体主义的实施创造了经济前提；以工人阶级为领导阶级、以共产党为执政党的人民当家做主的国体、政体，为集体主义的实施创造了政治前提：以马克思列宁主义、毛泽东思想、邓小平理论、“三个代表”重要思想及科学发展观为指导的社会主义先进文化，为集体主义的实施创造了文化前提。总之，在社会主义社会，人民当家做主，国家利益、集体利益和个人利益根本上的一致性，使得集体主义应当而且能够在全社会范围内贯彻实施。在学习和研究雷锋精神的过程中，我们发现，雷锋的日记和事迹闪烁着集体主义思想的光芒。正是基于这种对党和国家的深深热爱，基于对个人与集体、局部与全局的辩证统一关系的正确认识，雷锋把集体的、党和人民的利益永远放在个人利益之上，放在个人得失之前，正确地把个人利益融合在集体利益之中。

一、集体主义是社会主义道德的基本原则

社会主义道德是以社会主义公有制为主体的经济基础的反映，是在无产阶级自发形成的朴素的道德基础上，以马克思主义的世界观为指导，由无产阶级自觉地培养起来的道德，是以为人民服务为核心，以集体主义为原则，代表无产阶级和广大劳动人民根本利益和长远利益的先进道德体系。属于共产主义道德体系。可见，集体主义精神是社会主义道德体系中的重要组成部分，是我们应该长期遵循的首要行为准则。

集体主义精神是一个集体在长期的共同生活和共同的社会实践基础上形成和发展的，为集体大多数成员所认同和接受的思想品格、价值取向和道德规范，是一个集体的心理特征、思想情感的综合反映。集体主义精神，不仅是一个集体告别落后、走向文明进步的强大动力，而且是维护一个集体稳定和发展的强大精神支柱。

（一）集体主义原则是人类社会本质的必然要求

集体主义是主张个人从属于社会，个人利益应当服从集团、民族、阶级和国家利益的一种思想理论，是一种精神。它的最高标准是一切言

论和行动符合人民群众的集体利益，这是共产主义和无产阶级世界观的重要内容，其科学含义在于当个人利益和集体利益发生矛盾的时候要服从集体利益，一切行动和言论以集体为重个人为轻。

集体主义强调集体利益和个人利益的辩证统一。在社会主义社会中，国家利益、社会利益体现着个人根本的、长远的利益，是集体所有成员共同利益的统一。同时，每个人的正当利益，又都是集体利益不可分割的组成部分。集体利益的兴衰成败与个人利益的大小得失，有着息息相关的联系。在现实生活中，集体利益和个人利益是相辅相成的。集体利益的发展，本身就包含着集体中每个人利益的增加。而集体中每个人利益的增加，同样有利于集体利益的扩大。

确立社会主义道德原则是集体主义，这是社会本质的必然要求。以社会为本位的集体主义，这是社会主义社会确立的价值目标。社会规定着人的本质，因此，个人与社会不是同质的，社会较之个人更根本。从社会和个人互为依存中，社会高于个体，没有社会就没有单个的“人”。社会不是无数个体的数学集合，而是每一个个体的存在力式，这样，它的本质在于它的社会规定性。如果确认人类社会的本质在于社会的规定性，那么，以社会为本位的集体主义价值原则就是理所当然的。正因为是以社会为本位，人类社会才得以延续和发展。

社会主义集体主义精神是团结协作精神的最高境界，是人类社会发的必然。集体主义思想是人的社会属性的派生。虽然人是以个体存在和发展为价值取向的，但个体人必须在社会中才能存在和发展，必须把自己的存在和发展同社会的存在和发展联系在一起。共同存在和发展就成为集体主义思想的核心，共同存在是人类存在的先决条件。

（二）集体主义原则体现社会主义按劳分配、共同富裕本质的要求

社会主义经济关系的基础是劳动人民共同占有生产资料，它反映的最基本的利益关系是劳动人民的共同利益。而反映这个基础的道德观念，必然是社会主义的集体主义。社会主义按劳分配原则是解决经济利益分享的基本原则，以劳动者为社会所付出的劳动数量和质量为尺度，分配给相应的物质利益，既保证了个人利益的正当性和合理性，又鼓励

个人勤奋劳动为社会多创造财富，保证社会集体利益的稳定发展，体现了调节国家利益、集体利益和个人利益的公平合理。集体主义作为公民道德建设的原则，就在于它把个人利益同集体利益结合起来，而不是绝对对立起来。与此同时，也有于它把每一个人的利益在集体利益中的实现，建立在付出了同等的劳动，获得同等报酬的原则基础上。更主要的在于把人民的利益看得高于一切，坚决反对任何特权利益，力求实现利益的公平，因而依据集体主义原则能够在总体上解决社会主义经济建设的公平和效率问题。

需要强调的是，集体主义与社会主义市场经济在根本上是一致的。在改革开放、发展社会主义市场经济的条件下，由于体制的转型和利益关系的调整，因而出现了不同利益主体在价值观、价值取向上的不同选择。面对这种新情况、新问题，有人认为集体主义价值观已经不必要了，甚至认为提倡集体主义价值观会抹杀个人利益，压抑社会主义市场经济的发展。这种观点显然是站不住脚的。集体主义植根于经济生活的公平要求，它也是公民在社会文化生活中实现个人全面发展的必然形式。社会主义创造的公平合理的经济发展道路，就是在不断为人的全面发展，自由地施展个人的个性和才能创造条件，就是不断培养和造就新人，在全社会弘扬集体主义道德文化。反对把任何个人看做目的，反对把社会和他人看做是达到个人目的的手段的不道德行为。

（三）集体主义原则是调节个人与国家、集体及社会之间利益关系的基本原则

社会主义集体主义既是一种价值观，又是处理国家、集体和个人三者关系的政治原则和道德原则。它要求个人把集体利益放在首位，为了集体利益放弃个人利益，必要时牺牲个人的利益乃至生命来保卫集体利益。同时要求集体更好地完善自己，以便更好地满足个人的正当利益。从本质上讲，集体主义是一种调节个人和他人、个人和集体关系的一种原则。可见，集体主义和团队精神本质上都是调节个人和他人、个人和群体关系的原则，追求获取最高的群体利益，同时又尊重和保护个人利益，二者都强调“协同合作，人人为我，我为人人”的实质精神。

在社会主义条件下，明确了社会主义道德原则是集体主义，便能正确地处理好人与人之间的各种利益关系，正确处理好个人利益同社会利益、集体利益、国家利益之间的关系。我们主张追求正当的个人利益，要把这种追求建立在不得损害集体、国家和他人的基础上，也就是建立在遵纪守法的基础上。因此，必须反对把个人利益任意无限夸大，搞极端个人主义。为了最大限度地保障公民实现自由而全面地发展，公民必须有集体主义精神。因为只有在集体中，个人才能获得全面发展其才能的手段，也就是说，只有在集体中才可能有个人自由。没有集体主义精神，不可能有每个人的自由而全面的发展。

坚持集体主义就是要坚持国家、集体和个人的利益相结合，促进社会和个人的和谐发展、倡导把国家、集体利益放在首位，充分尊重和维护个人的正当利益。当国家、集体和个人利益发生冲突时，个人利益应服从国家和集体利益。俗话说：“大河有水小河满”，只有当集体利益被最大化的时候，个人利益才能被最大化的保护。在实际生活中，个人利益和集体利益难免会发生矛盾。这种矛盾，有的是可以缓和、化解的，有的则会发生或大或小的冲突。但是，社会主义集体主义强调，在个人利益与集体利益发生矛盾冲突，尤其是发生激烈冲突的时候，必须坚持集体利益高于个人利益的原则，即个人应当以大局为重，使个人利益服从集体利益，在必要时，为集体利益作出牺牲。集体主义要求个人为集体作出牺牲并不是任意的，只有在不牺牲个人利益就不能保全集体利益的情况下，才要求个人为集体利益作出牺牲。社会主义集体主义之所以强调个人利益要服从集体利益，归根到底，既是为了维护集体的共同利益，也是为了维护个人的根本利益。

集体主义强调集体利益高于个人利益，决不意味着轻视、抹杀个人的正当利益。集体与个人的利益是辩证的，而不是对立的，两者更主要的关系体现是内在统一的，共产党人坚决反对绝对的个人主义，同时我们也反对不顾个人正当利益的集体主义。当个人利益与集体利益产生冲突的时候，考验个人道德觉悟的一个最为基本的标尺，就是看你敢不敢牺牲自己的利益。如邓小平同志所说的那样：“为了国家和集体的利益，为了人民大众的利益，一切有革命觉悟的先进分子必要时刻都应当牺牲自己的利益。”

二、集体主义是雷锋精神的本质属性

“力量从团结来，智慧从劳动来，行动从思想来，荣誉从集体来”，这就是雷锋精神。历经时代的动荡，在社会主义土壤里萌生的集体主义精神，这座不朽的丰碑矗立在人们的心中，影响和激励了几代人，直至今日，雷锋的颂歌依然传唱，雷锋的精神依然传扬。

雷锋始终认为只有把自己当做集体中默默的一分子才能真正发挥个人对集体的作用，他认为，一朵鲜花打扮不出美丽的春天，一个人先进总是单枪匹马，众人先进才能移山填海。众人划将开大船，我们知道团结就是力量，尤其对于一个国家，只有众志成城，把国家和集体的放在第一位，才能营造一个更和谐的社会。集体荣誉感能产生巨大的“向心力”，是激励人们改正缺点，积极向上，战胜困难的无形力量。

雷锋在 1962 年的时候，多次论述到集体主义：“我认为个人和集体的关系，正像细胞和人的整个身体的关系一样。当人的身体受到损害的时候，身上的细胞就不可能避免也要受到损害。同样的，我们每个人的幸福也依赖于祖国的繁荣，如果损害了祖国的利益，我们每个人就得不到幸福！”“我认为，一个革命者，要树立牢固的集体主义思想，时刻都要把集体利益放在第一位。同时还要坚决打消个人主义，因为个人主义对革命不利，对集体有损害。个人主义好比大海中的孤舟，遇到风浪，一碰就翻，集体主义好比北冰洋上的原子破冰船，任凭什么坚冰都可以摧毁。我认为坐在小舟里摇摇晃晃不好，还是坐在原子破冰船上乘风破浪一往无前为好。”

（一）雷锋精神坚持的集体主义原则体现出三个基本点

1. 集体利益和个人利益协调一致，具有和谐性。这一点符合人的本质属性，是个人与社会的共同的道德理想。它植根于并服务于社会主义制度，适应了社会进步的要求，表明了国家、集体、个人三者利益在社会主义社会中的根本一致性。这种和谐形式是雷锋精神坚持的集体主

义原则同一些封建主义、资本主义社会的整体主义及所谓的“集体主义”的一个根本区别点。

2. 集体主义的优先性。从集体利益和个人利益辩证统一的观点出发，坚持集体利益高于个人利益。当二者发生矛盾和冲突时，应该首先顾全和照顾集体利益。为此，个人利益可以有所失乃至完全放弃。这一点不仅说明了集体利益的崇高性和权威性，同时也强调了在特定环境和条件下个人利益的服从性。它要求我们要能够区分集体利益的真实和虚假，反对小团体主义和地方保护主义。

3. 个人利益的合理性。这是基于个人存在的现实而言的。集体是个体的有机组成，集体是个体的集体，个体又离不开集体。国家利益、集体利益的最终实现离不开个体利益的充分满足。尊重个人价值、保护个人的正当利益，促进个人才能的全面提高，应是雷锋精神的题中应有之义。倘若我们只看到雷锋处处为集体，为他人奉献，牺牲自己的时间、精力，而不见社会、他人给予雷锋帮助的话，那我们就不可能真正理解集体主义精神的实质。实际上，在雷锋成长的各个阶段，他都受到了党的关怀和温暖。雷锋做公务员时，县委书记给了雷锋很大的帮助和指导，雷锋当兵后一直受到军队上级部门的关怀。对于雷锋个人的利益、愿望，领导和上级部门都尽可能的帮助雷锋解决实现，这点在雷锋参军和入党过程中无不体现了出来。集体主义原则的三个基本点的有机结合，是雷锋精神所体现的最高行为准则。

（二）雷锋的集体主义主要体现在他的“螺丝钉”精神中

“螺丝钉”精神不是雷锋首先提出来的，但却是因为雷锋才开始被世人认可和广泛宣传，并作为一种精神进行学习的。雷锋在自己的日记中写道：“一个人的作用，对于革命事业来说，就如同一架机器上的一颗螺丝钉。机器上由于有许许多多的螺丝钉的连接和固定，才成了一个坚实的整体，才能够运转自如，发挥它巨大的工作能力。螺丝钉虽小，其作用是不可能估量的。我愿永远做一个螺丝钉。螺丝钉要经过保养和清洗，才不会生锈。人的思想也是这样，要经常检查才不会出毛病。我要不断地加强学习，提高自己的思想觉悟，坚决听党和毛主席的话，经常开展批评与自我批评，随时清除思想上的毛病，在伟大的革命事业中做一个永远不生锈的螺丝钉。”此外，1960 年 1 月 2 日，雷锋读了一篇文章，在自己的日记中进行摘记，“虽然是细小的螺丝钉，是个微细的小齿轮，然而如果缺了它，那整个的机器就无法运转了，漫说缺了，即便是一枚小螺丝钉没有拧紧，一个小齿轮略有破损，也要使机器的运转发生故障的。”“尽管如此，但是再好的螺丝钉，再精密的齿轮，它若离开了机器这个整体，也不免要当做作废料扔到废铁料仓库里去了。”雷锋所提到的“螺丝钉”精神的确是对集体主义精神的形象阐述，雷锋既强调了个人对于集体的重要性，同时也强调了集体对于个人成长的重要性。

（三）雷锋“螺丝钉”精神的深刻内涵

雷锋螺丝钉精神的深刻内涵包含两个方面的内容：一是集体主义的一面，螺丝钉精神，成为雷锋与当时社会主义现代化建设的“黏合剂”，强调个体与整体的关系；二是我们认为其更为本质地体现为一种爱岗敬业的职业精神。前一内容在改革开放以前被强调的比较多，后一方面的内容则在改革开放，尤其是 20 世纪 90 年代后被强调的分外突出。

直到今天，我们对于职业道德的基本要求仍然是：干一行爱一行，爱一行钻一行，精益求精，尽职尽责。胡锦涛同志曾经说过：“发扬雷锋精神，就要像雷锋那样立足本职，忠于职守，在现代化建设事业中做一颗永不生锈的螺丝钉……一个人只有当他的个人选择和社会的需要、人民的需要相一致，在具体工作岗位上发挥积极作用时，他的才能和价值才能真正得到实现。因此，那种干一行、爱一行、专一行的精神，那种立足本职、忠于职守、勤勉敬业、精益求精的螺丝钉精神，仍然应当在全社会大力提倡和发扬。”雷锋把任何一个劳动岗位都看做是为社会主义事业而奋斗的战场，对任何一项工作都精益求精、认真负责，革命需要干什么就干什么，从来不讲价钱。他说：“有人说我是‘傻子’，如果说这是‘傻子’，那我是甘心情愿做这样的‘傻子’的。革命事业需要这样的‘傻子’，建设也需要这样的‘傻子’。”有的人至今还对雷

锋螺丝钉精神不解，认为雷锋甘做共产党人的“驯服工具”，之所以产生这样的认识，主要有两点原因：一是他们对于共产党人提倡的集体主义原则的不解；二是他们根本体会不到雷锋当时的心情感受，尤其是体会不到雷锋的那种主人翁精神和态度。

胡锦涛同志的段话准确地诠释了雷锋精神的集体主义本质：“发扬光大雷锋精神，就是要像雷锋那样发扬爱国主义精神，树立集体主义思想，坚定社会主义信念。我们中华民族自古以来就有爱国主义的优良传统。这种传统在雷锋身上得到了充分的体现和全新的升华。他自觉把个人的前途命运与国家、民族与社会主义的前途命运紧紧联系在一起，处处以国家、民族和集体利益为重，表现出了主人翁的博大胸怀。”

三、集体主义在当今市场经济社会中仍具有重要意义

在改革开放、发展社会主义市场经济的条件下，由于体制的转型和利益关系的调整，因而出现了不同利益主体在价值观、价值取向上的不同选择。面对这种新情况、新问题，有人认为集体主义价值观已经过时了，甚至认为提倡集体主义价值观会抹杀个人利益，压抑社会主义市场经济的发展。这种观点显然是错误的。在市场经济高速发展的今天，集体主义正在被人们渐渐遗忘，因此导致了社会上出现了种种惨痛现象：小煤窑爆炸事故屡屡发生，幸存者奄奄一息，死难者亲属悲痛欲绝，然而谁又来负责他们以后的生活，这都是那些不法开矿者的欲望在作怪；农民面对绝收的庄稼，欲哭无泪；劳动工具变成了肢体切割机，投诉无门；啤酒炸弹炸坏了眼球，厂家赔偿一箱啤酒。也许有人会说在市场经济条件下，追求经济利益是必然的。那么小煤窑主在利益驱动下开办煤窑，有什么不对的呢？不对的就是他们没有职业道德，追求不正当个人利益，浪费资源，污染环境，存在严重安全隐患，给社会和人们的生活带来了无法弥补的创伤。因此解决以上这些问题，除了运用经济手段、行政手段、法律手段等国家宏观调控措施外力的强制外，还需要的就是道德手段，即坚持集体主义原则，坚持做到依法治国与以德治国相结合。由此可见，集体主义精神从未过时，在我国当今的社会主义市场经

济发展中仍具有时代意义，具体表现在以下几个方面：

（一）社会主义市场经济的性质、目的、要求在经济活动中坚持集体主义

市场经济的性质取决于与它相结合的社会制度。我国市场经济是与社会主义基本制度结合在一起的，是为社会主义服务的。它的社会主义性质，必然要求社会主义的集体主义价值观与其相适应，并为之服务。建立社会主义市场经济体制的根本目的在于，在国家的宏观调控下，充分发挥市场机制在资源配置方面的作用，极大地解放和发展生产力，不断提高人民的物质和文化生活水平，逐步实现共同富裕，推动社会全面进步。不同的生产者和经营者，只有把个人劳动转化为社会劳动，提供社会所需要的产品和服务，才能获得自身利益。人与人之间只有建立起平等、互助、团结、合作的同志式关系，才能凝聚成实现共同目标的强大力量。这些无疑都是符合集体主义价值观的要求的。

（二）社会主义市场经济秩序的建立需要发挥集体主义的调节作用

以追求利润获取自身利益，去激发不同的利益主体的积极性和创造性，是驱动市场经济发展的重要机制。但是，如果离开自己赖以生存和发展的社会群体，不顾甚至损害国家、集体和他人的利益，那就会导致整个社会陷入利益冲突的混乱之中，市场经济就无法正常运行。市场主体的经济行为也需要用集体主义进行规范。社会主义市场经济是文明有序的经济形式。由于社会分工和协作的关系，生产、交换、分配和消费是相互联系，作为市场主体的任何个人、企业、部门和团体的经济行为，必须遵守价值规律和市场规则。为了维护市场经济秩序，除依靠行政的、法律的手段外，还必须用集体主义规范市场主体的行为，使其遵循社会主义职业道德，顾全大局，团结协作，为社会主义市场经济健康发展创造稳定有序的市场环境。

（三）社会主义市场经济发展中产生的矛盾需要集体主义进行调节

在发展社会主义市场经济的过程中，个人利益与集体利益在根本上是一致的，但二者也常常发生矛盾。由于利益主体多元化、分散化，以及市场经济的负面影响，市场法规尚不健全等，因而在市场经济领域，

必然存在着复杂的矛盾。这就需要运用经济的、行政的、法律的和道德的手段去解决，就道德而言，就是要按照集体主义的要求去处理，做到个人利益、局部利益服从集体利益、全局利益，以促进个人、局部与集体、全局的协调发展。

在解决我国市场经济发展过程中的各种矛盾时，集体主义的作用是：它一方面促使各种经济法律和法规的贯彻，使国家整体利益得以保障，使个人和集体的合法利益得到实现；另一方面，它要求各市场利益主体必须从国家大局、从人民的根本利益和长远利益出发，去处理相互之间的矛盾，以便实现各自的利益，克服地方本位主义、小团体主义、个人主义，保护国家和集体的利益。

在市场经济条件下，人是社会的人，每个人是手段同时又是目的，而且只有成为他人的手段才能达到自己的目的，并且只有达到自己的目的才能成为他人的手段——这种相互关联是一个必然的事实。个人和他人之间、个人利益和他人利益之间，以及个人和集体之间、个人利益和集体利益之间，都是辩证统一的关系。市场经济是竞争经济，因此产生的竞争观念，效益观念，追求个人利益和自我价值，这并不与集体主义原则相抵触，甚至集体主义原则能推动个人利益的实现。因为社会主义市场经济条件下的集体主义并不是只重视集体利益忽略个人利益。个人在服从集体的条件下具体还要尽可能的满足个人的正当利益，包括个人的权利、价值、尊严等得到很好的实现。二者不是相互矛盾的，所以我们不能以集体主义来否认个人利益同时也不能以个人利益否认集体主义。以竞争意识为主的市场经济要求每个生产者和经营者提供资金和技术上的帮助，提高生产经营者的个人利益。因此这种通过重视个人正当利益激发人的活力和创造力，从而提高社会整体利益才能是社会主义市场经济条件下集体主义最真实的内涵。通过竞争而导致优胜劣汰使真正有优势的企业存活下来，从长远来看是在规划经济结构避免资源浪费，有利于国家的长足发展，同时对其他企业起到很好的示范作用，于国于民都是十分有力的。因此，我们对集体主义应该有一个正确的认识，集体主义不是文革时期的“大锅饭”，也不是没有原则的一味顺从，其实真正的集体主义是讲民主的，是充分尊重和保障个人利益的。可见社会主义市场经济和集体主义并不是水火不相容的矛盾双方，它们内在有其一致性。社会主义市场经济显然不同于资本主义市场经济，它有本质上的区别，社会主义市场经济发展需要国家宏观调控的干预，这种干预正是以集体主义作为其价值导向的，以实现共同富裕为最终目标的，我想这才是集体主义在社会主义市场经济下有吸引力的最核心的因素，才是我们可能一心一意坚持集体主义不动摇的最大动力。

当今社会是一个高速向前发展的社会，经济全球化、政治多极化、社会信息化的发展和我国市场经济改革的进一步深入，社会环境发生了深刻的变化，拜金主义、享乐主义、个人主义等社会现象都严重存在，社会风气变得愈加功利主义和实用主义。因此保持集体凝聚力、发扬集体主义精神是非常必要的。我们应该以雷锋为榜样，发扬雷锋的集体主义精神，成为集体中的一股正能量；眼睛里看到的不只是金钱、不只是位置，而是位置上的事，踏踏实实地做一颗螺丝钉，这样才能够实现最大的人生价值。

第三节　雷锋精神实践社会主义道德的基本要求——“五爱”

“五爱”，即爱祖国、爱人民、爱劳动、爱科学、爱社会主义是社会主义道德的基本要求，是在长期的革命斗争和社会主义建设实践中形成、丰富并确定下来的，是建设有中国特色的社会主义教育体系的重要组成部分。

新中国成立以来，“五爱”教育在培养一代又一代的社会主义建设者和接班人中发挥了不可忽视的重要作用。雷锋同志仅仅走过22年的短暂人生，但他始终用自己的一言一行实践着社会主义道德的基本要求。社会主义时代造就了雷锋，而雷锋精神又给予我们的时代和我国人民以积极、深刻的影响。在不同的历史阶段，有很多人在弘扬和实践雷锋精神。人们学习雷锋、纪念雷锋，并非只是要记住一个名字，并非只是要重复一种历史记忆，而是在学习、传承、光大他的精神。雷锋精神经过亿万群众的实践不断得到丰富和发展，雷锋精神始终伴随着社会主义发展的各个时代，始终与时代并肩前进。

一、社会主义道德与时俱进、薪火相传

中华民族是一个崇德向善的民族，也是一个结合具体实际、不断弘扬和创新传统的民族。从新中国建立开始，历代中央领导集体都很重视思想道德建设，从具体实际出发，从不同方面对社会主义道德规范进行了论述，逐步形成了社会主义道德规范体系，有力地推进了社会主义道德规范体系的完善，也有力地促进了社会主义思想道德建设。我国社会主义道德建设随着社会和经济的发展，大体经历了以下几个阶段：

1949 年，《共同纲领》第 42 条明确规定了“爱祖国、爱人民、爱劳动、爱科学、爱护公共财物”。这具有历史的必然性和现实的规定性，同时，也积极地推进了社会的发展和进步。随着社会发展，尤其是中国共产党十一届三中全会的召开，做出了实行以改革开放为核心内容的决策。以家庭联产承包责任制为标志，中国社会主义开始了新的阶段。社会生活的变化，引起了思想道德观念的相应变化。1982 年，第五届全国人民代表大会第五次会议通过的《中华人民共和国宪法》对社会主义道德规范进行了新的概括，提出了“爱祖国、爱人民、爱劳动、爱科学、爱社会主义”的新要求。从表述上看，把“爱护公共财物”发展为“爱社会主义”，体现了社会主义道德规范的发展性。这样，社会主义道德规范从原来的旧“五爱”提升为新“五爱”。这不仅是社会主义道德规范表述上的变化，也体现了深刻的时代背景。“爱祖国”是其他“四爱”的基础和前提，这既是对中华民族发展历史的高度概括，也是对社会主义伦理规范的准确把握；“爱人民”是社会主义价值观的基本取向；“爱劳动”是对中国传统美德的继承，也是马克思主义关于劳动在人类社会中的地位和作用的体现；“爱科学”作为公民道德的规范，体现了马克思主义“科学技术是生产力”的主张，也体

现了“科技是第一生产力”的时代要求；“爱社会主义”不仅是社会主义道德规范的政治要求，也是“爱祖国”的具体化。整体上看，社会主义道德规范的变化体现了我国以工人阶级为领导的、以工农联盟为基础的人民民主专政国家国体，也体现了我国社会主义政治体制改革的深层次需要。

1986 年 9 月，《中共中央关于社会主义精神文明建设指导方针的决议》重申社会主义道德规范是“爱祖国、爱人民、爱劳动、爱科学、爱社会主义”；强调社会主义道德规范渗透于社会生活的各个方面；规定了社会主义道德在职业生活和社会公共生活领域中的要求。1996 年 10 月，《中共中央关于加强社会主义精神文明建设若干重要问题的决议》对社会主义精神文明建设进行了更为系统和整体的安排，形成了社会主义道德体系的“一个核心，一个原则，五个要求，三个领域”的基本框架。这就是社会主义道德建设以“为人民服务”为核心，以“集体主义”为原则，以“爱祖国、爱人民、爱劳动、爱科学、爱社会主义”为基本要求，以“社会公德、职业道德、家庭美德”为全部领域，在全社会形成团结互助、平等友爱、共同前进的人际关系。明确了“为人民服务”在社会主义道德体系中的核心地位；具体提出了社会公德、职业道德、家庭美德的各自要求。这样，以“五爱”为内容的社会主义道德规范体系被重新强调。从形式与内容的辩证关系看，随着时代的发展与变化，社会主义道德规范的内容在发展变化，但是，其中的精神实质却是稳定的。这也说明以“五爱”为基本要求的社会主义道德规范与社会生活的一致性，与社会主义市场经济的契合性，与中华民族传统美德的承接性，从根本上显示了社会主义道德规范的时代性。

2001 年春，党中央提出了“以德治国”的基本治国方略，强调“以德治国”与“依法治国”的统一，进一步丰富和完善了社会主义道德规范的内涵。《公民道德建设实施纲要》提出在新的历史条件下，公民道德建设要坚持社会主义道德建设与社会主义市场经济相适应；坚持继承优良传统与弘扬时代精神相结合；从时代发展的高度对社会主义道德规范体系进行了概括：以为人民服务为核心，以集体主义为原则，以

爱祖国、爱人民、爱劳动、爱科学、爱社会主义为基本要求，以社会公德、职业道德、家庭美德为着力点。这样，不仅明确提出了“公民道德建设”的概念，而且在原来关于社会主义道德体系的基础上，提出了以“三德”作为道德建设着力点的论断；不仅强调原来的“五爱”为核心的社会主义道德规范，而且提出了“爱国守法、明礼诚信、团结友善、勤俭自强、敬业奉献”的基本道德规范，是对社会主义道德规范的新表述。

中国共产党第十六次代表大会，强调了“依法治国”和“以德治国”相结合；提出了社会主义思想道德规范体系的要求是，“与社会主义市场经济相适应、与社会主义法律规范相协调、与中华民族传统美德相承接的社会主义思想道德体系”；要求大力弘扬和培育中华民族精神；提出了道德建设“以诚实守信为重点”。这是在中国社会主义现代化建设的新时期，面对“四个多样化”的趋势，面对全面建设小康社会的整体要求，面对人民群众不断增长的精神文化需求，面对世界范围各种思想文化的相互激荡和中国道德建设的新情况、新问题和新矛盾而提出的，也是必须适应形势发展的要求，积极探索新形势下道德建设的特点和规律，进一步加强道德建设，把公民道德建设提高到新的水平的需要。中共十六届三中和四中全会，为中国社会主义道德建设作出了新贡献，提出了“以人为本”的观念；强调社会主义道德建设要“以人为本”，维护人的尊严、价值，倡导爱护人、理解人、关心人、塑造人，把人民的利益作为一切工作的出发点和落脚点；把“诚实守信”作为基本行为准则，提出“以道德为支撑”，建立健全社会信用体系的思想；提出了“社会主义和谐社会”的目标。2005 年 2 月 19 日，胡锦涛同志在“省部级主要领导干部提高构建社会主义和谐社会的能力专题研讨班”上所做的重要讲话，从社会发展的高度，对社会主义和谐社会进行了概括：“民主法治、公平正义、诚信友爱、充满活力、安定有序、人与自然和谐相处”。2006 年 3 月，在参加全国政协十届四次会议民盟、民进界委员联组讨论时的讲话中，胡锦涛同志提出，要引导广大干部群众特别是青少年树立社会主义荣辱观，坚持以热爱祖国为荣、以危害祖国为耻，以服务人民为荣、以背离人民为耻，以崇尚科学为荣、以愚昧无知为耻，以辛勤劳动为荣、以好逸恶劳为耻，以团结互助为荣、以损人利己为耻，以诚实守信为荣、以见利忘义为耻，以遵纪守法为荣、以违法乱纪为耻，以艰苦奋斗为荣、以骄奢淫逸为耻。以“八荣八耻”为主要内容的社会主义荣辱观，是社会主义道德规范与时俱进的体现，“与科学发展观、构建社会主义和谐社会、加强党的先进性建设紧密相连、有机统一，是对马克思主义道德观的精辟概括，是对社会主义道德的系统总结，是社会主义市场经济条件下加强思想道德建设的强大思想武器和重要指导方针。”

从“五爱”到“社会主义荣辱观”的演变历程，是加强中国社会主义道德建设的过程，是针对改革开放的逐渐深入，逐步提高人们思想道德水平的过程，是不断调整社会主义道德规范，与社会主义道德建设的实践相一致，提高社会主义道德建设成效的过程；是从人们社会生活出发，关注人们生活的具体性、复杂性、变化性，把社会主义道德规范与人们的社会实践紧密结合的过程。从“五爱”到“社会主义荣辱观”的发展，是社会主义道德规范逐步形成和完善的过程，也是社会主义道德建设逐步加强的过程。

二、雷锋精神是对社会主义道德——“五爱”的实践

“五爱”是社会主义道德建设的基本要求。“五爱”不仅要在每个公民的身上体现出来，而且要在社会生活的各个方面体现出来，形成人与人之间平等、团结、友爱、互助的社会主义新型关系。

（一）“五爱”是社会主义道德的基本要求

1. 爱祖国。爱祖国是公民在历史上形成的以自己的祖国的一种崇高的感情和责任，是爱国主义精神的集中体现。具体表现在：热爱祖国的壮丽山河、悠久历史和文化传统，维护国家和利益，关心祖国的前途和命运。

2. 爱人民。人民是国家的主体，是历史的创造者。爱人民，对人民怀有浓厚、真挚的感情，是社会主义人际关系的本质特征，是社会主

义公德的最高体现。爱人民就要树立全心全意为人民服务的思想，一切向人民负责，自觉维护人民的利益和权利，同一切危害与背叛人民的行为作斗争。当人民需要的时候，为了人民的利益，不惜牺牲个人的利益以至生命。爱人民还意味着互相关心，互相帮助，互相爱护，发扬我为人人，人人为我的精神，在工作中讲究职业道德，在社会生活中讲究社会公德，建立起新型的社会主义人际关系。

3. 爱劳动。我国宪法明文规定，公民有劳动的权利和义务，要求人们把劳动作为自己的光荣职责，热爱本职工作，主人翁的态度对待劳动，在劳动中发挥主要性和创造性，尽职尽责，具有高度的事业心和忘我的献身精神，同时还要尊重他人的劳动成果。劳动光荣，不劳动可耻，只有社会主义国家才把爱劳动作为社会公德的主要内容之一，作为人的美德的体现加以提倡。为社会做出较大贡献的劳动者受到党和人民的极大尊重。

4. 爱科学。科学不但是人类征服自然、改造社会、造福人类自身的强大力量，而且也是人们达到精神解放和道德进步的武器。科学知识和实践活动有利于陶冶人的性情，破除迷信愚昧思想，培养人的崇高的道德品质。爱科学具体体现在要尊重科学、尊重知识、尊重人才；要努力掌握现代科学技术、知识和理论；要努力追求真理，善于在社会实践中运用科学知识，并不断检验和发展真理，提高认识世界和改造世界的能力，并敢于纠正错误，捍卫科学真理。

5. 爱社会主义。社会主义是人类迄今最先进、最合理、最美好的社会制度，只有社会主义才能救中国。走建设有中国特色的社会主义道路，是中国共产党领导长期革命斗争实践中所做出的历史选择。热爱社会主义，要求我们对社会主义祖国具有深厚的感情，对社会主义制度具有坚定的信念，自觉地维护社会主义国家的利益，为社会主义祖国的统一富强，为社会主义现代化建设贡献自己的智慧和力量，反对并抵制任何诋毁和破坏社会主义制度的言论和行为。

（二）雷锋精神诠释着社会主义道德的基本要求

雷锋用自己的实际行动诠释着社会主义道德的基本要求：爱祖国、

爱人民、爱劳动、爱科学、爱社会主义，具体表现在以下几方面：

1. 爱祖国、爱人民、爱社会主义的忠诚精神。雷锋自觉把个人的前途命运与国家、民族，与社会主义的前途命运紧紧联系在一起，处处以国家、民族和集体利益为重。他忠于党、热爱社会主义的坚定信念，并非只停留在口头上、日记里，而是体现在坚决听党的话，照党的指示办事，为党的事业努力奋斗的具体行动上。党号召大办农业，雷锋就主动申请从县委机关下到农业生产第一线，当一名新式农民；党需要加强工业建设，他就离开可爱的家乡，从南方来到北方当一名好工人；党号召青年应征服役，他又经过多次恳求，参军到部队。党要他干啥他就干啥，干啥就一定要干好啥。有人说雷锋是个“傻子”，在雷锋看来，当这样的“傻子”是光荣的。他说：“我要做一个有利于人民、有利于国家的人。如果说这是‘傻子’，那我是甘心愿意做这样的‘傻子’的。革命需要这样的‘傻子’。建设也需要这样的‘傻子’。”雷锋的这种“傻子”精神，充分体现了一位伟大共产主义战士的博大胸怀和为人民服务的执著追求。这是雷锋精神最核心的内容之一，也是雷锋精神最值得学习的灵魂所在。

2. 爱劳动、爱岗敬业的奉献精神。雷锋在1961年3月16日的日记中写到：“世界上最光荣的事——劳动。世界上最体面的人——劳动者。”雷锋积极响应党和政府的号召，先后扎根农村、进入鞍钢做工人和应征入伍。不论在什么岗位上，雷锋都是勤勤恳恳、踏实肯干、先公后私。雷锋做农民、公务员、工人和解放军，都以最大的热情去投入工作，正像他所说的那样，“对待工作要像夏天一样火热”。他在不同的岗位上都获得过很多荣誉称号，如红旗手、生产标兵、积极分子、劳动模范等等。他在自己的每一个岗位上都兢兢业业，刻苦钻研，干一行、爱一行，精通业务，成为行家里手，像一颗螺丝钉一样守住自己的岗位，发挥自己应有的作用，成为爱岗敬业的楷模。通过《雷锋日记》，我们可以很清晰地看到雷锋的思想，雷锋不仅是从思想的高度上去认识、拥护社会主义制度和新中国，而且以他的实际行动，在生活中、工作中点点滴滴地践行着。

3. 爱科学、刻苦钻研的钉子精神。众所周知，雷锋的文化水平并不高，只有小学文化程度。为了提高自己的文化水平，他找到了一个秘诀——学习。无论是当农民、公务员，还是当工人、战士，他都坚持不断地学习。他不仅向书本学习，还注意向实践学习；不仅学习一般知识，而且注重学习革命理论。雷锋参加革命后，很快认识到学习革命理论的重要性。他把革命理论当作“粮食、武器、方向盘”。他说：“人不吃饭不行，开车没有方向盘不行，干革命不学习毛主席著作不行!”在学习上，他不仅有明确的目的，而且还非常善于学习。在鞍钢工作时，他制订了早晨学一小时，晚上学到10点至11点的自学计划。到部队后工作更忙，没有更多的学习时间，他就把学习的书本放在挎包里，人到哪里书到哪里，有空就看上一点。熄灯号响后，为了不影响其他同志休息，他就到工棚、车场、厨房、司务长的宿舍去读书，并且一读就是大半夜。雷锋有时还把灯拉到自己的枕头边，用报纸遮盖起来看书。由于雷锋有这种挤劲，他读的书越来越多，知识越来越丰富。当雷锋听到有的同志说工作忙，实在没有时间学习时，他便根据自己的学习体会，在日记中写下了这样一段话：“有些人说工作忙、没有时间学习。我认为问题不在工作忙，而在于你愿不愿意学习，会不会挤时间。要学习的时间是有的，问题是我们善不善于挤，愿不愿意钻。一块好好的木板，上面一个眼也没有，但钉子为什么能钉进去呢？这就是靠压力硬挤进去的，硬钻进去的。由此看来，钉子有两个好处：一个是挤劲，一个是钻劲，我们在学习上，也要提倡这种‘钉子’精神，善于挤和善于钻。”这就是人们广为称道的“钉子”精神。当今的世界，谁不勤奋学习、刻苦学习，谁就会落伍，谁就跟不上时代前进的步伐。只有像雷锋一样在学习上永不满足，永不懈怠，大力发扬“钉子”精神，以这样一种钻劲和挤劲，抓紧学习，追求新知，才能不断地充实自己、提高自己、完善自己，更好地适应改革开放和社会主义现代化建设的需要。

三、弘扬社会主义道德，加强对公民的“五爱”教育

随着改革开放的深入和社会主义市场经济的发展，人们的思想观

念、价值取向、道德标准以及行为方式、生活方式等不断发生变化，“个人主义至上”、“一切向钱看”、“人不为己、天诛地灭”成了一些人的人生信条。在这些人看来，被我们视为珍宝的雷锋精神已成为岁月尘封的记忆，甚至被他们当作了调侃的笑料。对此，我们必须采取积极的态度和措施，加强对公民的“五爱”教育，弘扬社会主义道德。

（一）加强公民的“五爱”教育的意义

加强对公民的“五爱”教育，具有特别重要的理论和现实意义：

1. “五爱”为我国全体公民确立了明确的道德目标和价值取向。人活着总是要有追求的，即追求一定的道德目标和人生目标。只要一个人选择了“五爱”作为道德目标和价值取向，并在实践中认真贯彻执行，他就一定会成为一个有道德的人。

2. “五爱”为全社会树立了评价人们行为善恶的统一的标准，这对统一人们的道德意识和行为有很重要的社会价值，使人们知道了什么是对的，什么是错的，什么是善的，什么是恶的，等等。

3. “五爱”为职业道德、家庭道德和社会公德建设的发展和提高创造了有利条件。这是因为，“五爱”道德规范是对人们最基本的道德要求，只要人们认真地履行它，对其他领域的道德规范也就能够自觉遵循。

4. “五爱”有利于对公民进行道德教育。“五爱”要求言简意赅，通俗易懂，为我国老百姓所喜闻乐见，容易为群众记忆、掌握、运用和实践。

（二）加强公民的“五爱”教育的途径

公民道德教育——提高公民素质的教育活动是一个系统工程，它与社会生活各方面相互影响，相互渗透。因而必须采取广泛的途径开展教育才能充分发挥道德对社会生活的作用，增强教育的效果。

1. 公民道德教育与体制建设相结合。道德是由社会关系特别是经济关系决定的，完善各种社会关系的体制，对于改善公民道德状况具有十分重要的意义。首先，完善分配体制。我国财富分配体制基本上是合理的，但其中仍有一些不合理、不完善的地方。如国家工作人员合法收

入偏低等等，这在某种程度上助长了不道德现象的产生，必须加以改进。其次，完善社会主义民主法制体制，促进党政机关和领导干部道德状况的改善。再次，完善新闻媒体的舆论监督机制，发挥舆论监督对道德行为评价和导向的重大作用。最后，完善对道德行为和品质的奖励机制。对一些高尚的道德行为实行奖励，以促进公民道德素质的不断提高。

2. 公民道德教育与文化建设相结合。道德教育是文艺作品、文娱活动的重要功能。充分发挥文艺陶冶情操、纠正是非、提高境界、激发斗志的功能，对于提高广大公民的道德水平具有重要意义。因而，要繁荣社会主义文化，通过丰富公民业余文化生活来推进公民道德教育。首先，各级政府要加强对文化事业的投入，加强对文化事业的引导，为文化事业的发展提供自由空间，促进文化的产业化。其次，要加强对文化市场的监督，加强文化市场领域的法制建设和行政管理工作，加强对文化市场的舆论监督，发挥先进文化对道德教育的促进作用，抑制腐朽文化的消极影响。以喜闻乐见的形式，扬善惩恶，使广大公民自觉地践行时代所倡导的道德要求和道德理想。

3. 加强对学生的“五爱”教育。“五爱”教育充分体现了学校德育工作的方向性、时代性、科学性和可操作性等特点，较好地处理了社会主义理想、信念教育，人生观、世界观、价值观教育与文明行为习惯培养的关系，几十年的教育实践证明，“五爱”教育在全面贯彻教育方针，提高学生的思想道德和科学文化素质，培养合格的社会主义公民方面，发挥了积极的作用，取得了显著成效。

学校应从实际情况出发，根据时代特点和社会发展的需要，不断赋予“五爱”以新的时代内容。要把爱祖国、爱社会主义的教育同建设有中国特色社会主义的伟大实践有机地结合起来；把爱人民同培养学生树立全心全意为人民服务的思想结合起来；把爱劳动同培养学生劳动观点、劳动习惯、劳动技能和热爱劳动人民的思想感情结合起来；把爱科学同落实科教兴国战略，为实现祖国“四化”而努力学习结合起来；把爱社会主义同培养学生树立正确的世界观、人生观、价值观，树立坚定的社会主义理想、信念结合起来。把“五爱”教育搞得既生动活泼，富有时代特色，又扎扎实实收到实效。

4. 开展学习先进典型活动，形成崇尚先进、学习先进的社会风气。党的十四大以来，党中央、国务院在深入开展学雷锋活动的基础上，先后推出一大批先进人物和先进集体，如“党的好干部、人民的好公仆”孔繁森、李润五、郑培民等，“利用岗位作奉献、真情为他人”的“全国优秀售票员”李素丽，“见义勇为的青年战士”徐洪刚，“见义勇为的青年学生”陈野平，“舍小家为大家”的抗洪英雄高建成、李向群等，被称为“白衣卫士”的抗击非典英雄邓练贤、叶欣等，“航天英雄”杨利伟等等，先进集体乌鲁木齐铁路局、济南交警支队、哈尔滨市东莱派出所、漳州报警服务台、中国人民解放军航天飞行大队、北京同仁堂集团等。特别值得说到的是，当代雷锋郭明义，他的事迹与雷锋一样，真实感人，平凡中见伟大，伟大寓于平凡之中。他朴实亲切、乐观向上的外表和助人为乐的奉献精神，给当今社会带来了暖意和亮色，让人们看到了雷锋的再现。我们要像学雷锋一样学郭明义，要像学郭明义一样学雷锋。郭明义精神就是雷锋精神在当代的再现，是我们当今市场经济不可或缺的道德品格和精神养料。

我们不仅应旗帜鲜明、理直气壮地大力宣传和弘扬他们的先进事迹，号召全国人民学习这些先进典型，并且还应该探索出一系列学习先进、弘扬正气、惩恶扬善的办法、措施和制度，使得人们认识到做好人自尊、自信，做好事光荣、自豪，能够得到人们的赞扬和推崇。这样，先进典型的事迹和他们高尚的思想品德，才能在社会各方面广为传播，形成学先进、赶先进、做先进的良好社会风气；形成崇尚先进、扶正祛邪、扬善惩恶的社会环境。这样我们所向往的和谐社会、小康生活才可能真正实现。

第四章

雷锋精神彰显社会主义公民道德教育的多元性

加强社会主义思想道德建设，是发展先进文化的重要内容和中心环节。在新的历史条件下，从公民道德建设入手，继承中华民族几千年形成的传统美德，发扬党领导人民在长期革命斗争与建设实践中形成的优良传统道德，借鉴世界各国道德建设的成功经验和先进文明成果，努力建立与发展社会主义市场经济相适应的社会主义道德体系，对形成追求高尚、激励先进的良好社会风气，保证社会主义市场经济的健康发展，促进整个民族素质的不断提高，全面推进建设有中国特色社会主义伟大事业，具有十分重要的意义。正如胡锦涛同志在党的十八大报告中提出“全面提高公民道德素质。这是社会主义道德建设的基本任务。要坚持依法治国和以德治国相结合，加强社会公德、职业道德、家庭美德、个人品德教育，弘扬中华传统美德，弘扬时代新风。推进公民道德建设工程，弘扬真善美、贬斥假恶丑，引导人们自觉履行法定义务、社会责任、家庭责任，营造劳动光荣、创造伟大的社会氛围，培育知荣辱、讲正气、作奉献、促和谐的良好风尚。”

第一节　雷锋精神引领社会公德

社会公德是全体公民在社会交往和公共生活中应该遵循的行为准

则，涵盖了人与人、人与社会、人与自然之间的关系。在现代社会，公共生活领域不断扩大，人们相互交往日益频繁，社会公德在维护公众利益、公共秩序，保持社会稳定方面的作用更加突出，成为公民个人道德修养和社会文明程度的重要表现。

一、提倡雷锋精神应对市场经济条件下对社会公德的消极影响

市场经济是一种自主经济，要求人们以独立、自由的身份参与市场竞争，强调自由、平等的价值取向。同时，市场经济受竞争规律的约束，追求最大利润是其行为主体的最直接的目标，道德在此间往往成了容易忽视的东西。因为市场经济要求生产者以最少的劳动消耗取得最大的有效成果，并实现最大的利润，这就可能使许多经济活动只考虑自身的利益，不考虑甚至损害社会利益。解决这个问题既要靠法律，靠制度建设，也要靠确定完整的市场经济价值观。即在肯定个人利益的同时强化人们对社会的义务意识、责任意识，要求人们时刻想到作为一个社会成员必须对社会负责并做出贡献，把追求个人的经济利益与为社会奉献统一起来。在这样的利己与利他统一的社会主义市场经济价值观中，理所当然地包含着雷锋为人民服务的“利他”精神。也正是由于这种利己与利他相统一的规定性，决定了在社会主义的市场经济体制构建过程中，不能丢掉雷锋精神，不能不要奉献精神。在此意义上，社会主义的市场经济不能仅仅被视为是狭义的经济模式，而且必须是社会主义基本原则的具体体现。因此，弘扬雷锋精神，发挥社会主义制度所具有的能动作用，以此促进市场机制的健康发育，规避资本主义市场经济的排斥利他的完全利己的极端个人主义弊病。

（一）雷锋精神与市场经济的预期目标是相契合的

社会主义市场经济的预期目标是实现共同富裕，从社会主义本质来看解放生产力、发展生产力，消灭剥削、消除两极分化最终达到共同富裕，决定了社会主义市场经济的出发点和落脚点是发展生产力，不断增强综合国力，不断提高人民生活水平，并逐步实现全体人民的共同富裕。雷锋精神在这一点上与社会主义市场经济的预期目标是一致的，雷

锋毕生的愿望就是“为了使别人过的更美好”。他认为：“一朵鲜花不是春，万紫千红春满园”。在建立社会主义市场经济过程中，弘扬雷锋全心全意为人民服务的精神，就是既要讲赢利，讲效益，重视个人利益，反对平均主义，但又不能搞拜金主义，享乐主义和极端个人主义。弘扬雷锋精神，就是要使我们懂得，个人利益只有在国家和社会利益的发展中才能得到实现。而不讲奉献，唯个人利益是求，拜金主义、享乐主义思想滋长，必然有害于社会主义市场经济的健康发展，也不利于社会的总体进步。

（二）弘扬雷锋精神，对于建立和维护社会主义市场经济体制的社会规范具有重要意义

社会主义市场经济的社会规范是有序竞争和充分合作。所谓竞争，就是要开展自由、平等、公开的竞争。提倡竞争观念，就在于竞争是市场机制的载体，是提高劳动生产率的催化剂。然而社会主义市场经济体制中的竞争，又是自觉的，是有计划有目的有节制的。有序竞争成为调节社会主义社会经济和社会生活，使其充满生机与活力的杠杆。人们可以看到，雷锋精神中的永不自满、力争上游、昂扬斗志、自觉奋斗的品格与社会主义市场经济的自觉竞争规范也是相通的。在社会主义市场经济体制中，弘扬雷锋的这种为人民利益奋发向上的精神，就可以维护在竞争中人与人、人与社会的和谐，规避市场经济中自发竞争和无序竞争的弊端。

（三）从社会主义市场经济体制下人际关系价值选择看，需要弘扬雷锋精神来协调市场经济调节下的人际关系和价值选择

社会主义市场经济下的人际关系准则是协作——竞争——协作。自觉的竞争以协作为起点和终点。较之于自发竞争，在目的、性质上有质的区别。它鼓励个人努力，但反对个人主义。它主张人与人之间展开竞争，但反对以邻为壑，只扫自家门前雪。社会主义市场经济并不改变人们之间相互平等的、合作的关系。而是要在这种关系的前提下引进竞争机制，竞争的目的是提高效率，从而促进集体、国家、民族的兴旺发达。市场经济体制下的这种人际关系准则与雷锋精神仍然是一致的。雷

锋的舍己为人、助人为乐的高尚风格与竞争是相辅相成的，是统一的有机体。社会要积极鼓励竞争中的强者，也要大力提倡讲协作、讲风格的集体主义精神。

二、提倡雷锋精神解决当前社会公德领域存在的问题

改革开放以来，我国的精神文明建设取得了可喜的成绩，但是一些违反社会公德的现象也频频出现，在不同程度上影响了人们的社会生活质量，败坏了社会风气，损害了国家、地区、企业单位和个人的形象。我国当前社会公德领域主要存在如下问题：

（一）社会正义感的缺失

所谓正义感，是指人们对正义观念、正义价值、正义制度源自内心的认同尊重以及作出正义行为，反对非正义行为时所产生的深刻情感体验，以一种按照正义原则来采取有效行动的能力。在现代化的转型时期，价值取向不断趋向多元化，新旧道德体系发生着激烈的碰撞和摩擦，个人主义倾向逐渐抬头，以自我为中心的价值取向日益突出，而传统的公共价值取向却受到忽视，功利主义色彩不断加强，人们社会交往中最珍贵的情感、友谊等因素出现弱化倾向。

（二）部分社会成员的“规则意识”淡漠

“规则意识”是人们对规则或规范的知悉以及对规则或规范的内在精神支持，是人们对规则价值合法性的内在认可，这种内在情感体验一旦形成，将会影响到人一生的道德含义和道德行为。我国当前社会公德问题出现的重要原因之一就是部分公众对“规则意识”的漠视。

（三）网络对社会公德体系的冲击

网络是一把双刃剑，它既给人们的工作、学习和生活带来便捷，也给社会公德带来了一定冲击。网络上充斥的不良信息，造成不良信息泛滥，在相当程度上影响了社会风气。

雷锋精神的弘扬，是弘扬社会正义感和真善美的需要。道德是人心向善的实践理性，人在不断的学习和践行道德中可以不断实现人性的升华。雷锋精神集结了中华民族传统的、最优秀的美德善行；凝聚了中国

共产党人克己奉公、全心全意为人们服务的高尚品质，体现了中国普通公民做人做事的典范，反映了社会主义时代新人的精神风貌和鲜明特征。雷锋和雷锋精神诞生于50多年前，虽然社会发展使得今天的社会环境比之雷锋所生活的时代有了很大的变化，据此有人提出来“雷锋精神过时了”、“雷锋的做法不符合今天社会生活的需要”。这显然是一种误解。事实上，无论时代和环境如何变化，人心向善的本质没有变。而且，社会越发展，人们物质文化生活水平越高，就越需要道德建设，越需要雷锋和雷锋精神。随着社会秩序的公共化程度越高，人们之间的交往越密切，相互之间的依赖性就越大。生产越社会化，分工和交换日益扩大化，就越需要道德支撑。道德缺失问题的日益突出使得人们更加呼唤雷锋和雷锋精神。例如，2011年10月13日，广东省佛山市两岁女童悦悦相继被两车碾压，7分钟内，18名路人路过但都视而不见，漠然而去，最后一名拾荒阿姨陈贤妹上前施以援手，女童悦悦最终因未能得到及时抢救而死亡。这一事件使得道德缺失之间再次引起人们的关注。面对道德缺失、道德底线下沉，人们更加呼唤道德，呼唤雷锋和雷锋精神。在现代社会生活中，能不能很好地弘扬雷锋精神，形成良好的社会道德风尚，与每个社会成员都有着非常密切的关系。而道德缺失势必使社会成员深受其害，改变这种情况，一方面要对种种失德者给予谴责甚至惩罚；另一方面，要求每个社会成员自觉践行社会公德，并与各种失德现象作斗争。为此，要学习雷锋爱憎分明的道德立场，弘扬雷锋关爱他人和社会的道德精神。

三、雷锋精神促进社会主义核心价值体系建设

雷锋作为实践人类道德的优秀楷模，虽然已经离开我们半个世纪了，但雷锋精神却已深深融入人们的灵魂深处，融入中华民族的精神血液和道德肌体，成为中国人民宝贵的精神财富。雷锋精神是社会主义道德本质的集中体现和载体。唯物史观认为，道德作为意识形态的重要组成部分，一方面，由经济基础决定并服务于经济基础；另一方面，道德又具有相对的独立性，有着自身发展的独特规律。思想道德作为社会意

识形态的组成部分，归根结底是由经济基础决定的。雷锋精神作为社会主义建设时期思想道德建设的产物，反映了社会主义制度对思想道德的要求，彰显了社会主义道德的本质特征。雷锋精神在今天之所以长盛不衰，最根本的原因，就在于它集中体现了社会主义道德的本质特征。

（一）努力完善社会公德的养成机制

1. 社会公德重在养成，重在把遵守社会公德的道德要求逐步转化为广大公民的道德习惯。列宁认为，当人们对于人类一切公共生活的简单的基本规则从必须遵守变成习惯于遵守的时候，从共产主义社会的第一阶段过渡到它的高级阶段的大门就会敞开。这就告诉我们，弘扬社会公德，必须十分重视社会公德养成机制的建设。努力完善社会公德的教育机制。

2. 道德教育是社会公德养成的基础。古语说："德教为先。"德教即是道德教育或道德教化。进行道德教育，一是要普及公共文明礼仪知识。新闻媒体要开辟专版、专栏和专题节目，集中宣传公共生活领域文明礼仪知识。二是要突出公共文明礼仪教育重点。比如，在公共卫生方面，着力培养市民的责任意识，主动营造和爱护身边清洁优美的生活环境；在公共秩序方面，着力培养市民自觉遵守法规的意识，解决知行不统一的问题；在公共交往方面，着力培养尊重他人、关爱他人、宽容他人的意识等等。三是构建公共文明礼仪教育体系。完善以市民学校为载体的全民教育网络体系，组织社区居民开展公共文明行为大家谈、大家唱、大家写、大家画、大家做等活动。发挥农村文明大院的作用，加大对农民进行科学文明健康的生活方式教育。努力完善社会公德的修养机制。

3. 道德修养是社会公德养成的内部机制的核心，即古人所强调的"修身为本"。道德修养是培养社会公德并逐步完善人格的最基本的途径。它有利于公民在履行社会公德过程中提升道德境界。所谓道德境界指公民接受道德教育、进行道德修养所达到的道德觉悟程度，以及所形成的道德品质状况和道德情操水平。道德境界犹如阶梯，从初始境界到完善境界，其间是漫长的中间境界。较高的道德境界是公民通过自我改造、自我陶冶、自我锻炼和自我培养形成的，是在实践活动中养成的。离开在实践中的反省、自查来谈修养，不过是一句空话。努力完善社会公德的创建机制。“讲文明树新风”为主题的创建文明城市、文明村镇、文明行业活动，各级党政机关开展的争先创优、依法行政、公正执法、做人民满意公务员活动，以及社会各界组织的“希望工程”、“送温暖”、“志愿者”、“手拉手”、“幸福工程”、“春蕾计划”、“扶残助残”等公益活动，覆盖面广、参与人数多，对社会公德建设有着深刻的影响。社会公德实践活动源于基层、扎根群众，有着强大的生命力。要因势利导，发挥基层组织和群众团体的骨干作用、广大群众的主体作用，坚持从具体事情做起、从群众最关心的事情抓起，使道德实践活动与各项业务工作紧密结合，贴近基层、贴近群众、贴近生活。这里的关键就是要建立全民动员机制，形成全社会广泛参与的局面。努力完善社会公德的示范机制。榜样的力量是无穷的。新中国成立以来，特别是改革开放和社会主义现代化建设中涌现出来的先进集体、先进人物，是实践社会公德的榜样。要广泛开展向先进典型学习的活动，善于发现和运用先进典型，树立可亲、可敬、可信、可学的道德楷模，让广大群众学有榜样、赶有目标、见贤思齐，从先进典型的感人事迹和优秀品质中受到鼓舞、汲取力量，使先进典型的高尚情操成为社会的共同财富。当前，要以中央文明委组织的评选表彰文明城市、文明村镇、文明单位为契机，坚持以人为本，深入进行社会公德建设，深化拓展群众性精神文明创建活动，突出创建活动的社会公德内涵，努力形成示范带动效应。

（二）形成良好的公德氛围

政府或社会，要通过公德宣传，形成一个维护社会公德光荣、高尚，破坏社会公德耻辱、卑下的强大社会舆论氛围。对于那些遵守和维护社会公德的先进人物要表扬、鼓励；对于破坏社会公德的人要揭露、谴责：形成社会舆论上的“道德法庭”，在全社会树立起一个荣辱标准。近些年来，我国抓了“五讲四美三热爱”活动，抓了“创文明服务窗口，树行业新风”活动，抓了“创建文明小区”活动，抓了“百城万店无假货”活动以及“承诺服务”等等，取得了一定成效，但有些效果不很理想。有的抓得不实，流于形式；有的一阵风，不能坚持。这就需要紧紧依靠群众，深入持久地开展群众性精神文明创建活动。公民也要人人以身作则，培养履行公德的自觉性。社会公德不会一经提出就得到全体社会成员的自觉遵守，人们涉足某一方面的社会公共生活也不能一开始就习惯于遵守相应的道德规则。在道德生活中，人的一定的道德行为总是以相应的道德品质为基础的，而人的道德品质不是与生俱来的，而是在后来的道德实践中逐步形成的。要做一个合格的公民，就必须遵守社会公德，就必须从一点一滴的小事做起。这样，整个社会文明水平的提高才有了坚实的基础。公民的道德水平，往往通过具体的事情体现出来。这些具体的事情，包括不要乱扔果皮纸屑、不要闯红灯、不要在公共场所随意吸烟、不要践踏草坪花坛，等等。这些具体的事情，可能在一些人眼里似乎只是微不足道的小事，却展现着一个城市市民的总体素质，体现着一个地方百姓的道德水准。

（三）使社会公德建设制度化

法律对公民的严重不道德行为，起到了严厉的约束作用，但现实生活中大量的不道德行为并不构成犯罪，法律不能直接制裁。在社会公德建设中，除了引进法律这一外在约束机制以外，还要使公德建设制度化。要使公德建设制度化，可以从以下两方面入手：

1. 订立各种规章和公约。社会公德是社会公共生活的规范体系。在社会公共生活中，人在不同的场合扮演各种不同的社会角色，这就要求制定各种文明公约，让每个人无论走到哪里，成为何种社会角色，都做到行动有规则可以遵循，社会可以监督。

2. 建立健全监督制度和赏罚制度。在建立完整、科学的规章公约的基础上要建立组织监督和社会监督机构。监督、检查制度是保证这些规章、公约实施有效性的关键所在。而搞好监督、检查的有效途径是加强责任制，层层抓落实。通过各地区、各级组织、各个部门的监督，随时发现好人好事和先进典型，随时揭露各种违背公德的行为。还要建立赏罚制度，对于那些模范遵守社会公德，直接维护社会公德的人和事，要给予相应的荣誉和奖励；对于破坏公共设施、公共交通、公共安全、

公共秩序、生态环境等行为，要坚决给予处罚：对于见死不救，要运用法律的手段给予制裁。

（四）抓好特殊人群的社会公德建设

这些特殊人群，主要是指国家机关工作人员、司法人员和执法人员和青少年。国家机关工作人员、司法人员和执法人员，他们因在社会生活中的特殊地位而具有“率先垂范”，的作用。他们履行公德，人们会认为他们“理该如此”而不会被特别赞扬。但是，他们违反社会公德，其消极影响要远比一般公民违反公德的影响大得多。实际上，在现阶段，这部分人中存在着严重的道德失范现象，其中最主要的是腐败问题。这部分人享有一定的特权，而又不受监督，或者有机会逃避监督。因此，社会公德建设必须抓好干部队伍的建设，建立有效的监督机制，消除法律、道德上的特权，及时清除腐败分子。青少年，是祖国未来和希望。从小就要培养青少年要像爱护自己的东西一样对待公共财物，教育青少年要爱护公共设施、保护文物古迹；要教育青少年在公共场所自觉遵守各种规章制度和纪律，当看到有人不讲社会公德时，不要出于从众心里也跟着去做；要教育青少年分清是非，绝不能做不文明、不道德的事情；教育并支持青少年积极参加大扫除和保护环境等各种公益活动。

1. 雷锋精神是传承中华民族优秀传统道德的有效载体。雷锋精神继承了中华民族几千年来的传统美德，体现了伟大的民族精神。中华民族传统美德的熏陶浸染，是雷锋精神产生和接力传递的深厚历史文化资源和思想基础，也是雷锋精神鲜明的民族性的具体表现。中华民族的优秀道德传统源远流长，博大精深，其“仁、义、礼、智、信”的道德准则，“扶危济贫”、“己所不欲、勿施于人”的道德信条，在社会生活实践中形成了尊老爱幼、助人为乐、诚实守信、廉洁奉公、吃苦耐劳、勤俭节约等道德准则。雷锋精神正是中华民族丰富的道德传统宝库中一朵璀璨夺目的奇葩，是伟大的中华民族精神在社会主义建设、改革和发展时期的具体表现。雷锋精神融会和展示了中华民族传统美德的精华，以极大的凝聚作用贯注于全国人民的精神支柱之中，充分展示了社会主义核心价值体系的内在魅力。而社会主义核心价值体系，则又赋予雷锋精神以新的时代内涵，培养了一代又一代社会主义新人，培育出千千万万个雷锋式的英雄模范人物，因而成为雷锋精神具有长久的生命力和永恒价值魅力的无穷源泉。

2. 雷锋精神是我党优良传统的重要载体。雷锋精神作为社会主义核心价值体系的人格形象代表，体现了我党、我军全心全意为人民服务的根本宗旨，彰显了共产党人的先进本色，是共产党人的党性和无产阶级的阶级性在思想道德上的生动体现。雷锋精神是社会主义条件下我党优良传统培育的结晶。雷锋的成长过程，始终伴随着革命传统对他潜移默化的教育和熏陶。入伍前，他通过耳濡目染，从身边的许多共产党员和领导干部身上感受到了共产党人的优秀品质。入伍后，在人民解放军这个大学校里，他进一步受到了系统的革命传统教育，对党和军队宗旨的深刻理解和领悟，使他更加明确了人生的意义和价值；通过对张思德、董存瑞、黄继光、邱少云等革命英雄事迹的学习，使他进一步坚定了忠诚于党、热爱人民、报效祖国、献身使命的政治信念；人民军队中高扬的革命集体主义精神，使他正确处理个人与社会、个人与集体、个人与他人的关系，自觉地把革命利益、集体利益摆在个人利益之上，等等。这些直接来自于革命传统的优秀品质，在雷锋身上展现为具有现实人格化的精神力量，也是雷锋精神永葆生命力的内在基因和强大动力。雷锋精神与我党我军优良传统的一致性，既说明其在建设社会主义核心价值体系的重要地位，也说明它在社会主义核心价值体系建设中具有巨大的能动作用。

第二节　雷锋精神践行职业道德

职业道德是所有从业人员在职业活动中应该遵循的行为准则，涵盖了从业人员与服务对象、职业与职工、职业与职业之间的关系。随着现代社会分工的发展和专业化程度的增强，市场竞争日趋激烈，整个社会

对从业人员职业观念、职业态度、职业技能、职业纪律和职业作风的要求越来越高。雷锋精神作为职业道德教育的楷模作用，主要体现在他的“干一行、爱一行、专一行”的“螺丝钉精神”中。他曾经在短短的6年中，在4个不同的工作岗位上取得了突出的成绩。在县委当机关通讯员，他被评为工作模范；在农村做农工，他被评为优秀的拖拉机手；在工厂当工人，他被评为先进工作者、红旗手，荣获青年社会主义建设积极分子称号；在部队当战士，他三次立功，多次受嘉奖，被评为“节约标兵”、“爱车模范”、“模范共青团员”，正像雷锋自己所说的：“做一颗永不生锈的螺丝钉，放在哪里就在哪里发光”。

一、新时期公民职业道德建设存在的主要问题

职业道德是一切职场人员都要遵守的底线。当前职业道德出现了一些不容乐观的情况，主要体现在职业道德行为失范现象频发。在新时期，由于新旧体制的交替和新旧矛盾的冲突，使人们的道德观、价值观发生了巨大的变化，原有道德观受到冲击，加上人们对社会主义市场经济还缺乏全面正确的认识，片面强调物质利益，忽视精神文明建设，在职业道德建设上存在一些突出问题，其主要表现是：

（一）职业道德观念淡化

表现为极端个人主义、利己主义抬头，拜金主义和享乐主义盛行，见利忘义、唯利是图、损公肥私四处蔓延，索、拉、卡、要等行业不正之风普遍存在。少数人认为有权不用过期作废，还讲什么道德不道德。

（二）价值观念发生扭曲

表现为部分人认为市场竞争就是利益和金钱的竞争，对“靠山吃山”、“靠水吃水”等不道德现象见多不怪。特别是近年来党和政府内部出现的少数腐败分子，贪污腐化、以权谋私、权钱交易等，败坏了社会风气，严重影响了人们的职业道德思想和价值观念。

（三）道德标准出现偏差

表现为评判是非的标准模糊。对那些靠钻政策空子而一夜暴富的人，一些人将其佩服得五体投地。将那些不学无术、靠拉关系、走后

门、请客送礼、行贿受贿而升官发财的人奉为有本事之人。一些人在政治道德上搞实用主义，国家政策和中央指示对自己有利的就执行，无利的就变通，甚至另搞一套。一些领导干部作风上的官僚主义、弄虚作假、欺上瞒下、吹牛拍马、涣散人们的思想。在职业道德评判标准上的好坏不分、是非不明，严重损害了党和政府的形象。

（四）道德心理失去平衡

表现在部分职工认为过去是工人阶级领导一切，人民当家做主，现在则是企业和单位的领导是“老板”，是“主人”，职工变成了雇工，没有了主人翁地位，还谈什么职业道德，还谈什么“先国家，后集体，再个人”。于是就想趁着自己还在职在岗，不捞白不捞。一些人在金钱物欲的诱惑下，打着发展经济的幌子，钻改革开放的空子，一心为个人捞取钱财。造成不正之风盛行，坑蒙拐骗横行，假冒伪劣产品泛滥，丧失起码的职业道德、良心和信誉。

二、弘扬雷锋精神，加强职业道德建设

（一）树立正确的职业道德观念

各种不同的职业活动存在着共同的职业道德规范，这些共同性的基本规范，对我们每个公民正确树立职业道德观念具有普遍的指导意义。以雷锋精神引导职业道德建设，一是要全心全意为人民服务。像雷锋那样真正把群众的利益放在第一位，热爱群众关心群众，当个人利益和群众利益发生冲突时，应自觉服从群众的利益。二是要像雷锋那样忠于职守、热爱本职工作。做到干一行爱一行，出色地完成本职工作任务。三是要像雷锋那样刻苦钻研业务，对技术精益求精。努力学习和掌握最新的科学技术和先进的工作方法，使自己的知识更加渊博，技术更加精湛，能力更加高强。四是要像雷锋那样关心集体、团结协作、服从全局。发扬相互尊重，互相支持，互相配合，密切协助的精神，共同努力做好工作。五是要像雷锋那样实事求是、公平诚信。要说老实话，办老实事，不得阳奉阴违，切实讲求信誉。从而使公民树立正确的职业道德观念。

（二）树立正确的职业价值观

职业价值观，是人们对职业价值问题的根本看法。不同的认识和看法形成了人们不同的职业价值观，追求着各自不同的职业价值。我们应树立正确的职业价值观。要从当代多元化价值中树立正确的职业价值观。市场经济条件下利益主体不同，这就存在着不同的价值取向。但在保障个体价值的同时，个人利益必须服从国家、民族、集体的利益。形成了正确的职业价值观，才能自觉抵制拜金主义、享乐主义等不良价值观。

（三）养成良好的职业心态

做事业必须从良好的心态开始。要有对社会、国家和民族的责任感和使命感，要给别人留下真诚、关爱、亲情和友情，要培养良好的心态。第一，以雷锋精神引领职业道德，要有善于学习的心态。学习是获取知识和经验的过程，是积累财富、创造财富的过程。因此，要认真学习政治理论和专业技术知识。第二，要有感恩的心态。只有懂得感恩的人才是富足的人。第三，要有坚持的心态。成功的唯一途径是坚持不懈，成功者决不放弃，放弃者绝不成功。要有勇气面对困难与挑战，要有积极乐观的态度，艰苦创业的精神。要为成功找方法，而绝不能为失败找借口。坚持到底就是胜利。第四，要有积极的心态。积极的心态能把坏事变好，消极的心态能把好事变坏。我们要养成忠诚、正直、乐观、慷慨、机智、勇敢、容忍、亲切和通情达理的积极心态，充分激发工作热情、增强创造力、获得更多的成功机会。要摒弃悲伤、烦躁、痛苦的消极心态，避免丧失良机、造成不良后果。第五，工作中要有真诚的心态。真诚是做人的起码要求，以真诚待人才会成功。真诚就要包容，包容是心境，忍耐是能力。与人计较失去一切，与时间计较可以享受一切。遇到任何事情都要做到：少一点抱怨，多一点宽容；少一点冷漠，多一点关怀；少一点命令，多一点商量；少一点批评，多一点鼓励。第六，要有自信的心态。自信是实现承诺、理想和愿望的保证。淡泊名利、乐观豁达，用平常的心态来对待人生。

（四）围绕社会主义职业道德基本要求开展职业道德建设

1. 爱岗敬业。认真对待自己的岗位，对自己的岗位职责负责到底，无论在任何时候，都尊重自己的岗位的职责，对自己岗位勤奋有加。爱岗敬业是人类社会最为普遍的奉献精神，它看似平凡，实则伟大。一份职业，一个工作岗位，都是一个人赖以生存和发展的基础保障。同时，一个工作岗位的存在，往往也是人类社会存在和发展的需要。所以，爱岗敬业不仅是个人生存和发展的需要，也是社会存在和发展的需要。爱岗敬业应是一种普遍的奉献精神。爱岗敬业在不同的历史时期，具有不同的具体要求，在我国市场经济条件下，实行的是求职者与用人单位的双向选择，这种就业方式的好处，就是能使更多的人从事自己所感兴趣的工作，用人单位也能挑选自己所需要的合适人选在社会主义市场经济条件下，双向选择的就业方式为更好地发挥人的积极性创造了条件。这一改革与社会主义职业道德基本规范要求的爱岗敬业并不矛盾。因此，在市场经济条件下提倡爱岗敬业，热爱本职有着不同于计划经济条件下的新含义。提倡爱岗敬业，热爱本职，并不是要求人们终身只能干“一”行，爱“一”行，也不排斥人的全面发展。它要求工作者通过本职活动，在一定程度上和范围内做到全面发展，不断增长知识，增长才干，努力成为多面手。我们不能把忠于职守、爱岗敬业片面地理解为绝对地、终身地只能从事某个职业。而是选定一行就应爱一行。合理的人才流动，双向选择可以增强人们优胜劣汰的人才竞争意识，促使大多数人更加自觉地忠于职守，爱岗敬业。实行双向选择，开展人才的合理流动，使用人单位有用人的自主权，可以择优录用，实现劳动力、生产资源的最佳配置，劳动者又可以根据社会的需要和个人的专业、特长、兴趣和爱好选择职业，真正做到人尽其才，充分发挥积极性和创造性。这与我们所强调的爱岗敬业的根本目的是一致的。

2. 诚实守信。“诚实守信”是一切职业道德的“立足点”。在公民道德建设中，把“诚实守信”融入职业道德的各个领域和各个方面，使各行各业的从业人员，都能在各自的职业中，培养诚实守信的观念，忠诚于自己从事的职业，信守自己的承诺。“诚实守信，求真务实”是古今中外最基本的职业道德规范，它是职业道德评价标准中的基础。自古就有“诚信待客，童叟无欺”、“非诚贾不得食于贾”的说法。有这样一个案例：法国矿泉水产量居世界第一位，“碧绿液”是其中的佼佼者，其产品60%销往美国、日本、西欧等国家和地区，这种绿色小瓶已成为法国矿泉水的象征。然而1990年2月，美国食品及药物管理署抽样检查时发现3瓶矿泉水中的致癌物——苯超标。就在消息报道的第二天，公司总裁古斯塔夫·勒万宣布收回2月后出场行销的所有矿泉水，并在当地销毁。公司因此损失2亿多法郎。相反看国内的“三鹿奶粉”事件，却令人毛骨悚然，其公司完全背离“诚实守信，求真务实”，给无数家庭和我们的社会带来灾难。诚信是一种无形的资产，求真务实是通向成功的阶梯。一个社会如果缺少起码的诚实信用，到处充满欺诈、毁约等行为，经济健康发展是很难进行的。要实现全行业的诚信，关键就是要以人为本，让每个从业人员自觉向诚信靠拢，及将“诚实守信，求真务实”当做职业道德评价的标准，从而实现全行业的信用经济。“诚实守信，求真务实”是职业道德评价标准中的基础，是建设繁荣社会主义市场经济的基础

“职业道德”总的要求是“爱岗敬业、诚实守信、办事公道、服务群众、奉献社会”，而“诚实守信”是其中的“立足点”。一个政府的干部、一个国家的公务员，从贯彻“三个代表”重要思想的高度，一言一行，应当切实体现最广大人民的根本利益。对上级、对下级、对老百姓“诚实守信”，说老实话，办老实事。如果对上虚报成绩、弄虚作假，隐瞒缺点、掩盖错误；对下只说不做、言而无信，说的是为人民服务，而做的是为自己的升官发财着想，就必然走向腐败。一个企业的工作人员，如果能够树立起“诚信为本”、“童叟无欺”的形象，企业就能够不断发展壮大。一些企业之所以能兴旺发达，走出中国，在世界市场占有重要地位，尽管原因很多，但“以诚信为本”，是其中的一个决定的因素；相反，如果为了追求最大利润而弄虚作假、以次充好、假冒伪劣和不讲信用，尽管也可能得利于一时，但最终必将身败名裂、自食其果。在前一段时期，我国的一些地方、企业和个人，曾以失去“诚

实守信”而导致“信誉扫地”，在经济上、形象上蒙受了重大损失。一些地方和企业，“痛定思痛”，不得不以更大的代价，重新铸造自己“诚实守信”形象，这个沉痛教训，是值得认真吸取的。一个教育工作者、一个教师，不但要“传道、授业、解惑”，而且要“为人师表”、“言传身教”。不论在教学工作和科研工作中，都要忠于职守、热爱专业、认真负责、老老实实，决不能敷衍塞责、虚华浮夸、弄虚作假、得过且过。“诚实守信”既是一种道德品质，更是一种“高尚人格”，每一个教师，不但要以自己的知识、智慧和才能来教育学生，而且要以自己的“人格力量”来启迪学生、感召学生。作为“灵魂工程师”的教师，决不能为了追逐“名利”而弄虚作假，而应当以“诚实守信”的人生态度和价值取向来启迪学生，通过潜移默化来培养学生的思想素质和道德素质。汉代的著名思想家杨雄在他的《法言》中说：“师者，人之模范也”，提出了教师在“做人”上的“模范”作用，强调了对教师的道德品质的要求。从一定意义上，教育者的“身教”比“言传”更为重要。“身教重于言传”，“身教高于言传”。每一个教师，不但要以自己的知识和才能来传授知识，更要以自己的“道德品质”来感染和激励学生。同样，不论从事任何职业，我们都要把“诚实守信”融入职业道德的具体要求之中，使其成为一切职业道德的“立足点”，提高职业人员的思想素质和道德素质。

3. 办事公道。办事公道就是指我们在办事情、处理问题时，要站在公正的立场上，对当事双方公平合理、不偏不倚，不论对谁都是按照一个标准办事。公道与公平、公正，含义大致相同，意指坚持原则，按照一定的社会标准实事求是的待人处事。公正是几千年来为人所称道的职业道德，人是有尊严的，人们都希望自己与别人一样受到同等的对待，企盼在法律面前人人平等，自古就有“王子犯法与庶民同罪”的说法。古人云：“治世之道为在平、畅、正、节。天下为公，众生平等，机会均等，一视同仁；物尽其力，货畅其流，人畅其思，不滞不塞；上有正型，下有正风，是非分明，世有正则；张弛疾徐，轻重宽平，皆有节度”。不平行便不平衡，不平衡则人心不平。人心不平便失去社会安定；不通畅便存在蒙蔽、隔膜、压抑；不公正便失去原则，失去是非、失去信任；没有节度，便失去控制，泛滥成灾，从这里可以看到平等原则的重要性。当前我们正处于市场经济的大潮中，市场经济中有平等互利原则，这体现了买卖双方的平等地位，因此在经济领域中是要求处事公平、办事公道。目前，人们的法制观念、民主意识都在增强，这要求领导干部办事必须公道。处理各种关系，这就存在办事是否公道的问题，每个从业人员也都有一个办事公道问题，如一个服务员接待顾客不以貌取人，无论对于那些衣着华贵的大老板还是对那些衣着平平的乡下人，对不同国籍，不同肤色，不同民族的宾客能一视同仁，同样热情服务，这就是办事公道。无论是对于那些一次购买上万元商品的大主顾，还是对于一次只买几元钱小商品的人，同样周到接待，这就是办事公道。需要注意的是，我们所讲的公平并不是平均。以往我们在计划经济体制下，认为平均就是公平，不平均就是不公平，这是非常错误的。公平是指人们的社会地位的平等，受教育的权力、劳动的权力的平等，多劳多得，少劳少得，不劳动不得食，每个人都一样没有特权。另外，我们所讲的公正与旧时的、传统的公正有本质的不同，但是，其出发点都是相同的，都是为了保证每个人在社会上的合法地位和平等权利。如果办事不公正，徇私舞弊，势必会损害社会主义平等竞争的原则，形成不正当竞争，造成新的不平等，就会对社会各方面产生消极的影响，最终会阻碍社会经济的发展。

4. 服务群众。服务群众是为人民服务的道德要求在职业道德中的具体体现，是从业人员必须遵守的职业道德规范。服务群众揭示了职业与人民群众的关系，提出了从业人员的主要服务对象是人民群众。服务群众，实际上就是要求每位从业人员心里应当时时刻刻为群众着想，急群众之所急，忧群众之所忧，乐群众之所乐，全心全意为人民服务。

在社会主义社会，我们所从事的各项正当职业都是为群众服务，为社会服务。服务群众是职业行为的本质。服务群众作为职业行业的本质是有着具体要求的。每一位从业人员都必须按照这些要求去做，否则就是“渎职”，就要受到相应的处罚。

（1）要自觉履行职业责任，严格遵守职业规则。自觉履行职业责任，就是要求广大从业人员把职业责任变成自觉履行的道德义务，以发挥本质和岗位的职能作用。医生就要治病救人，教师就要教书育人，公务员就要为前来办事的人提供服务，售货员就要耐心解答顾客提出的问题。否则，就违背了本职工作的义务。

不同职业有着不同的职业规则。从业人员不但要熟悉本职业的全部规则，还要严格按照规章制度办事，如果违反了规则，则应承当其造成的一切后果。如组织人事干部选用、提拔干部时，必须按照任人唯贤的制度选用提拔，如果谁任人唯亲，则是背离了服务群众的本分，谁就要承当由此产生的一切后果。

（2）要树立全心全意为人民服务的思想。毛泽东曾指出："全心全意为人民服务，一刻也不能脱离群众，一切从人民利益出发，而不是从个人和小集团的利益出发，向人民负责和向党的领导机关负责的一致性，这些就是我们的出发点。"这段话非常深刻地阐述了我们的根本立场和行动准则。从业人员，作为群众的一员，既是别人服务的对象，又是为别的群众服务的主体。在社会主义社会，每个人都有权利享受他人的职业服务，每个人也承担着为他人做出职业服务的职责。因此，每一个从业人员都要树立全心全意为人民服务的思想，热爱本职工作，甘当人民的勤务员，做到心中有群众、真情待群众、尊重群众、方便群众、尽职尽责地为社会公众服务，时刻把人民群众的安危冷暖放在心上，关心群众疾苦，努力为群众办实事、把好事，为祖国的社会主义事业献计出力。

（3）要文明服务，一切为群众着想。在服务中，要文明待客，对群众热情和蔼，服务周到，说话和气，急群众之所急，想群众之所想，帮群众之所需。所有的服务行为都要做到谈吐文雅、举止有礼、主动周到。文明服务，是社会道德进步在职业行为中的一个重要表现，也是社会道德进步的重要标志。文明服务的职业规范，要求从业人员能以高尚的情操和良好的作风，直接影响服务对象，教育服务对象，使他们在情感上受到激励，在品德上受到熏陶，在心灵上受到启迪，在行为上受到鼓舞，在社会主义市场经济条件下，促进和谐美好的新型人际关系的建立。

（4）要勇于向人民负责。市场经济是一种责任经济。随着市场经济的发展和完善，它要求人们树立服务群众的责任意识。这种“服务群众”的责任意识更多的是对人民群众利益的关注，是对社会应负的责任，是对人民应负的责任。由于社会主义市场经济以开发并满足人民需要为着眼点，在处理人与人、人与社会的利益关系上，形成一种“利人者也利己，损人者必自损”的经济理念。市场经济主体的自我利益与社会利益是统一的，对自我负责与对社会负责是一致的。但是，由于人们的认识受到利益相关度的影响和制约，人们对自身利益的责任感往往要强于对社会利益的道德责任感。在这种情况下，广大从业人员必须正确认识社会利益，勇于向社会负责，向人民负责。毛泽东曾经指出：“我们的责任，是向人民负责。每句话，每个行动，每项政策，都要适合人民的利益，如果有了错误，就要改正，这就叫向人民负责。”

一切向人民负责，是广大从业人员，特别是领导干部必须具备的职业道德，也是其服务性的根本体现。从业人员做人民的公仆，不能只停留在口头上，而要实实在在落实到为人民服务中。

5. 奉献社会。奉献社会就是积极自觉地为社会做贡献。这是社会主义职业道德的本质特征。奉献社会自始至终体现在爱岗敬业、诚实守信、办事公道和服务群众的各种要求之中。奉献社会并不意味着不要个人的正当利益，不要个人的幸福。恰恰相反，一个自觉奉献社会的人，他才真正找到了个人幸福的支撑点。奉献和个人利益是辩证统一的。“服务群众”就是在职业活动中一切从群众利益出发，为群众着想，为群众办事，为群众提供高质量的服务；“奉献社会”就是要求从业人员树立奉献社会的职业精神，并通过兢兢业业地工作，自觉为社会和他人作贡献。我们看这样一个故事：2005 年 8 月 28 日，陕西洛川，导游文花枝所在的旅游车发生重大车祸，顿时车厢内的群众极度恐惧，而此时，文花枝不断喊：“挺住！加油！”给大家鼓励，救援队伍到达时她却将宝贵的救援时间留给了其他人，最后游客都获救了，而 20 岁花季的她却因救援不及时而失去了双腿。文花枝无疑是我们的榜样。那么是什么在支持着她去那么做呢？毫无疑问因为她心中装着游客，惦记着群众的安危。社会主义道德建设的核心是为人民服务。职业场所是体现这一核心要求的重要领域；奉献社会是最高层次的要求，体现了社会主义道德的最高指向。以“服务群众，奉献社会”的标准评价自我，才能实现自我价值，就像马克思说的：如果我们选择了最能为人类福利而劳动的职业，那么重担就不能把我们压倒，因为这是为大家献身，那时我们所感到的就不是可怜的、有限的、自私的乐趣，我们的幸福将属于千百万人，我们的事业将默默地，但是永恒发挥作用地存在下去，而面对我们的骨灰，高尚的人们将洒下热泪。

第三节　雷锋精神拓新家庭美德

家庭美德是每个公民在家庭生活中应该遵循的行为准则，是调节家庭内部成员和家庭生活密切相关的人际交往关系的行为规范。涵盖了夫妻、长幼、邻里之间的关系。个人生活的幸福与否，不仅与社会的文明进步相关，还与是否拥有一个和睦、温馨的家庭密切相关；家庭担负着培养教育下一代的责任，家风直接影响着儿童和青少年的健康成长；家庭生活还与社会生活有着密切的联系，正确对待和处理家庭问题，共同培养和发展夫妻爱情、长幼亲情、邻里友情，不仅关系到每个家庭的美满幸福，也有利于社会的安定和谐。在社会主义道德体系建设的框架中，家庭美德建设是基础，家庭美德建设的水平对于社会主义道德体系建设和社会主义市场经济的发展具有重要的意义和作用。

一、用雷锋精神弘扬家庭美德的重要意义

（一）弘扬家庭美德是加强社会主义道德建设的需要

职业道德、家庭美德、社会公德、个人品德的建设是社会主义道德建设的重要组成部分。家庭美德是社会主义道德的重要领域之一。没有

家庭美德的建设，社会主义道德领域就失去了完整性。家庭美德建设得如何直接关系到社会主义道德能否全面落在实处。同时，家庭美德对每个家庭成员的思想、品德、性格、作风、心灵、行为等也有着重大的影响，也会直接影响整个社会的道德水平。家庭美德对于社会安定团结有着极其重要的作用。纵观阶级社会的发展历史，任何统治阶级都把家庭道德和法律作为他们治国安邦、维护本阶级利益和统治的重要精神力量。他们用本阶级的家庭伦理思想、原则和规范，来维护法律的尊严和实施，又通过“正己”、“修身”、“齐家”，而达到“治国平天下”的目的。治国先治家，家不治无以治国。因此，一个社会的家庭美德如何，不仅是衡量这个社会精神文明的重要标志，而且直接关系到这个社会能否安定团结、稳定发展。家庭美德是美满幸福生活的力量源泉。建立一个美满、幸福家庭的首要条件是每个家庭成员都必须遵纪守法。每个家庭成员都必须增强法律意识，做遵纪守法的模范。此外，每个家庭成员都要增强伦理观念，处理好家庭生活中的种种矛盾，履行家庭成员应尽的义务，提高道德水平和道德觉悟。这样，才能使家庭生活达到更高层次上的和谐。建立起一个美满、幸福和文明的家庭，增强家庭伦理观念，提高道德水平和觉悟，是建立美满幸福家庭极为重要的力量源泉。

（二）家庭美德建设是社会主义道德体系建设的基础工程

家庭美德它对于社会公德、职业道德等社会主义道德体系的重要组成部分有着重要的影响和辐射作用。一般说来，一个具有良好家庭道德的人，在社会公共生活中也会是一个遵守社会公德的好公民，所以有人称它是社会的减压阀；同时，一个在家庭中受到良好道德教育的人，在走上工作岗位后，也会比较容易地培养起良好的职业道德，所以人们又说它是做好本职工作的加油站。

1. 在思想道德建设中，家庭美德建设是基础，它促进或制约着职业道德和社会公德的形成与发展。

2. 家庭美德建设是社会安定团结、稳定发展的有力保障。“修身齐家治国平天下”、“家和万事兴”，这些古训无不说明，家庭道德建设不仅关系着家庭的和睦和幸福，而且直接影响到整个国家的安定和社会的文明。

3. 家庭作为个体接受德化教育的第一所学校，对个人将来的社会道德发展有着举足轻重的作用。家庭是个人社会化道路上的第一个驿站。从这个意义上说，家庭美德建设对人的成长，具有不可替代的作用，抓好家庭美德建设，是建设社会主义道德的长远之举。

二、当前家庭美德建设存在的问题

（一）市场经济的负效应促使了家庭道德的滑坡

市场经济鼓励张扬个性，强调自我价值实现是在遵守社会公共道德规范，保证社会正常秩序前提下，而不是不惜一切代价牺牲他人利益达到自我满足的过程。市场经济自发产生的拜金主义、个人主义、享乐主义在家庭道德领域产生了严重的负效应。拜金主义支配婚恋关系，享乐主义调控着爱情的温度，年轻人选择配偶也像选择商品一样明码标价，有些孩子学会了金钱交换，干家务活也伸手要“小费”，传统孝道换上了新面具，不是为人而孝，而是为钱而孝。个人主义使家庭纠纷、邻里纠纷升级，人际关系冷漠、麻木甚至对立、恶化。在家庭道德出现的问题中，非理性因素增多，如婚外恋以及由此产生的家庭暴力，遗弃女子、单亲家庭现象等。这些现象或者源于对精神享受的追求，或者源于感官刺激，或者是生活态度消极，寻求感情寄托，但无论如何都是在功利和物欲的支配下，个人的权利意识膨胀，把权利和义务割裂开来，注重私欲的满足，忽视家庭和社会责任。

（二）家庭道德教育误区明显

当前“出人头地”成为广大家庭父母对子女的最大希望，但绝大多数父母缺乏科学的家庭教育观念和方法。首先，家庭道德教育观念落后，重智轻德、重利轻义。父母最关注的是孩子成绩、作业，说最多的一句话是：“作业做好了没有？考了多少分？在班里排第几？”把道德教育任务寄希望于学校，不明确家教的德育内容，认为“听话”即“德”。其次，家庭道德教育方法滞后。重言教轻身教，多责打少沟通，多说教少投入；一些家长空闲时间大部分在看电视、打扑克、搓麻将，虚度光阴，“三缺一”时，甚至把孩子凑上去顶数。在家看书、读报的家长不到1/10；有的家长由于外出经商，让孩子长期寄宿于学校，把孩子的一切问题均交给学校和老师，很少与孩子沟通和交流，对孩子最多的仅是经济上的投入，缺乏家庭的温暖和父母的关爱，这些都不利于健康成长。

（三）传统孝道面临挑战

大部分家庭已由往昔的以孝为本转为以子女为中心，代际关系错位明显。“尊老不足，爱子有余”，老人已成为家庭中的弱势群体。老人需求得不到重视。子女对老人赡养重物质轻精神，甚至对老人不敬、不养、弃老、虐老；干涉老人再婚；精神赡养质量偏低，特别是在农村极为明显，老人负担过重。在农村，由于外出务工人员的增多，留守者多为老人，照看孙子女和承担家庭家务劳动的责任就自然落在了老人身上，据统计，40%的老人继续肩负着抚幼的责任。

（四）邻里关系渐趋冷漠

由于家庭核心化（二代三口人）的趋势以及家庭居住环境（独立结构的单元房日益普及）的巨大改善，邻里关系出现了新的问题，“国门开了，家门关了”，邻里之间的来往和沟通少了，有的甚至“鸡犬之声相闻，老死不相往来”，人与人之间，家庭与家庭之间缺乏应有的团结互助和友爱精神。

三、用雷锋精神推动家庭美德建设

（一）大力提倡尊老爱幼、勤俭持家的家庭美德

我国自古以来就倡导“老有所终，幼有所养”，形成了尊老爱幼的良好家庭道德传统。谁不孝敬父母、善待子女，谁就会被世人唾骂为“缺德”，情节严重的还会受到法律的制裁。因此，尊老爱幼，不仅是每个公民必须遵守的道德准则，也是每个公民应尽的社会责任和法律义务。勤俭持家是我国传统道德中传播最久的美德之一。勤俭，即勤劳与节俭。勤劳指的是人们对待劳动的态度和品质，它要求人们热爱劳动，

积极参加劳动，不怕苦，不怕累，用自己的双手创造和丰富自己的生活。节俭指的是人们对待生活消费的态度，它要求人们约束自己的消费行为，俭约财力。勤与俭二者是相互联系的，只有勤劳与俭朴相辅相成，才能保障生活富足。因此，中华民族把勤俭当作传家之宝，世代相传。当前，结合我国社会经济发展实际，我国提出了建立节约型社会的号召，节约型社会包含两个方面：一是建立资源节约型国民经济体系；二是全体社会成员具有新型的消费观念和消费行为。改革开放 30 多年来，我们的经济建设取得了举世瞩目的成就，但从整体上看，我国仍然是发展中国家，我国的国情决定了我们必须走建设节约型社会的道路。弘扬雷锋精神，并将其与中华民族勤俭节约的传统美德结合起来，树立以艰苦奋斗为荣、以骄奢淫逸为耻的社会主义荣辱观，大力倡导合理适度消费，反对一切奢侈浪费行为，人人为打造节约型社会贡献力量。

（二）弘扬传统美德，吸收西方优秀思想，构建符合中国国情的家庭美德

中华民族历来注重传统美德，重视家庭道德的培养和建设，崇尚“修身、齐家、治国、平天下”，重视家庭教育，这些对我们今天的家庭美德建设都有很大的价值，都是可以继承的。例如，在儒家看来，夫妻关系是家庭关系的核心，是一切家庭关系的焦点，有夫妻然后才有家，才有父子兄弟。《中庸》说：“君子之道，造端于夫妇。得其极也，察乎天地。”夫妻的道德关系是家庭道德关系的枢纽和关键。夫妻为人伦之始，风化之源，能够正确处理夫妻关系，就能处理好其他家庭关系和社会关系。夫妻交往相敬而有礼，就不难有礼地对待其他人。中国历史上有许多夫妻相敬如宾的典型，如春秋时翼缺夫妇“相敬如宾”，汉代梁鸿与孟光“举案齐眉”等。相敬如宾的核心精神是相互尊重，忠诚于对方的道德责任，而不是贵则傲，贱则轻。还比如，父教子孝亲子关系是代际关系，这不仅仅是人的生命的延续，更是人类文明的传递。家庭的养育功能不仅使后代延续祖先的血脉，更是延续一种文化的生命，培养合格的社会成员。因此，父母之爱的实质在于“育”，子孝的最高境界则是成家继志，把父母所遗留的事业发扬光大。儒家认为，父

母之爱不仅仅是嘘寒问暖，更不是纵容护短。真正爱子女，必须为子女的长远利益、根本利益打算，培养他们的道德文化素质及生产和生活技能，为他们今后的创造、发展打下坚实的基础。因此，父母遗留给子女的不应只是财物，更应该培养他们创造财物的本领。《孝经》说：“立身扬名，以显父母，孝子之终也。”子女不辜负父母的教诲和希望，勤奋刻苦，建功立业，为社会作出巨大贡献，是一种高层次的孝。儒家以宗法社会为背景，提出了修身、齐家、治国、平天下的人生理想，尽管带有时代的局限性，但也揭示出家与社会的道德关系的一般规律。中国人在家庭生活中特别注重家风的整饬与承传，强调守业的重要性，鼓励人们牢记长辈的教诲，积极努力地去建功立业，实现家庭和长辈对自身寄予的希望。在当代社会，父教子孝的理念与儒家的理念一脉相承，但更富于时代的特征。父教的根本在于“育才”，培养子女适应社会发展的技能。

同时，要赋予其符合时代的新内容，旗帜鲜明地倡导与社会文明进步潮流相适应的观念和准则。西方资产阶级革命追求自由、民主、平等、博爱，这些思想反映到家庭道德上，就要求婚姻自由、追求爱情、人格平等、热心公益、科学消费等等。这些都是我们构建社会主义家庭美德应该吸收的西方文明的合理内核。对此，我们应该采取科学的态度，站在当代中国的国情基础上来审视，吸取其合理因素，但对于其腐朽、颓废的因素则应坚决抵制。

（三）必须在教育方法上下功夫

家庭美德教育的规范和基本要求，并不等于每个家庭成员的头脑中就有了家庭美德观念了。制订出来的家庭美德规范只是书面上的条文，要把它转化为每一个家庭成员的准则，还需要大力的宣传和教育。因此在必须教育方法上下功夫，使家庭美德教育能收到事半功倍的效果。把提高家庭成员的思想道德素质作为重点，帮助家庭成员树立正确的价值观、人生观、世界观，坚持对家庭成员进行爱国主义、集体主义、社会主义教育，艰苦奋斗、勤俭持家教育。同时进行民主法制、计划生育、环境保护等方面的教育。还要引导家庭成员正确处理相互之间的关系、和睦相处。用正确的思想和方法教育子女。当前，特别是要从提高家庭成员的思想道德素质这个目标出发，教育帮助家庭成员树立正确的价值观念，弘扬科学思想和科学精神，启发引导家庭成员由正确处理家庭内部关系而逐步达到正确处理个人、家庭与社会的关系；正确处理个人与集体、国家的关系，使每个家庭不仅关注物质生活水平的不断提高，也注重追求文明高尚的精神生活，不断提高家庭生活质量。要使外在的家庭美德规范成为家庭成员内在的家庭美德观念，单靠短期的一时的宣传教育是不可能达到效果的，还必须坚持经常性的家庭美德教育，可采用这样一些方法：一是开展专题家庭美德的教育活动，通过开会、学习、作报告等形式对家庭成员进行家庭美德教育；二是举行家庭美德演讲会或演讲比赛，让家庭成员谈自己对家庭美德的认识，从而达到教育的目的；三是举办有关宣传家庭美德的图片文字展览，把遵守家庭美德规范的典型模范事迹展示给大家，从而提高对家庭美德规范的重要性的认识，自觉遵守家庭美德规范；四是开展家庭美德知识竞赛，普及家庭美德的基本知识，在全社会掀起一个学习家庭美德规范的热潮；五是树立模范遵守家庭美德规范的典型，广泛地介绍模范行为者的事迹，使大家有学习的榜样；六是还可以通过广播、电视、报刊等形式灵活多样地宣传家庭美德规范要求，从各个方面教育大家树立良好的家庭美德观念。

（四）丰富家庭美德建设的内涵，拓宽家庭美德建设的外延

在内涵方面，将博爱与感通融入尊老爱幼；将共识与分享融入男女平等；将沟通与协商融入夫妻和睦；将科学与合理融入勤俭持家；将同情与宽容融入邻里团结。“邻里文明”行动。树立“同在社区住，都是一家人”的意识，学习雷锋助人为乐精神，增进邻里之间的互知、互信。从自己家庭做起，努力践行“勤俭持家、尊老爱幼、夫妻和睦、邻里团结”的家庭美德；共同维护住宅区内治安秩序，见义勇为，积极配合公安机关，发现和打击一切违法犯罪行为。家庭美德理念是实践理性与认知理性、德性伦理与知性伦理有机融合的结晶。家庭美德建设应善于将不同时代的道德文化精粹融会贯通；博爱展示普适伦理情怀，感通蕴涵长幼之间的认同；共识是志同道合，分享是相互的承诺和扶

持；沟通象征着如切如磋的心灵交汇，协商蕴涵着尊重和合作；科学和合理使勤俭持家具有时代气息，同情和宽容则使邻里团结充满现代特色。可见，在家庭美德建设中，大力弘扬和培育民族文化精神与求实创新地把握时代进步精神本是同一个问题的两个方面。将家庭美德建设与反腐倡廉、生态环保、树文明新风、创建学习型社区以及构建文明、健康的生活方式等结合起来，寻求婚姻家庭生活中新的道德生长点。

在外延方面，随着改革与开放的不断深入和扩大，家庭美德建设的范围也要不断地向外部社会生活扩展和延伸。比如，我们要注意对不同结构的家庭的文化表现和网络信息化时代家庭人际关系和家庭教育所面临的新问题进行探讨，特别要注意研究人们对家庭环境保护、家庭医疗保健、心理调适、精神追求和文化生活的迫切需求。只有这样做，我们才能更进一步地提高家庭成员素质，提高婚姻家庭生活质量，进而提高整个社会的文明程度。形势的发展也要求我们在工作载体和工作形式上不断创新，不仅创造新的载体，而且寻求新途径和新方法。只有如此，我们才能大幅度地提高家庭美德建设的群众参与程度。

第四节　雷锋精神升华个人品德

所谓个人品德，就是平常人们所说的个人的道德品质。它是一定社会的道德原则、规范在个人身上的体现和凝结，是在处理个人与他人、个人与社会关系的一系列行为中所表现出来的比较稳定的特征和倾向，是社会道德现象在个人身上的反映。主要包括道德认识、道德情感、道德意志、道德行为等方面。党的十八大报告在论及建设和谐文化、培育文明风尚时提出了“个人品德建设”的重要命题，突出“个人品德建设”，紧扣道德建设的时代主题，不仅具有很强的针对性和指导性，而且把公民道德建设提高到事关和谐文化建设的高度，使由个体角色入手的道德教育更加符合构建以“以人为本”为核心理念的社会主义和谐社会的要求。雷锋热爱集体，关心战友，关爱群众，把“毫不利己，专门利人”看成是人生最大的幸福和快乐，并身体力行，认真实践，把有限的生命投入到无限的为人民服务中去。他所表现出来的为社会尽职尽责、爱岗敬业的行为，都与他的个人品德息息相关，个人品德是他在社会、工作岗位和家庭中行为表现的原动力。因此，在加强社会主义道德建设、构建和谐社会的进程中，个人的修养特别是个人品德的修养是树立社会公德、职业道德、家庭美德的基础。

一、加强个人品德建设的重要性和紧迫性

（一）应对我国民众思想方面呈现的多元化变化

改革开放以来，我国人民的价值观趋于多元化，当今社会正处于由传统社会到现代社会转变，人们的生产方式和思维方式都在这种大变革中发生了根本性变化。人们的精神生活和价值观呈现出多元化的趋势，在正确的思维观念不断涌现的同时，一些错误的观念、意识也不断涌现，从而导致了人们的信仰、价值观念的多元化趋势。极端个人主义、拜金主义、享乐主义等很多腐朽思想在人们心中开始滋生，致使越来越多的人关注金钱、现实利益，一些损人利己、道德败坏、不遵守社会秩序和社会公德，有悖于社会要求和国家利益的行为纷纷出现。面对纷繁复杂、多元化的价值观，不断加强个人品德建设，引导民众树立科学的世界观和价值观显得十分重要和紧迫。

（二）个人品德受到市场经济的双重效应

社会主义市场经济的发展，使中国的政治、经济、文化发生了一系列的变化。一方面，生产力的急剧发展为精神文明建设构筑了新的物质平台，无疑推动了社会主义道德建设，社会主义市场经济对个人发生了越来越积极的影响；另一方面，由于我国社会主义市场经济建设还不完善，市场法则尚不健全，使得我国的市场经济还不能完全有效地遏制市场运行自身的缺陷，从而使市场经济对个人也产生了消极的影响。从社会主义市场经济发展的脉络来看，它对个人品德的影响不是直线型、单维度的，而是存在着相互矛盾的双重效应。

1. 社会主义市场经济一方面强化了个人的个体意识和独立人格；

另一方面也容易导致极端个人主义。

2. 社会主义市场经济一方面激发了个人的竞争意识和效率意识；另一方面也容易导致人的物化，淡化人的精神追求。

3. 社会主义市场经济一方面有利于人与人之间的平等互利；另一方面也形成了陌生疏离的人际关系。

（三）我国个人品德建设方面还处于盲区，发展滞后

我国是礼仪之邦，虽然历史以来一直非常重视对国民的道德培养，但是我国对国民的道德培养一直以来较为重视整体、集体的道德培养。中国人信仰的是“以群体为本”的价值观，这种价值观就其本身来说是好的，但是在过去相当的时间内，这种“以群体为本”的价值观被扭曲了，一味的强调群体的利益，而遏止甚至是牺牲私人利益，导致人们的积极性、创造性受到了挫伤。长期以来我国的社会主义道德体系，过分地强调集体的道德培养，而忽视了对个人的道德水平的培养和提高，忽视了对个人道德的关注。在这样的指导思想的指引下，我国的个人品德建设一直处于发展的空白区。人们只知道不能违背集体道德、社会公德，而不理解该如何去提高个人品德，升华个人境界。在社会转型期，个人品德建设被忽视的现象带来的问题尤为严重。

（四）加强个人品德建设的重要性

个人品德不仅是人才的基本构成条件，而且是人才成长的内在动力。一个合格的人才不仅要拥有扎实的专业技能，而且要有高尚的精神要求和崇高的道德水准，即通常所说的“德才兼备”。我国自古以来对人才和晋升官员的考核首先是考核其思想品德，其次才是他的知识技能。早在春秋战国时期，《尚书》就提出“任官唯贤才，左右唯其人。臣为上为德，为下为民。其难其慎，唯和唯一。”意思是说，人君选人任官，只能是贤而有德的，才而有能的。在当今，要成为一个合格的人才，拥有高尚的个人品德是首要条件。个人品德不仅是完美人格的构成要素，而且是塑造完美人格的必要条件。因此，一个人只有具备优秀的品德，才能受到他人和社会的认可和尊重，实现做人的尊严和价值。一个人如果品质败坏，再好的气质和风度也会黯然失色，再多的学识和才

华也会无用武之地，也无法得到他人的尊重和社会的认可，难以实现个人的社会价值。

二、用雷锋精神引领个人道德建设的途径

（一）结合社会主义荣辱观弘扬雷锋精神

个人品德主要由道德认识、道德情感、道德意志和道德行为等因素所构成。其中道德认识是社会的道德要求转化为个人内在品德的首要环节。要使人们具备高尚的品德，就必须使人们了解和把握社会各个生活领域的道德规范，了解和认识什么是善、什么是恶，什么是荣、什么是辱，最终才能有一个明确的道德实践方向和评价标准。雷锋精神弘扬社会主义荣辱观，告诫人们认识到做什么事情是耻辱的，做什么事情是光荣的，为人们在改造世界的过程中提供了检测自身行为的准绳和一个指导性方向。在社会主义荣辱观教育的引领下，人们逐渐掌握了社会各个领域的道德规范，从而在学习荣辱观教育中提高他们的道德认识，进而形成高尚的道德情感和道德意志，做出道德行为。

（二）以雷锋精神为依托，开展形式多样的道德模范宣传活动

对以雷锋为代表的道德模范先进事迹和精神内涵进行宣传是发挥道德模范引领作用的关键。为了将道德模范的影响面和感召力不断扩大，宣传活动应该结合多种形式展开。宣传活动可以采取报告会、宣讲会、座谈会、纪录片、访谈等直观、感性、互动的形式，使人们通过道德模范真实的情感表达和真情流露感悟其中蕴含的道德精神，达到以情动人的目的。还可以组织道德模范示范群体，通过组织和进行具有示范效应的群体性活动，例如，社会公益活动、志愿者活动、巡讲活动等，从时间和空间上拓展道德模范的引领作用，使更多的人能够受到他们先进道德精神的感召，形成提升自己个人品德的动力和信心。道德模范的引领作用需要我们不断地挖掘和探索。但只有将道德楷模评选和宣传活动落实到实处，深入群众，才能引起全社会的关注和重视，进而潜移默化地感染人、鼓舞人，促使人们不断净化自己的心灵，产生积极的道德情感，一旦这种道德情感从个体身上辐射开，成为社会性的情感，就有助

于形成健康向上的社会风尚。

（三）道德模范是个人品德建设的正确导向

个人品德建设以成就人为目标，促进人的自由和全面发展。道德是人的道德，是人之为人的内在规定。人是道德的主体，人的存在是道德存在的先决条件；道德本质上是为人的，是成就人、提升人而不是压迫人、控制人的。因此，成就人，促进人的自由和全面发展是个人品德建设的题中之意。也就是说，个人品德建设的根本任务就是升华个人的品德修养，使其在契合时代要求和社会需求的基础上实现个人的自由发展、价值的实现和个性的全面发展。而道德模范是社会道德的人格化，他们存在于社会现实中，是有血有肉、有理性有情感的个人或群体，他们的思想行为或感人事迹承载着社会主流道德的价值取向，体现着一定社会所要求的人生观、价值观和道德观。他们是具有优秀个人品德的社会成员，代表着个人品德建设的实现目标。以道德模范为导向建设个人品德，就是要用他们典型的人格来教育人，用动人的事例来影响人，使人们产生情感上共鸣，通过道德模范的行为获得道德启迪，在道德模范的感染中自然而然地认同社会道德的基本要求和行为规范。从而在社会中产生强烈的“镜像效应”——人与人互为一面镜子，你对镜子笑，镜子中的人也对你笑。通过道德模范的感染人、激励人、鼓舞人的作用带动更多的人重视自身的品德和形象，时时唤起“做人”的高度自觉，通过不断检点自己的言谈举止，加强自我涵养，做到“择其善者而从之，其不善者而改之”。通过外部（社会）环境的影响，使个人品德的提高变为人的一种内在需求。在这个过程中，道德模范是社会主义道德意识、道德愿望和道德追求的集中体现，是个人品德建设的正确导向。

（四）优化道德模范的宣传机制

优化道德模范的宣传机制，对雷锋等道德模范的宣传，要坚持客观平实的态度，绝不能脱离具体的工作实践和日常生活进行抽象的演绎，而是要如实地介绍其工作实践和生活细节，从而增强其在全社会人格优化中的感染力。宣传道德模范，不能将模范人为拔高，造成一种高高在上的神秘人格，将其置于群众之上。否则，就很容易使群众和模范产生距离感，会使群众认为榜样不可学，不可信，从而使模范失去教化的意义。要注重从道德模范所处的具体环境，所做的实际工作中找到最容易被群众接受的闪光点，加以引导和弘扬。社会所宣传、号召人民群众学习的道德楷模，应该既先进于普通群众，又与广大人民群众有着血肉联系，能为群众所能接受的先进典型。他们身上带有鲜明的时代精神，对于广大群众有着强大的吸引力和感染力。在新的历史条件下，我们还要运用多种形式多种宣传工具对道德模范进行推广，使之深入到社会主义精神文明建设的各个角落，让模范人物的先进事迹及高尚品格在全社会广为传诵，达到“点亮一盏灯照亮一大片，抓好一个点牵动一个面，树立一个人带动一群人”的目的。

（五）以网络为新载体，弘扬雷锋精神推进个人品德

互联网的出现和普及使社会活动主体之间的联系方式从现实生活的类型，如家庭关系、亲属关系、朋友关系、同学关系等，扩大到了虚拟世界的网络关系。由于网络传播速度快、范围广、受众多的特点使其成为开展社会道德教育的重要载体。具体可以从以下几个方面展开：一是通过引导网络舆论讨论帮助人们澄清道德价值。例如，可以就某一个体道德事件组织讨论，在人们发表看法的过程中进行适当的引导，帮助人们逐渐澄清道德价值，获得正确的道德价值观。这一过程的意义不仅在于道德澄清，而且在于人们通过交流提高道德判断能力和辨别能力。二是通过组织网上获得，增强人们的道德情感。网上的活动一般与社会热点问题相结合，同时网络环境相对自由轻松，有利于人们表达真实想法，更容易激发道德体验，增强道德情感。例如，汶川特大地震后，有些网站组织了网上为逝者祭奠活动，向涌现出的英雄们致敬和学习的活动等等，并得到了大多数网友的支持和响应，这些活动能够激发网友内心感同身受的体验，增强民族个体的道德意识。三要重视网上和网下的联动。以网络为载体开展社会活动更容易把握人们的思想动向，为在现实生活中开展个人品德建设提供依据。此外，通过网络为载体开展社会活动更容易了解人们的思想动态，为在现实生活中开展个人品德建设提供依据。

三、用雷锋精神引领个人品德建设的重点

（一）加强党员领导干部的个人品德建设

在当代中国，虽然道德资源并不是被少数人所掌握和控制，但由于道德资源仍然被看做是一种重要的意识形态资源，因此，道德建设往往表现为一种国家行为并主要通过政府来推行。这样一种道德推进方式，官德显然就先于和重于民德，人们自然也往往期求以官德引领民德，以官德的清正作为民德淳化的前提。我国历来是一个“以吏为师”的国家，领导者的道德形象对群众具有至关重要的影响。党员领导干部既是党和国家众多政策、法令、规章制度的重要制定者和执行者，又是广大人民群众的组织者和领导者。党员领导干部道德素质的高低，不仅直接影响到党和政府的形象、威信和领导作用的发挥，而且对全社会的道德建设都具有重要的示范和导向作用。从一定意义上可以说，道德建设的侧重点在于领导者身体力行的道德示范作用，它胜过千言万语的道德说教；甚至可以说，社会道德状况是领导者道德状况的一个重要外在标记，因为它往往是领导者道德状况的反映和折射。因此，领导干部在道德建设实践中率先垂范、成为楷模，对于提高民众的道德素质和水平具有特殊重要的意义。作为中国的执政党，中国共产党自新中国成立以来，出现了如孔繁森、焦裕禄、任长霞、郑培民等好干部，为共产党员树立了光辉的榜样。但是也出现了如陈希同、王宝森、成克杰等党的腐败分子。虽然反腐败的工作几年来一直未松懈，但领导干部违纪案件却仍呈逐年上升趋势。毛泽东在提到共产党员和党的干部时，有这么一段话：“共产党员在政府工作中，应该是十分廉洁、不用私人、多做工作、少取报酬的模范。共产党员无论在何时何地都不应以个人利益放在第一位，而应以个人利益服从民族的和人民群众的利益。”当代党的领导干部的道德失范恰恰就是经不住物质利益的考验，忘记了党的性质和宗旨，丧失了共产党人在道德上的纯洁性，丢弃了共产党员的先进性。究其原因，除了制度上还不完善、法制还不健全的外因以外，主要还是党员干部个人品德的内因在起作用。我们是社会主义国家，各级干部是

人民的勤务员。党员干部要身先士卒、带头苦干，自觉实践自己所提倡的道德标准和价值观念，这是做好各项工作的关键，也是调动广大党员干部工作积极性的理论源泉。只有党员干部具有高尚的个人品德修养，才会在民众中产生示范效应，这整个社会才能形成良好的道德风尚。党员干部要自觉学习社会主义主义核心价值体系，有意识地向先进性个人品德靠拢，时刻注意自身形象的导向作用，发挥无私奉献的精神，用自己的模范言行和人格力量为群众作出榜样。还要增强自我监督意识，勇于反省剖析自己，发现错误及时纠正，防微杜渐。只有这样，才能不断提高自身的道德境界，成为社会普遍需求的道德模范。

（二）加强青年大学生的个人品德教育

当代大学生是国家的未来建设者和接班人，他们的个人品德状况将直接关系到我国社会主义现代化建设的顺利进行。从总体来看，当代个人品德状况是好的，是积极向上的，然而近些年来，面对社会上的一些不良风气，被视为一方净土的大学校园也出现了个人品德缺失的问题，常见的主要体现在考试作弊、随意违约、助学贷款赖账、学术做假、求职作假、人际交往虚假化等方面，对此我们必须引起高度重视。实践表明，个人品德教育不是单纯靠哪一家、哪个部门就能完成的，它是一个系统工程，需要社会、学校和家庭的共同努力和通力合作。

1. 营造良好的社会环境。加强宣传导向，在全社会开展个人品德教育，充分发挥大众传媒的宣传功能，在全社会倡导和弘扬良好风尚，批判各种不良的行为和观念，最终在社会中形成健康的道德评价体系。没有良好的个人品德，就不可能有良好的经济秩序和社会秩序。同时，社会大环境的个人品德如果缺失，校园内无论怎样进行相关教育，也是空中楼阁。营造良好的社会环境，使全社会成员都认识到社会主义市场经济必须建立在个人品德提高的道德基础上，把经济行为、政治行为、思想教育有机地统一起来，使个人品德教育真正成为大多数人所认同与遵循的行为准则。

2. 营造浓厚的校园个人品德教育环境。高校要成为培养诚信教育环境的沃土，首先，应制定对大学生分阶段的个人品德教育计划，并注重教育的实效性。其次，应创建优良的学风，校风。大学生良好品质是在周围环境的潜移默化中形成的，这就要求高校在向大学生传授道德理论的同时，要加大建设优良校风，学风的力度，使大学生在课内外都不忘诚实守信的做人原则，形成以自强自立为荣，以投机取巧为耻，人格至上的风气。

3. 教育者应做个人品德的表率。教育者是教育活动的具体组织者和实施者，是学生的表率，要求学生做到的，教育者应率先做到，做到言必行，行必果，并自觉接受学生的监督。例如，与学生切身利益相关的奖学金评定，学生干部评选，评先选优工作等要做到公开，公平，公正，增加透明度，不弄虚作假，不欺上瞒下，使学生体验到学校的自身行为和对学生的教育要求是统一的，言行尺度是一致的。

4. 将个人品德教育渗透到教学活动中。教师与学生接触最多的是在课堂，只要教师在课堂中善于抓住时机充分挖掘教材的思想性，结合教学环节培养优秀品质，就能结合学生特点，把个人品德教育有机地渗透到教育教学活动之中，从而实现教书和育人的统一。

5. 充分利用校园网络教育资源。随着互联网的发展，网络伦理对高校学生道德产生越来越重要的影响，许多大学生勇于在网上发表自己的认识和看法，教育工作者应利用这个特点及时掌握学生的思想动态，有针对性地开展工作，利用网上丰富的道德教育资源为塑造大学生现实的理想人格服务。

第五章

雷锋精神落实社会主义公民道德建设的实践性

雷锋精神的巨大作用在于从雷锋平凡而伟大的生活中所凝练的精神成果，与人民群众建设社会主义精神文明的伟大实践具有内在质的同一性。雷锋精神源于群众道德建设的伟大实践，也要反馈与群众道德建设的实践活动。这就表现在要把雷锋精神作为激励公民道德建设的思想支持和价值导向，把公民道德建设作为弘扬雷锋精神的活动平台和检验依据，实现二者的相互促进，并统一于中国特色社会主义先进文化建设的伟大事业。为此，要切实解决好四个问题：一是发挥雷锋精神在社会主义公民道德建设中的典型示范作用；二是发挥雷锋精神在社会主义公民道德建设中的宣传引领作用；三是发挥雷锋精神在社会主义公民道德建设中的教育载体的支柱作用；四是发挥雷锋精神在社会主义公民道德建设中的活动保障作用。

第一节　雷锋精神与社会主义公民道德建设的典型示范

一、典型示范是公民道德建设的重要实践活动

要了解典型示范在公民道德建设中的充当什么样的角色，就要掌握

典型示范是什么意思，具有哪些特征，以及典型示范在公民道德建设中的作用。

（一）典型示范的内涵及特征

关于典型的含义有着多种的论述，按照《新闻学大辞典》所载的典型的含义，是指在同类中最具有代表性的人或事物，它从一般人物和事物中概括出来，具有自己的个性，同时它又是同类人物和事物中的突出代表。从中我们可以看出在数量上，典型是相对较少的。而就典型的性质而言，典型分为先进典型和落后典型或正面典型和反面典型。现实生活中人们通常说的典型示范主要是从正面的角度来阐述即先进典型，所以先进典型在社会现实中体现人们的共同理想追求、具有较高的道德境界因而能够对他人具有教化作用，起到积极的榜样示范作用。一般来讲先进典型也代表着是一面旗帜、一种精神，它发人深省、催人奋进，充分反映了社会前进和发展的价值取向，具备全心全意为人民服务的思想和品格，紧跟时代潮流、勇于改革创新的精神，是时代的先锋、社会的典范、人民群众的楷模。因此先进典型理所当然地成为广大人民群众学习和效仿的榜样。

先进典型具有导向性、先进性、时代性、大众性等基本特征。

1. 先进典型的导向性表现在依据社会主义的发展需要，在社会生活中以崇高的道德境界和高尚的人生追求去感染和熏陶其他民众，帮助人们尽快地形成正确认识，促进人们更好的发挥的主观能动性，激发出人们工作热情，展现正确的价值取向和行为规范准则、提供为社会主义建设思想和行动上的保障，积极引领社会发展进步的潮流。

2. 先进典型的先进性表现为他们毫不利己、专门利人的奉献精神，真正做到全心全意为人民服务，诠释了“以服务人民为荣”的社会主义荣辱观的核心内容，时刻践行着乐于助人、无私奉献的快乐幸福观。

3. 先进典型的时代性表现为适应时代发展需求，把握时代主题、体现时代精神，反映时代特征、符合时代呼唤，敢于奋勇担当，心里时时装着祖国和人民，以国家和人民利益为重，始终把自身的发展与党、国家和人民的事业紧密联系在一起。

4. 先进典型的大众性表现为他们是人民群众智慧的优秀继承者和集中体现者，其中有一部分典型本身就自于人民大众，是普普通通的劳动者，平平常常、朴素无华，因此都代表了人民群众的意志，也得到人民广泛的爱戴和敬佩。

（二）典型示范对公民道德建设的作用

榜样的力量是无穷的，示范的作用是巨大的。党和国家历来重视典型示范在道德教育和道德建设中所起的重要作用。在不断深化改革开放和社会主义现代化建设的新的历史条件下，充分发挥典型示范对加强公民道德建设的依然具有十分重大的意义。孔子说：“见贤思齐焉，见不贤而内省也。”意思是说，看见德行高尚的人就会有一种向他看齐、学习的想法；看见品行卑劣的人就会反省自己是否有和他一样的错误并加以改正。见贤思齐，就是学习榜样，向典型看齐。典型示范对公民道德的作用主要体现在以下三个方面：

1. 典型示范在公民道德建设中的导向作用。公民道德建设对人们的道德标准和行为规范有一的要求和规定，希望人们能够树立崇高的道德品质和不断积极去追求高尚人生目标。然而，加强道德修养并非脱离实际的闭门思过、想当然，而是与社会相联系的个体道德上的自我反省和自我升华。这就意味着加强道德修养不能仅凭人们自己的感觉，而是要有一定的参照参照物或参照标准。先进典型就是具有正确的价值取向和行为规范准则，具备崇高的道德境界和高尚的人生追求的理想标尺，是自觉践行社会主义道德的典范，适应社会发展进步的时代要求和精神。他们把抽象的道德观念，通过自己的具体行动展现出来，用鲜活的、具体的、生动的形象来起到了公民道德建设标杆的作用，深化人们对道德的理解和认识。人们依据典型的标准来起到让人们清晰地看到先进思想道德和行为规范应该怎样，什么是善，什么是恶，哪些事情该做，哪些事情不该做。这样就会使人们自觉的向典型看齐，积极投身到道德实践活动中，从而不断提高自身道德素质。在不断深化社会主义改革开放的今天，在各种腐朽思想不断侵蚀人们思想的今天，只有发挥典型示范的导向作用，才能使得人们能更好地坚定正确的理想信念、崇高的道德品质和高尚的道德情操，坚持社会主义道德要求和标准，体现社会主义核心价值体系的基本要求。

2. 典型示范在公民道德建设中的激励作用。先进的典型并非遥不可及、高不可攀，他们也是从小事做起、从一点一滴做起，真正做到“积少成多，积善成德”，立足平凡，成就伟大。来自各行各业的典型都能在自己平凡的岗位上，持之以恒遵守道德标准，把自己本职工作做好，在平凡的岗位上做出不平凡的贡献。在不同的工作岗位上，都能做到热爱岗位、精通业务、尽职尽责、精益求精，满腔热情地投入工作，把工作岗位作为实现人生价值的舞台，这些源于他们满怀对祖国、对人民的热爱，自觉把个人自身发展与党和人民的事业紧密联系起来，把个人奋斗融入国家富强、民族振兴的历史进程。他们立足平凡，追求崇高，默默无闻地做着奉献，做到把方便送给他人、把困难留给自己，把快乐献给他人、把烦恼留给自己，践行着助人为乐、无私奉献的高尚品德。先进典型并不神秘，就来自广大群众中，就是一些平平常常、普普通通的劳动者。因为典型的真实性、质朴性，更能激发人们去学习这样的思想道德观念和实际行动，引起人民的普遍共鸣。每个人都会不断学习，不断的改造和提高自己，认真做好身边事，力所能及帮助需要帮助的人，从小事做起，真正做到“勿以恶小而为之，勿以善小而不为”，自觉传承中华美德，践行社会主义道德规范。

3. 典型示范在公民道德建设中的推动作用。要普遍提升全体人民的道德水准，就必须建立一种良好的社会氛围，形成良好的社会道德风尚。而良好社会风尚的确立，要充分发挥典型示范的作用。通过积极宣传典型的感人事迹、优秀品质、高尚人格，让人们明确我国社会所宣扬和倡导的价值取向，帮助他们做出正确的价值判断，树立正确的道德标准，积极参与社会生活。在优秀人物、先进典型的熏陶和带动下，人们会自觉向典型学习，不断加强自身道德修养。人们就会增强社会责任意识，自觉遵纪守法，做到诚实守信，履行社会职责和义务，扶正祛邪，奉献社会。在积极宣扬典型的基础上，还要大力褒奖典型，这样就能鼓励和刺激更多的越来越多的人发奋努力，学习典型，为社会发展做出更大地贡献。这样推进公民道德建设的内因和外因都具备了，在内外因共同作用下全社会就会逐渐形成以“爱国守法、明礼诚信、团结友善、勤俭自强、敬业奉献”基本道德规范要求为核心的社会道德体系。

二、雷锋精神是公民道德建设典型示范活动的精神支持

在深化我国公民道德建设过程中，一直强调要发扬雷锋精神，树立雷锋式的典型先进人物，用以引领潮流，鼓舞群众。掌握雷锋精神的价值究竟是什么，何以会成为公民道德建设精神的思想道德支撑是十分必要的。

（一）雷锋精神的价值

1963年3月5日，毛泽东同志向全国人民发出“向雷锋同志学习”的号召。在中国大地上树立了一个有生命力的时代榜样——雷锋精神诞生了。诞生于20世纪60年代的雷锋精神究竟具有什么样的价值，使得党的几代领导人和亿万人民都对雷锋精神给予高度评价和赞扬。雷锋精神的价值可以大体概括为：

1. 坚定的政治信念。雷锋是一个一心跟党走，对党、对国家、对人民、对社会主义事业有着无限的热爱与忠诚的共产主义战士。他始终把党、国家和人民事业的发展需要作为自己努力的方向。凡是有利于社会主义事业的发展、有助于人民发展的事情，他都会积极的为之努力和奋斗。正是拥有这种奋斗目标和人生价值观，他才会积极响应号召，到祖国和人民最需要的地方去。工作中，不怕苦、不怕累，为建设社会主义新生活进行着忘我的工作，为实现共产主义远大理想不懈努力。在雷锋的日里写着“我把党来比母亲”、“为了党，我愿洒尽鲜血，永不变心。”、“我就是长着一个心眼，我一心向着党，向着社会主义，向着共产主义。”、“坚决听党话，一辈子跟党走”。从中我们可以看到雷锋无比坚定的政治信念和对党的绝对忠诚。信念是意志行为的基础，没有坚定信念就不会有坚定的意志，更不会有积极主动的行为。雷锋坚定的政治信念是他追求高尚、崇尚先进的精神支柱，而他的崇高思想境界和行为表现，都源于他爱党、爱祖国、爱人民、爱社会主义的执著信仰和不

懈努力。坚定的政治信念，对于今天的每一个人尤其是共产党员来说有着同样重要的意义。一个人有了坚定的政治信念，才会有精神动力，才会始终在人民的立场和高度，自觉地为党、国家、人民的事业奉献全部。

2. 服务人民、奉献社会的精神。雷锋被我们歌颂和赞扬，并不是雷锋本人有多么伟大的功勋，而是在雷锋身上所体现出来的精神，其中全心全意为人民服务是雷锋精神的本质和核心。雷锋把自己称为是党和人民的儿子，要把一切献给党和人民。雷锋一生都在践行着党的宗旨，他的名言“人的生命是有限的，可是，为人民服务是无限的，我要把有限的生命，投入到无限的为人民服务之中去。”是他践行党的宗旨的最好诠释。雷锋把“生为人民生，死为人民死”作为自己的信条，立志在平凡的工作中做出不平凡的贡献。雷锋为人民服务的形式和渠道是多样的，主要表现在学习上的刻苦勤奋，认真钻研；工作上的爱岗敬业，尽职尽责；生活上的关心他人、助人为乐。雷锋把无私奉献视为共产主义战士必备的条件。在雷锋日记里“永远愉快地多给别人，少从别人那里拿取”的质朴话语表达了他毫不利己，专门利人，公而忘私，甘于奉献的高尚理想。雷锋为人民服务是全心全意、真心实意、毫无条件、不求所需，表现在他做好事不留名、不为获取报酬、不为捞取实惠等诸多方面。“自己活着，就是为了是别人过得更美好”体现了雷锋独特的快乐幸福观，展示雷锋为全心全意人民服务、默默奉献的崇高思想境界。正是这种崇高的思想境界，使雷锋成为一个高尚的人，一个纯粹的人，一个有道德的人，一个脱离了低级趣味的人，一个有益于人民的人。

3. 艰苦奋斗、勤俭自强的美德。艰苦奋斗、勤俭自强是中华民族的传统美德，也是中国共产党人的政治本色。雷锋出身贫寒，深知生活的艰辛。因此，他工作和生活的一言一行都体现出中华民族艰苦奋斗、勤俭自强的传统美德。雷锋学习非常刻苦，利用一切可以利用的时间刻苦学习，孜孜不倦。他对工作总是有着火一般的热情，不断认真钻研业务，努力使自己成为工作中行家里手。在工作上他总是向积极性高的同志看齐，在生活上他总是向低水平的同志看齐，这种“工作上高标准，生活上低要求”体现了共产党人“吃苦在前，享受在后”的原则。他这样节约多产的原因就是要把节省下来财物用来支援国家搞建设，帮助有困难的人。面对恶劣的工作条件和生活环境，雷锋没有屈服，而把这些看出是对自己的磨砺，以苦为乐，以苦为荣，自强不息，以乐观向上精神风貌去对待生活，积极投身于社会主义建设。正是雷锋这种美德，才使他做到艰苦朴素、埋头苦干、勤俭节约、奋发图强。

（二）雷锋精神对公民道德建设典型示范起精神支持作用

典型示范是公民道德建设的一个重要手段，通过发挥先进典型的影响力、感召力和带动力，引导人民自觉遵守社会主义基本道德规范。先进典型为什么会具有如此大的魅力，是因为在他们身上时刻闪烁着雷锋精神。具体表现在：

1. 常怀感恩之心。一个人从小到大，无不例外的会受到一定的恩惠，如父母的养育之恩，老师的教育之恩，家人的关怀之恩、朋友的帮助之恩等等。而典型之所以能成为典型；之所以能被别人颂扬；之所以能引领社会风尚，是源于他们都有着一颗感恩的心。正是这种对国家、社会、他人的感恩和热爱，使他们时刻铭记回报社会、回报他人，才有了对自己与他人和社会关系的正确认识，也才有了强烈的社会责任感。一个社会的社会成员如果没有感恩心、没有爱心，这样的社会很难正常发展下去。但感恩、报恩并不意味着谁帮助过你，你就报答谁。正如徐本禹说的帮助过你的人并不指望你的回报，而是希望你去帮助需要帮助的人。所以他说：“我愿做一滴水，我知道我很微小，当爱的阳光照射到我的身上的时候，愿意无保留地反射给别人”。正是这种感恩的心，使得先进典型的思想得到升华，对他人、对生活、对社会充满无限的热爱。感恩是贯穿于雷锋精神的一条主线，雷锋精神时时闪耀着对党、对人民、对祖国、对社会的热爱与忠诚。雷锋能正确认识个人与他人、集体、社会之间的关系，也是源于他的感恩之心。雷锋把从别人那里得到的宝贵的爱，回报给了全社会。雷锋一生爱党、爱人民、爱工作、爱事业，他做人的价值原则就是让别人幸福就是自己最大的幸福。由此，也就不难理解雷锋精神的经久不衰、时代雷锋的不断涌现。

2. 坚持爱岗敬业，忠于职守。我们今天学习的先进典型主要是来自人民群众中的普普通通的劳动者。他们不是做出惊天动地的伟绩的大英雄、大人物，而是在平凡岗位上默默无闻地工作着学习着生活着的平平常常、朴素无华的劳动者，就在大家身边。他们为所从事的工作而自豪，努力钻研业务，力求做到精益求精。在平凡的工作岗位上，默默地坚守着道德标准，涵养着道德情操，把满腔的热情投入到工作中去，把工作岗位作为实现自己人生价值的舞台。把工作中的一件事做好不难，难的是把工作中的每一件事都做好。他们能认认真真做好工作中的每一件事，是因为抱着对工作高度负责的态度，追逐着崇高的职业理想，坚守着高尚的职业精神。才会涌现出张丽莉、吴斌、高铁成等时代楷模，用崇高的职业道德操守，托起了生命的方舟，升华了民族的美德，成为激励人们奋发有为、不断前进的强大精神动力。立足本职，尽职尽责是雷锋工作态度的真实写照。雷锋对待工作总是具有火一样的热情，总能做到干一行爱一行，干一行钻一行，立志在平凡中干出不平凡的业绩，乐于做一颗永不生锈的“螺丝钉”。先进典型在平凡工作中追求卓越、实现卓越，让人们再次看到雷锋精神的伟大在于它始于平凡、高于平凡，贵与平凡。

3. 履行助人为乐，无私奉献。助人为乐是中华民族的传统美德，无私奉献体现着社会主义的道德要求。先进典型生活的状况、工作岗位虽不相同，但都把助人为乐视为做人的根本，把无私奉献视为莫大的幸福。在这样崇高的道德品质和精神境界的指引下，他们树立正确的世界观、人生观、价值观，抵御住拜金主义、享乐主义、个人主义的诱惑。在现实生活中，想他人之所想，急他人之所急，排他人之所忧，解他人之所难，倾尽全力去帮助他人，做到真心实意的关心他人、帮助他人。在工作中，做到克己奉公，不谋私利、不计报酬、不求名利、不为特权，完全不计较个人的得失。在处理国家、集体、个人三者利益关系上，能够始终把国家和集体的利益放在首位。在处理个人与他人的关系上，主张相互关心、相互爱护、相互帮助、相互尊重，反对互相欺诈、相互猜忌、见利忘义、恃强凌弱。这些崇高的品格和精神在雷锋精神中都有所体现。可以说全心全意为人民服务、无私奉献是雷锋精神的实质。“人的生命是有限的，为人民服务是无限的，我要把有限的生命投入到无限的为人民服务当中去。”是雷锋服务人民、奉献社会的崇高品质的最好概括。

三、在雷锋精神指导下发现典型、培育典型、宣传典型、践行典型

在提高我国公民道德素质，不断深化公民道德建设过程中，典型示范是一个重要的途径，要充分发挥典型示范在公民道德素质建设中的积极作用。

（一）在雷锋精神指导下发现典型

典型是时代的象征，反映着每一个时代先进的理想信念，代表着崇高的道德品格和高尚的精神境界。因此，对典型的发现就显得尤为重要。雷锋可以说是典型的代表，但雷锋并非天生就是典型，雷锋只是一名普通的战士，也是后来被人发现才成为典型的。雷锋能成为典型并不是因为他本人做出惊天动地的伟业，而是因为他坚定的信仰、崇高的理想、高贵的品质、高尚的品格、奉献精神等先进思想和道德观念。雷锋精神经历了半个世纪的沧桑巨变，依然熠熠生辉，是因为它源于群众，与群众生活密切相关，形象、具体、生动的反应一定的社会事迹，让人见型有感、感同身受。然而，在不断完善社会主义市场经济，全面建设小康社会的今天，一些人的价值观念也随之发生一定的变化。他们认为随着时代变化，现在的典型应该是为社会主义发展做出巨大贡献的人，应该不是一般的普通人，这样就把典型与普通民众完全割裂开来。这也在某种程度上反映他们更加注重物质财富的创造，相对轻视精神道德层面的贡献，并把个别人物的作用无限放大。但是，在人类社会的发展进程中起决定作用的是人民群众，人民群众是历史的创造者。因此，在这种标准下产生的典型会让人们觉得离他们十分的遥远、无比的陌生，就得不到人们的认可，因而会大大削弱其说服力和感召力。这进一步说明

发现典型不能脱离群众、脱离生活，要别具慧眼，善于从一般普通人身上发现闪光点，发现那些思想觉悟高、意志坚强、品德高尚、一心一意干工作、默默无闻做奉献，对他人和社会起到积极的正面影响和促进作用的人。让人们从他们身上看到雷锋的影子，看到一个体现中华民族传统美德、社会主义道德要求、时代精神风貌完美结合的典型。

（二）在雷锋精神指导下培养典型

典型不是与生俱来的，不是一蹴而就的，其成长和发展的过程有自己不断努力的结果，但也离不开一定引导和培养。雷锋精神的指导可以激发一个人去追求崇高的精神境界和高尚的道德品质，把雷锋的思想境界、理想信念、道德情操当做衡量标准和自己不断的奋斗的目标。在这样的目标的指引下，他就会做出正确的人生选择和价值判断，能够妥善的处理好个人与他人、个人与集体、个人与社会的关系，能够很好地分析如何实现个人自我价值与社会价值的统一。日常学习、工作和生活中，他就会因不断追求雷锋式的精神境界和道德标准，使自己的精神境界不断提升，从而对雷锋精神有更深层次的认识和更进一步的认同，并生产一种追求崇高理想的幸福感。这也正是雷锋能成为典型的真实写照。雷锋能成为典型，就是因为他不断的学习毛主席同志的理论著作，并把方志敏、刘胡兰、白求恩、董存瑞、黄继光、邱少云、向秀丽等英雄模范事迹作为自己学习的榜样，才奠定了他远大的理想、坚定的信念、崇高的品德等先进的思想。有人把雷锋精神仅仅理解为追求崇高理想，这是不全面的。雷锋是始终把追求理想的人格放在首位，但他这并没有影响他对工作的极度敬业态度和对社会的无私奉献精神。正是这种精神的支撑下，他才能做到甘于平凡，脚踏实地，从点滴做起、从小事做起、兢兢业业、一丝不苟，到党和国家需要的地方去；才能做到干一行爱一行、干一行钻一行，立足本职，尽职尽责，真正做着一颗不生锈的“螺丝钉”；才能够为党和人民的事业不计较个人得失，艰苦奋斗，全身心投入社会主义建设，切实把有限的生命投入的无限的为人民服务中去。因此，今天对于典型的培养，雷锋精神依然发挥着不可替代的重大作用。

（三）在雷锋精神指导下宣传典型

典型的是一面旗帜，体现着社会主义道德要求，反映着时代精神和中华民族传统美德的结合，对良好社会道德风尚的构建具有一定的推动作用。因此，大力加强典型的宣传，发挥其示范作用，形成人人学典型、个个争先进的社会氛围就显得十分突出和必要。正所谓“一花独放不是春，百花齐放春满园”。就像郭明义说的“我跟雷锋还差得很远，但依然还是希望你们多宣传我。因为这能让更多的人知道在这个年代，雷锋精神并没有过时。”让更多个雷锋、更多个郭明义出现。而雷锋精神能被世人所接受，能成为世人的精神财富，其中一个原因可归结为宣传。毛泽东同志在号召“向雷锋同志学习”时，指出：“学雷锋不是学他哪一件好事，也不是学他某一方面的优点，而是要学他的好思想、好作风、好品德；学习雷锋长期一贯的做好事而不做坏事；学习他一切从人民利益出发，全心全意为人民服务的精神。”正是在这样的思想指导下，雷锋的生平、事迹、思想境界、社会贡献原本的呈现出来，从而说明了雷锋精神的真实性，增强了雷锋精神的感染力，扩大了雷锋精神的影响力，提高了雷锋精神的持久力。今天对于典型的宣传，我们依然要以雷锋精神为指导，本着实事求是的态度，如实的宣传典型，不降低典型标准，但也不能人为地拔高典型。典型不是高大全、完美无瑕，应避免将其神化，否则就会让人觉得典型高不可攀，起不到应有的作用。对典型的宣传勿求整齐划一，急功近利，以免造成宣传流于形式。不同的时代，不同的行业，典型的形象应该也是不一样的。不能用一个“模式”来套用不同时代、不同行业的典型，因为这样的标准本身就是错误的，得到的结果自然是可想而知的。对典型的宣传应是一个长期和艰苦的过程，而不是一朝一夕就能收到理想的效果。因为要想使典型真正深入人心，就要有一个“润物细无声”的过程，就像对雷锋精神的宣传那样。只有这样，典型才能为真心群众接受，自觉践行，才能发挥它真正的作用。

（四）在雷锋精神指导下践行典型

发现典型、培养典型、宣传典型的目的都是为了更好的践行典型。

践行典型的主要是充分发挥典型的影响力、感召力和带动力，让人们自觉向典型看齐，不断提高自身的道德水平和思想境界，为社会主义现代化建设做出更大地贡献。雷锋精神源于雷锋为社会主义建设的实践中，不是用以敬仰和束之高阁的，而是要人民群众来弘扬和实践的。在雷锋精神指导下，典型就能在不断的实践中，把雷锋精神的品质内化于自身，反映出典型所具有的精神境界，并以典型自身特有的魅力形式呈现出来。这样典型的身上就会折射出雷锋的爱岗敬业、艰苦奋斗、助人为乐、无私奉献、全心全意为人民服务等精神，能够为人民群众所真心接受和学习。因为只有能为国家、为社会、为人民的事业努力奋斗，事迹突出，群众信服，关键时刻能站出来，危险时刻豁出来的典型才能经得起事迹的和实践的考验。学典型也要务求实效，就像毛泽东同志阐述关于学习雷锋时“做到实事求是，扎扎实实，讲求实效，不搞形式主义。”通过学习典型，人们把这种精神追求带到社会、工作和生活中的各个方面。在工作中，把人们学习先进典型所激发出的高涨热情，引导到为社会主义现代化建功立业上来，持续不断的创造出更多财富。在整个社会掀起学典型、促先进活动的热潮，使人的思想感情得到一定熏陶，精神风貌得到不断改善，道德水准得到相应提升，人人都以典型为标准，自觉践行典型的道德规范，从而使先进典型体现的道德要求和道德规范质不断大众化，形成一种和谐融洽的良好社会风尚。

第二节　雷锋精神与社会主义公民道德建设的宣传途径

公民道德需要加强引导，需要积极营造学习氛围。学习雷锋精神作为公民道德建设的一个重要环节，用雷锋精神引领公民道德建设，使雷锋精神深入人们的内心，影响人们的行为，就需要对雷锋精神进行宣传。随着科技的发展，网络等新兴媒介的普遍使用，文化的多元，西方

文化的宣传和渗透，人们热衷于对自我价值的追求，热衷于对经济利益的索取，从而产生了对传统道德的不屑一顾，对文明素养的缺失。在全面建成小康社会历史新时期，道德不应该缺场，公民道德更应该随着经济、政治、社会、文化和生态的“五位一体”建设得到加强，而雷锋精神所传承的中华美德，所赋予的时代内涵，所秉承的创新精神，正是公民道德所宣扬和倡导的。雷锋精神作为党和国家树立的先进典型，需要对其宣传，需要让雷锋精神被人民大众所掌握，变成一种强大的思想武器，从而激发人们的奉献精神，爱国主义精神，提高公民道德素养，为推进中国特色社会主义事业和实现全面建成小康社会提供智力支持和思想道德保障。

一、广泛宣传是公民道德建设的重要实践活动

（一）广泛宣传是公民道德建设重要途径

李良荣等在《宣传学导论》中认为，宣传就是“运用各种符号传播一定的观念，以影响人们的思想和行动的社会行为。”① 于文书在《宣传美学》中认为，宣传是舆论和心理控制，是观念的传输，是影响他人的一种手段，是思想政治工作，是心理引导。② 通过以上定义，可以把宣传理解为主体对客体有意识、有目的的心理引导和观念培养活动，是宣传客体逐渐被主体同化或在实践中按照宣传主体所宣扬的理念去行为的一种手段。

党有对典型进行宣传的优良传统。党的典型宣传工作，是指中国共产党利用各种媒体和形式，对各个行业和领域中涌现出的典型人物和事情向广大人民群众进行宣传和教育，通过提升和凝练典型的思想和精神，让典型所具有的先进性影响人民群众，从而使人民群众能够自觉按照模范典型的行为方式要求自己，形成自觉的行动。党在宣传过程中强调真实性，要求与人们的学习工作和生活密切联系，形成了三贴近原

---

① 李良荣等：《宣传学导论》，福建人民出版社 1989 年版，第 14 页。

② 于文书：《宣传美学》，人民出版社 1999 年版，第 2 页。

则。李长春同志在中共中央宣传思想会议上明确提出，要求我们从贴近实际、贴近生活、贴近群众入手，加强和改进党和政府的宣传工作，切实把“三贴近”原则贯穿到宣传思想工作的各个方面，而三贴近思想在我党初期的宣传工作中就有所涉及。[①]

我党在进行社会主义革命、建设和改革的不同历史时期，都坚持和完善对道德典型的宣传，树立了形象众多，影响意义深远的道德楷模。中国共产党一直把道德模范的宣传作为宣传工作的重中之重，形成了党的典型宣传工作和机制，把典型和宣传结合起来，始终把宣传工作和普通人民大众的思想政治工作作为党占领思想阵地的重要举措，以此来提高全社会的公民道德素质，调动亿万人民群众建设社会主义的积极性。党的宣传工作包括理论、新闻、出版、广播、电视、电影、文化、艺术和对外宣传等，党的典型宣传坚持党的路线、方针和政策，把思想政治教育，提高广大公民道德水平作为中心环节。在对人民进行宣传时，根据群众的自身道德觉悟水平，讲求宣传艺术，使宣传保证通俗易懂，注重宣传的效果。

随着科技的发展，互联网作为新兴的宣传媒介被普通百姓所熟悉和运用，网络同报刊杂志、广播电视等一起成为现代社会最重要的宣传途径。这些舆论宣传途径通过他们本身涵盖的巨大信息量，内容的形式多样，传播快捷，影响面大等特点，对广大人民群众在生产生活各个方面发挥者重要作用。在社会主义和资本主义并存的当今世界，国外的腐朽生活方式和价值观念，绝大多数都是通过宣传途径进行渗透的。社会主义建设新时期，我们要加强党的宣传工作，用典型宣传来推进社会公德建设。典型的宣传工作内在的包含着对党的路线、方针、政策的宣传，从而让广大人民群众掌握党的基本政策，围绕党的工作重心开展工作。通过对典型的宣传，可以用社会主义思想占领宣传阵地。因此加强宣传工作，尤其是加强对爱国主义和爱社会主义、树立崇高理想、实现科学

---

① 徐新平、许静：《“三贴近”传统的历史演进》，《湖南大学学报（社会科学版）》2008 年第 2 期。

人生价值等社会主流意识方面的宣传，可以有效应对国外敌对势力的舆论挑战，提高广大人民群众公民道德水平。

（二）公民道德建设通过宣传所要达到的效果

1. 通过宣传引导公民道德形成。宣传是公民道德教育的重要载体，在信息的传播过程中，可以有效地实现公民道德教育。在公民道德建设中，道德教育载体必须通过主客体之间的互动和传递道德教育信息来实现。宣传可以实现公民道德教育功能发挥，包含了道德的教育内容，实现国家对人们所期望的价值观、人生观和道德观的内容，从而形成人们自作的道德行为。

要实现公民在道德方面的自觉行为，就需要从公民道德形成过程着手，加强公民道德形成的四个环节建设。公民道德是公民遵守社会道德规范在日常活动中所表现出的稳定的特点，公民道德是公民品德在知、情、意、行四个方面的统一。

（1）知代表对道德的认识和感受，是公民道德形成的基础，是道德情感产生的依据，对道德行为具有调节和指导作用。

（2）情代表公民对道德的感情，主要表现为好恶，感情是形成良好社会风尚的胶合剂，是在道德认识基础上的一种稳定的情感表现，影响道德行为的实施。

（3）意代表公民道德信仰和实践中的意志力，在公民道德认识和道德情感基础上产生的对道德中坚定不移的信仰，从而产生克服困难坚强意志。

（4）行代表践行，公民道德在知、情、意基础上，人们去实践公民道德，就是品德的践行。公民道德中的规范和典型，不通过报刊、杂志、新闻媒体的宣传，就无法形成普遍的共识；公民道德中的善恶判断，如果不通过大力宣传，就不对大众产生学习或警示的良好效果；社会公德中的不良习惯和行为，如果不通过宣传，弘扬积极向上的道德要求，启迪人们自觉抵制不良行为习惯，就不会有整个社会风气的好转和稳定。总之，通过公民道德宣传和弘扬，从而让高尚道德意识深入人心，形成对美好道德向往的情感，产生维护优良道德的坚强意志，最终化为自觉践行社会公德的行为。

2. 公民道德建设通过宣传所要达到的效果。公民道德通过宣传和弘扬，可以树立典型，可以让理论掌握人民群众，可以激发人民的热情，引领人们的观念，监督自身的行为。具体表现为：

（1）典型宣传的旗帜作用。时势造英雄，任何一个时代，都有符合时代要求的典型出现。在建国初期，通过宣传，树立了一批无私奉献、艰苦创业、勤俭节约的典型，雷锋、王进喜、焦裕禄、杨根思、王杰等一个个鲜活的典型进入了千家万户。在改革开放时期，中国人民的拼搏精神、奉献精神得到弘扬，这个时期产生了世界女排历史上第一个“五连冠”记录的女排精神，身残志坚的张海迪精神，见义勇为的徐海刚精神，而雷锋也继续成为这个时代人们学习的典型；在建设社会主义历史新时期，抗洪和抗击冰雪所体现的人民子弟兵精神、抗击汶川地震所彰显的团结互助精神，奥运志愿服务精神、郭明义的新时期雷锋精神、航天精神等一系列放映中国人民战天斗地的伟大精神，让让人们感受到了中华民族的魅力和魄力。通过对典型的宣传，典型人物或事件所凝聚的精神力量，引导人民进行按照典型的作风和发扬典型的精神去进行中国特色社会主义建设，为人民指出了方向性。

（2）宣传的激励和感染作用。《离开雷锋的日子》、《第一书记》、《郭明义》等一大批影视作品，汶川事迹、奥运志愿精神宣传、罗阳航天精神等一大批宣讲团，这些影视宣传报道，所宣扬的新时期爱国主义、无私奉献、投身中国特色社会主义建设的典型事例，让人民群众对典型所体现出的时代精神产生了共鸣，激励人们向典型学习，加深对典型的认识，增强人们克服困难的决心和信心，影响人们的道德选择向有利于社会主义的方向发展。

（3）宣传的引导作用。社会主义核心价值体系的宣传，社会规范和公民道德的宣传，可以对人们的思想观念和行为起到引导作用，让人们明确方向，树立正确的人生理想，选择正确的人生道路，从而实现科学的人生价值。

（4）宣传的警醒作用。对典型的宣传，除了正面的积极弘扬和引导之外，还有通过对负面典型的宣传，达到对人民的惊醒作用，让人们对某些违法乱纪行为产生自觉的抵制心理，净化社会风气。

二、雷锋精神是公民道德建设宣传活动的精神支持

雷锋精神代代传，雷锋精神在宣传和弘扬中不断发展，历久弥新。用雷锋精神用雷锋引领公民道德宣传，就是在推进中国特色社会主义建设中，用雷锋精神所彰显的社会主义理想，所表现出的集体价值精神，所蕴含的道德修养，最终形成人人可以学习的榜样，来提高人们的道德水平和激发“好人”意识。

（一）雷锋精神的宣传价值

雷锋是建国后塑造的模范典型中最为成功的一个，从 1963 年至今，“学雷锋”始终作为我国公民道德建设中的一面旗帜继续飘扬，之所以能够穿越历史的时空界限，在全面建成小康社会历史新阶段，在推进中国特色社会主义建设新时期作为公民道德建设中的一个重要环节，最重要的原因是雷锋的好人形象一直被主流媒体所宣传和报道，从而使雷锋精神得以传承和发扬。以《人民日报》为例，作为中共中央的机关报，党和国家的喉舌，从它对雷锋的相关报道和宣传，就可以看出我国主流媒体在宣传雷锋精神上所发挥的重大作用。

人民日报上第一篇关于雷锋的报道是 1961 年 5 月 5 日发表的一篇名为《苦孩子成长为优秀战士》的人物通讯，到 1963 年 3 月毛泽东题词“向雷锋同志学习”，雷锋才被真正树立为宣传的典型。这几年中有几次报道雷锋的高潮，如 1963 年（105 篇），1973 年（51 篇），1977 年（106）篇，1981 年（73 篇），1990 年（227 篇），1991 年（85 篇），1993 年（118 篇），1998 年（89 篇），2003 年（81 篇），2012 年（截至 2012 年 3 月 5 日）（140 篇）。[①] 报道的主题也随之变化，有“爱憎分明”、“无私奉献”“螺丝钉”精神主题，有“见义勇为”、“钻研业务技术”主题，有“全心全意为人民服务”主题，有“高尚道德”、

① 靳赫：《党报学雷锋报道的嬗变》，兰州大学硕士学位论文，2012 年。

“核心价值观”和“民族精神”主题，学雷锋的主题随着社会主义建设和改革开放的历史任务的转化而发生变化。通过这样长时间，不同时代主题的宣扬，学习雷锋成了不同时代不变的主题。

（二）用雷锋精神引领公民道德宣传

在公民道德建设中，用雷锋精神引领公民道德建设，实质就是用雷锋的世界观、人生观和价值观引领人们的精神世界。世界观是人们对生活在其中的世界以及人与世界关系的总体看法和根本观点。人生观是世界观的重要组成部分，是人们在实践中形成的对于人生目的和意义的根本看法。人生价值是人生观体系中的一个重要的范畴，理解人生的意义，评估人生“价值量”大小。人生观通过人生目的、人生态度、人生价值来体现。人生目的是人生观的核心，回答“人为什么活着”；人生态度表明人应当怎样对待生活，人生价值是判别什么样的人生才有意义。人生目的决定人生道路，决定人生态度和人生价值标准。雷锋的世界观、人生观和价值观是共产主义理想的具体体现，所彰显的是为了实现人类的自由和全面发展而奋斗的精神状态，贯穿于中国特色社会主义建设、改革开放的始终，贯穿于全面建成小康社会的全过程。这种世界观、人生观和价值观可以概括为追求崇高的道德理想，培养公而忘私的集体主义情怀，提升超凡的自我道德修养，最终成为人人可以学习的榜样。

1. 追求崇高的道德理想。人只有远大的理想，才会不断激发自己的斗志，磨炼意志，为理想而奋斗。雷锋的理想，无论在他所处的时代还是在当代，同样具有时代性。雷锋认为人生的意义上就是“我活着是为了全心全意为人民服务，是为人类的解放事业共产主义而斗争。”从这里可以看到雷锋把共产主义作为自己的人生理想，为了实现理想，需要通过实践，为此他指出：“我决心听党的话，听毛主席的话，永远忠于党，忠于毛主席，好好地学习，顽强地工作，为党和人民的事业贡献自己的一切”，并认为追求崇高理想是人生的幸福，他说：“我觉得一个革命者就应该把革命利益放在第一位，为党的事业贡献出自己的一切，这才是最幸福的。”① 雷锋在人生理想上，始终把无产阶级和人类的解放事业相结合，坚定共产主义信念，从而具有为实现理想而产生的积极行动和高昂的斗志。

2. 培养公而忘私的集体主义情怀。雷锋在社会主义这个大集体中，奉献青春，燃烧着激情，实现了他光辉而伟大的人生价值。雷锋具有鲜明的集体意识，“单丝不成线，独木不成林。一个人是办不了大事的，群众的事一定要发动群众、依靠群众自己来办。我一定虚心向群众学习，永远做群众的小学生。只有这样，才能做好工作，才能不断进步。”这种集体主义观，需要奉献才能实现，为此，他在日记中写道：“如果你是一滴水，你是否滋润了一寸土地？如果你是一线阳光，你是否照亮了一分黑暗？如果你是一颗粮食，你是否哺育了有用的生命？如果你是一颗最小的螺丝钉，你是否永远守在你生活的岗位上？”强调个人在集体中要发挥作用，必须奉献和付出。“对待同志要像春天般的温暖，对待工作要像夏天一样火热，对待个人主义要像秋风扫落叶一样，对待敌人要像严冬一样残酷无情”，体现了雷锋为了实现集体利益，要爱憎分明。“青春啊，永远是美好的，可是真正的青春，只属于这些永远力争上游的人，永远忘我劳动的人，永远谦虚的人。”② 在改造世界，实现集体利益方面，体现出了不怕苦、不怕累精神，从而把个人价值寓于集体价值中。“我们在建设焦化厂当中，住不好、吃不好和工作环境不好等，这些困难都是暂时的、局部的、可以克服的。只要我们有叫高山低头、河水让路的气概，是没有战胜不了的困难的。”③ 这体现了雷锋在实现集体利益方面所表现出的积极的精神状态，敢叫高山低头、河水让路，这种高昂斗志，在建设有中国特色社会主义事业中，同样需要。

3. 提升超凡的自我道德修养。在自我修养培养方面，一个人要想

---

① 解放军“总参”政治部编印：《雷锋日记》，春风文艺出版社 1963 年版，第 2 页。

② 同上。

③ 同上。

做雷锋那样全面追求卓越，没有克服困难的勇气和长期的坚持是不可能达到的。这里的超凡，实际就是指大无畏的牺牲精神，追求不懈的刻苦精神和善于学习善于钻研的拼搏精神。在提升道德修养方面，雷锋自觉形成了内省自励、模仿榜样、刻苦学习、钉子精神和螺丝钉精神。雷锋有见贤思齐的内省感悟，做到“在工作上，要向积极性最高的同志看齐，在生活上，要向水平最低的同志看齐。”有学习模范的积极热情，“向市劳动模范张秀云学习。首先学习她高度的主人翁责任感，对党对社会主义建设事业的赤胆忠心；学习张秀云同志积极主动、帮助别人、大公无私、舍己为人的共产主义思想和团结群众的优良作风；学习她坚持向群众学习、不断充实自己、谦逊好学的精神。”有刻苦学习的钉子精神气质，有些人说工作忙、没有时间学习。我认为问题不在工作忙，而在于你愿不愿意学习，会不会挤时间。要学习的时间是有的，问题是我们善不善于挤，愿不愿意钻。一块好好的木板，上面一个眼也没有，但钉子为什么能钉进去呢？这就是靠压力硬挤进去的，硬钻进去的。由此看来，钉子有两个长处：一个是挤劲，一个是钻劲。我们在学习上，也要提倡这种“钉子”精神，善于挤和善于钻。有甘于奉献的螺丝钉精神，“一个人的作用，对于革命事业来说，就如一架机器上的一颗螺丝钉。”①

雷锋精神在建设有中国特色社会主义新时期，在各行各业上都有体现，每年的“感动中国”评选活动，分别从的爱岗敬业、勤劳质朴、无私奉献、乐于助人、扶老帮孤等评选出新时期的雷锋代表。雷锋精神的伟大在于他的平凡性，可学习性，能学习和学就会有所成就性。我们今天一直弘扬雷锋精神，就是在于雷锋精神所折射出的时代共同性，所体现出不同时代广大人民群众投身社会主义建设所肩负的历史责任的共性，是在中国特色社会主义事业中广大人民群众所能迸发出的爱国爱社会主义的总体现。雷锋精神是中华民族传统美德与时代精神的完美结合，是中华民族精神的重要体现。

---

① 解放军“总参”政治部编印：《雷锋日记》，春风文艺出版社1963年版，第2页。

三、在雷锋精神指导下凝练宣传内容、拓展宣传阵地、激励宣传对象

用雷锋精神引领公民道德建设，要与时俱进地对雷锋精神进行凝练宣传，从而赋予雷锋精神以时代意义，更好地引领人们的道德建设；要充分利用网络等宣传媒介拓展宣传阵地，把雷锋精神常驻主流媒体，长入微博等网络媒体，并要走出国门，扩大世界影响力；要用精神奖励为主，物质奖励为辅，激发人们学习雷锋的热情。

（一）凝练宣传内容

我国著名伦理学家罗国杰教授认为：“我们应当根据时代的发展，与时俱进，摒弃对雷锋精神模式化、概念化、简单化的理解，摒弃学雷锋活动的程式化，赋予雷锋精神以新的内涵。”雷锋精神的宣扬一直与时代主题和时代特点紧密结合。雷锋精神在20世纪60年代初到20世纪90年代末，被宣传成为“毛主席的好战士”，周总理曾题词“学习雷锋爱憎分明的阶级立场，言行一致的革命精神，公而忘私的共产主义风格，奋不顾身的无产阶级斗志。”1990年3月5日，《人民日报》第一版刊发社论《雷锋永远是我们学习的榜样》，把雷锋精神概括为“就是一种奉献精神，牺牲精神，是共产主义精神同中华民族传统美德的结合。雷锋精神的核心是共产主义精神。”江泽民把雷锋精神的实质概括为“全心全意为人民服务，为了人民的事业无私奉献。”1993年，胡锦涛在纪念毛泽东等老一辈革命家为雷锋同志题词三十周年大会上，对雷锋精神的内涵在新形势下的新发展做出阐述，“就要像雷锋那样把有限的生命投入到无限的为人民服务中去。”“就要像雷锋那样发扬爱国主义精神，树立集体主义思想，坚定社会主义信念。”“就要像雷锋那样艰苦奋斗，勤俭创业。”“发扬‘钉子’精神，努力学习，刻苦钻研，用马克思主义理论和现代科学文化知识武装自己、提高自己、完善自己。”“立足本职，忠于职守，在现代化建设事业中做一颗永不生锈的螺丝钉。”从1993年开始，雷锋精神的弘扬与社会转型期国家政治工作的重心保持一致，把雷锋精神与公民道德相结合，强调雷锋精神中的党

性，“坚决听共产党的话，永远跟着共产党走”、“对党忠诚”。

从20世纪90年代到现在，雷锋精神被宣传为集体主义的典范，与中华民族的传统美德相结合，在平凡与伟大、个人与国家、有限的生命与无限的为人民服务之间找到了结合点。在全面建成小康社会历史新时期，在高举中国特色社会主义伟大旗帜，全民推进中国特色社会主义事业伟大进程的时代主题下，宣传雷锋精神，就要宣传雷锋的爱党、爱国、爱社会主义的坚定政治立场，从而坚定对社会主义的道路自信，理论自信和制度自信；宣传雷锋精神，就要宣传雷锋的大公无私的共产主义精神和集体主义原则，在中国特色社会主义的经济建设、政治建设、社会建设、文化建设和生态建设中，敬业奉献，全身心投入，激励人们成为全面建成小康社会的优秀建设者；宣传雷锋精神，就要宣传雷锋的全心全意为人民服务的思想，为推动良好社会风尚的形成，为公民道德素养的普遍提高，自觉成为雷锋精神的践行者。

（二）拓展宣传阵地

1. 用新闻传媒拓展宣传范围。新闻媒体是广大人民群众获取信息的重要来源，尤其是中央新闻联播发布的新闻，具有权威性和代表性。新时期，党的宣传媒体要继续加大对雷锋精神的宣传和报道，扩大覆盖面，要保持各地方媒体与中央媒体的宣传一致性，党和国家的主流媒体要树立全国性的学雷锋典型，地方的新闻媒体要挖掘和评选地方的典型。在宣传过程中，注重群众的广泛参与性和节目的互动性。要注重宣传的多层次性和多方位性，从中央到地方，要举办各种形式的雷锋学习报告会，座谈会和研讨会，要加大对学雷锋人物的表彰和宣传，在全社会营造学习雷锋精神的氛围。

2. 用社会热点问题增强吸引力。要充分利用社会热点问题加大对雷锋精神的宣传。例如，党的十八大报告提出的生态建设，就可以把雷锋的勤俭节约精神融入其中；在高举中国特色社会主义伟大旗帜的理论宣传中，可以把雷锋的忠于党，忠于人民的事迹展现出来；在社会范围内出现的道德失范现象，也要加入雷锋是怎样做的。可以通过对不同年龄、不同层次、不同职业中学习雷锋的典型，融入不同的社会热点问

题，进行阐发和宣传，从而增强雷锋精神的时代感和吸引力。

3. 用科技手段拓展雷锋精神的宣传渠道。随着科技的发展，网络逐渐成为人民普遍的交往工具，微博和短信应用也呈现爆发式的增长，科技日益深入人们生活的方方面面，科技的发展为弘扬和宣传雷锋精神提供了更加迅捷的宣传渠道。

在日常生活中，利用手机、网络灌输正确的雷锋精神。雷锋精神曾经激励过亿万人民群众，就是因为雷锋事迹和形象非常高大，成为人民的偶像。随着经济的发展，雷锋的傻子精神和吃亏精神被大多数认为不在适用，其中重要一点就是雷锋的崇高形象一直被封为神圣，老百姓感觉雷锋只能被仰望。现阶段，就要利用短信、微博、博客等网络工具加大对雷锋事迹的宣传，注重雷锋的平凡化和事迹的故事化和可学习化宣传，让普通百姓尤其是让年轻人能够随时随地接触雷锋，了解雷锋精神，深刻认识雷锋精神就蕴含在人们日常生活的小事中，从而达到宣传目的。

在党的门户网站、电子政务中，发挥电子党务在党员干部中的雷锋精神宣传。要利用电子党务和网络门户，积极宣传雷锋精神，注重对党员干部队伍中学习雷锋典型的宣传，注重本地区和本单位雷锋榜样的弘扬，同时注重在网络中对落后和反面典型进行宣传，从而推动党员干部道德素养的提高。

4. 用国际视角拓展雷锋精神的世界影响。要把对雷锋的宣传塑造成为具有国际影响力的典型形象。国际形象简言之就是世界其他国家对一个国家的看法，中国作为世界上有责任的大国，在公民道德上也应该成为国际社会学习的典范，因此要加大对雷锋事迹的国外宣传和推广，注重文化交流领域中的道德符号标记，就像莫言获得诺贝尔文学奖一样，瑞典语翻译者陈安娜功不可没。因此，要使雷锋被更多的国家所认可，充分利用国外的媒体和文化力量是不可缺少的环节。

（三）激励宣传对象

提倡和弘扬雷锋精神，加强公民道德建设，让学习雷锋成为人们的一种日常习惯，让文明成为一种时尚，除了通过营造学习雷锋精神的浓郁社会氛围外，还要加强对学雷锋典型的表彰，通过表彰，巩固学习雷锋成果，影响其他人学习雷锋的积极性，从而带动更广大人民群众投身到学雷锋活动中去。

宣传雷锋精神，需要对学雷锋典型进行表奖。在对学雷锋的宣传过程中，要以精神奖励为主，例如在全国范围内举行的道德模范评选活动，得到国人的普遍认同，激励了人们的奉献意识。精神奖励有授予光荣称号、颁发奖状和奖章等。在社会主义建设新时期，精神奖励不仅仅是发个证书，写个事迹报告这样简单，更重要的组织人们学习，扩大学雷锋典型的社会影响力，可以组织宣讲团宣讲，可以通过新闻媒体持续追踪报道，让学习雷锋成为一种荣耀。

除了精神奖励外，可以通过适当的物质奖励和补偿，鼓励学习雷锋的好人好事。虽然人们传统观念认为，既然是奉献，就不要讲求报酬，尤其是物质回报。但是现实中，我们可以发现，很多学雷锋的主人公，在奉献社会中，身患疾病得不到很好救治，助人为乐中造成了家庭生活的拮据，不能让学雷锋的人流血又流泪，必须建立物质补偿机制，对学习雷锋的典型进行鼓励，让广大人民群众看到，只要心系祖国，服务社会，无私奉献，国家不会忘记他，社会不会抛弃他，从而激励其他想学习雷锋而有顾虑的人义无反顾的去学雷锋。

第三节　雷锋精神与社会主义公民道德建设的教育载体

社会主义公民道德建设的过程，是教育和实践相结合的过程。以弘扬雷锋精神活动为教育载体，吸引群众普遍参与，是新形势下加强公民道德建设的重要途径。每个公民既是道德建设过程的参与者，也是道德建设成果的受益者，要坚持把雷锋精神作为公民道德建设教育活动的精神支持，通过全面教育重要实践活动，凝练教育内容、提升教育主体、拓宽教育渠道，强化道德要求，使人们在自觉参与中思想感情得到熏陶，精神生活得到充实，道德境界得到升华。

一、全面教育是公民道德建设的重要实践活动

全面教育是为实现我国社会主义教育目的，以全面提高受教育者整体素质为核心的教育。社会主义公民道德建设必须坚持以人为本，以提高公民综合素质、促进社会和谐发展为目标。因而，全面教育一定要成为公民道德建设的重要实践活动。

（一）全面教育成为公民道德建设重要实践活动的理论根据

马克思主义的人的本质属性理论、人的全面发展理论是全面教育成为公民道德建设实践活动的理论根据。现今，社会生活的多元化、复杂化使全面教育成为全民族综合素质提高、公民道德建设实践活动的内在要求。

1. 人的本质属性决定了全面教育成为公民道德建设实践活动的理论基础。公民道德建设的目标离不开对人的探讨，马克思主义指导我们注重从人的本质角度思考公民道德建设问题，注重对人和人性的探讨，从而改变了传统社会公民道德建设目标的理解。马克思主义指出："人的本质不是单个人所固有的抽象物，在其现实性上，它是一切社会关系的总和。"[①] 人的社会属性是人与周围的事物发生关系时，表现出来的独有的特性。社会是人的社会，人是社会的人，人与社会不可分。人都生活在一定的社会之中，都必然具有社会属性。马克思主义在肯定劳动实践决定人的本质时，特别强调了社会关系的意义，提出了人的本质是一切社会关系的总和的科学论断。人在与周围事物接触的过程中，不仅能认识事物的表面现象，而且能认识事物的内在本质，把握事物的变化规律。由于人类具有意识，能够把握事物的发展规律，所以能够在活动的开始和活动之中，就对活动的结果有一个明确的了解，具有明确的目的。人类的目的意识性和社会关系总和的观点，决定了社会公民道德建设目标社会化。因此，公民道德建设活动要通过对公民的全面教育，形

---

① 《马克思恩格斯选集》第 2 卷，人民出版社 1995 年版，第 60 页。

成社会化道德教育的方法，赋予一切社会关系以道德教育的功能，产生出道德教育的综合社会价值，从而形成社会和谐氛围。

2. 人的全面发展的理论使全面教育成为公民道德建设重要实践活动的理论依据。知识时代的到来，和谐社会的构建，要求人们做一个全面、和谐发展的人，这就是以人为本的科学发展观对公民道德教育的根本要求及现实意义。马克思主义人的全面发展的理论认为，公民道德教育的目的在于人的全面、自由、和谐发展。从各国的公民道德教育的共同趋势来看，“学会做人”、“学会关心”、“学会生活”成为道德教育的主题，以人为本的人文主义色彩日趋浓厚。和谐社会的公民道德建设的目标，是通过以社会实践为基础的全面教育，全面地提升人的政治素质、思想素质、道德素质和心理素质，培养符合党和国家要求的、顺应社会主义市场经济发展的、人格健全的公民。社会主义的公民道德教育，应突出以人为本的基本特征，其核心是促进公民思想道德素质的社会化，实现人的全面发展，从而促进人与自然、人与社会的和谐发展。

3. 全面教育是全民族综合素质提高、公民道德建设实践活动的内在要求。现今，互联网成为现代公民社会生活的重要组成部分。社会道德价值和伦理观念正在由一元转向多元，社会生活变得多元化、复杂化。公民道德素质作为民族综合素质的重要内容，构建和谐社会对此提出了新的要求：需要培养高素质、有民族文化根基的、具有良好道德和精神的公民。通过公民道德建设的强大辐射力和塑造力，使当代中国人滋生出对中华民族的温情与敬意，使中华民族传统文化中的崇尚道德、重视智慧、强调文化修养、注重人文素质培养等精华内容，深刻地影响公民的品德、性格、心理和行为取向。而知识经济与网络时代的到来，提出了公民全面教育现实问题，并且公民面临的社会环境复杂多变。只有提高公民全面学习和更新知识的能力以及自我道德修养的能力，才能达到智商与情商的和谐发展。社会公民道德建设的重点，强调公民的道德主体性的发展，以培养公民的自我道德修养能力为基础，自主养成适应知识经济和网络社会所需要的思想道德素质，进而构建社会主义公民道德建设体系。

（二）全面教育成为公民道德建设重要实践活动的载体

公民道德建设是一个社会系统工程，需要全社会形成共识，合力建设。由于道德规范涉及人的全部行为和关系，它与人的一生相伴随。党的十六大报告提出要形成全民学习、终身学习的学习型社会，促进人的全面发展，这对于促进公民道德建设也同样适应。尤其是当代社会鼓励个性发展，满足个人的成就感，容易使公民个人失去伦理道德规范的约束。社会的公民道德建设的管理是全方位的、多层次的。这就需要建立和完善党政群协调管理与齐抓共管，家庭、学校、单位和社会合力育人的社会系统工程；家庭道德教育要顺应公民成长，学校道德教育要走向社会，单位道德教育要融入社会，社会则应参与公民道德教育，这个样才能对公民进行的道德教育不出现盲区和真空。在家庭、学校、单位和社会中，公民道德教育实践各有侧重。它们之间的关系，虽然“四位一体”，但各有特点。

1. 注重家庭对公民道德教育的影响。家庭是人生的第一所学校，家庭教育贯穿着人的一生，在人生的每一个阶段都发挥着作用；家庭教育是每个人走向社会生活的起点，对每个人的个性、人格、德性都打上了难以磨灭的烙印。

2. 关注学校德育改革与公民道德教育的结合。要从幼儿园到大学，按不同年龄段的接受能力，施以不同的道德教育内容和活动。要从最基本的道德规范要求着眼，有系统地编写相互衔接的公民道德教育教材，科学规划不同年龄段的道德教育实践，体现德育教育的整体性、层次性、动态性、系列性。

3. 单位道德教育实践活动成为公民道德教育重要组成部分。以往我们总是把受教育者限定为在校学生和未成年人，但更重要和更迫切的受教育群体应是各行各业的工作者。他们的行为不仅影响到作为子女的未成年人，而且直接决定了社会道德风尚的好坏。因此，职业道德建设应成为整个社会主义道德建设的突破口。

4. 建立广泛的社会德育网与德育基地。社会教育包括党政各部门、社会各方面对公民进行的道德教育。通过建立各种教育机构，如开办各类市民学校、职工学校、民工学校、农民夜校、家政学校等，对公民进行道德教育。公民道德教育应成为全社会齐抓共管的崇高事业，渗透到公民的社会生活的方方面面，使公民在这种大道德教育环境中遵循基本的道德规范。

（三）全面教育体现先进性和层次性

雷锋精神中既包含着大众的道德要求，又体现着先进的道德价值观。具体表现在雷锋精神的具体内容是具有层次性的，它既有平凡大众的一面，又有伟大先进的一面，既包括现阶段的社会主义道德精神，又渗透了崇高的共产主义道德精神。因此，在全社会范围内大力倡导雷锋精神，使其转变为人们内在的道德规范与行为准则，自觉自愿地加以奉行，即不断实现雷锋精神内化，有利于当前既鼓励先进、又照顾多数，把先进性要求与广泛性要求有机结合起来的多层次关系的实现，在此基础上通过其内在的价值导向性引导人们过有道德的生活，连接并引领着思想道德觉悟程度不同的社会成员接近、达到甚至超越所期望的道德境界，进而推动社会主义公民道德水平的整体提升。

我国正处在社会主义初级阶段，多种所有制经济并存和利益主体的多元化导致社会成员的道德水平不同，道德选择不同，在道德实践和价值追求中也不相同，因此社会主义公民道德建设就呈现出多层次的标准，面对这样一个现实，就要求全面教育在公民道德建设实践活动中，以先进性要求广大党员和干部带头实践共产主义道德，做到自重、自省、自励，保持高尚的道德情操，为人民群众做出表率。用先进性统一规范多样化的社会主体的道德取向。在大力倡导共产主义道德的同时，引导公民在遵守基本行为准则的基础上，不断追求更高的道德目标。把先进性与层次性相结合，是公民道德建设的内在要求。在有中国特色社会主义道德规范体系中，使公民道德观念实现由多样共存趋向先进，由道德失范、失序状态，整合为规范和有序结构。

二、雷锋精神是公民道德建设教育活动的精神支持

雷锋精神从 20 世纪 60 年代影响到今天，从中国传到世界，显示了

强大生命力，成为推动社会进步的一种最有影响的精神力量。雷锋精神的实质和核心是全心全意为人民服务，为了人民的事业无私奉献。他已经成为我们这个时代精神文明的同义语、先进文化的表征。因而，雷锋精神也应当成为公民道德建设教育活动的精神支持。

（一）雷锋精神的实质是公民道德建设教育活动的出发点

全心全意为人民服务，是贯穿在雷锋一生中最突出、最动人、最完美的主旋律，也是雷锋精神的核心内容，它既反映了雷锋坚定的共产主义信念和崇高的共产主义品德和风格，又反映了雷锋无私奉献的人生态度，同时也成为公民道德建设教育活动的出发点。

1. 全心全意为人民服务是贯穿雷锋精神的一条主线。雷锋精神中一心向着社会主义、向着共产主义的坚定政治信念，是雷锋精神实质的政治基础和政治方向。没有远大的理想和坚定的政治信念，没有为国家富强、人民富裕、民族振兴而拼搏奋斗的使命感和献身精神，就不可能做到全心全意为人民服务。雷锋精神中忠于职守、精益求精的敬业精神，是雷锋精神的实质在对待人民事业和本职工作上的具体体现；雷锋精神中刻苦钻研、勇于创新的进取精神，团结友爱、平等互助的合作精神，是雷锋精神的实质在价值追求和人际关系方面的生动写照；雷锋精神中艰苦奋斗、勤俭自强的创业精神，则是雷锋精神的实质在工作作风和精神状态方面的具体体现。为人民服务作为公民道德建设的核心内容具有两个层次的要求：一是对共产党员和领导干部的要求；二是对广大群众的要求。第一层次的要求，就是共产党员和领导干部要坚持党的根本宗旨，牢记历史使命，全心全意为人民服务，为人民利益而无私奉献；第二层次的要求，就是要求广大人民群众在本职岗位，通过不同形式做到为人民服务，体现以爱岗敬业、诚实守信、办事公道、服务群众、奉献社会为主要内容的职业道德要求。雷锋不仅以“干一行、爱一行、专一行、精一行”的职业行为，而且以大公无私、公而忘私、毫不利己、专门利人的光辉实践，模范地体现了为人民服务的双重要求。雷锋为人民服务的精神，既是伟大的、崇高的，又是平凡的、具体的。在社会主义市场经济条件下，每个人只要按照职业道德规范，兢兢业业地把自己的工作做好，就是在为人民服务。

2. 为人民服务是社会主义公民道德建设活动的核心内容。经过中国共产党的长期实践和大力倡导，为人民服务的思想日益深入人心，已经具有广泛的群众基础。改革开放、发展社会主义市场经济的伟大变革，又给为人民服务注入了新的时代内容；同时迫切需要把为人民服务的思想在全社会进一步推广开来，由党的根本宗旨扩展为公民道德建设的要求。中共中央颁发的《公民道德建设实施纲要》指出："为人民服务作为公民道德建设的核心，是社会主义道德区别和优越于其他社会形态道德的显著标志。"[①] 公民道德建设的主要内容，包括集体主义原则、"五爱"基本要求、社会公德、职业道德、家庭美德、社会主义的人际关系等，体现着个人与国家、个人与社会、个人与集体、个人与职业、个人与家庭等方面的辩证关系。归根到底，贯穿着为人民服务的要求。把为人民服务确立为公民道德建设的核心内容，是发展社会主义市场经济的必然要求，是建设中国特色社会主义文化的必然要求，也是广大人民群众的共同愿望。

在新的形势下，必须继续倡导为人民服务的道德观，把为人民服务的思想贯穿于各种具体的道德规范之中。明确雷锋精神的实质，有助于把弘扬雷锋精神的实质和倡导为人民服务的道德观有机结合起来，努力提高公民道德素质，促进人的全面发展，体现着中国共产党的宗旨和公民道德建设的核心，具有重要的现实意义。

（二）雷锋精神是推动公民道德教育活动的巨大精神力量

雷锋本人所体现的精神由于是一个特定历史时期的时代精神的体现，即打下了那个时代的深深烙印，随着我国社会主义现代化建设事业的发展，雷锋精神的内涵和表现形式也得到了不断地丰富和更新，因此，雷锋精神是公民道德建设教育活动内容的精神力量，同时也具有超越时代的恒久的精神特质，具有强大的生命力。

1. 雷锋精神充分体现了中国共产党的优良传统，适应改革开放的

---

① 《公民道德建设实施纲要》，《人民日报》2001 年 10 月 24 日。

历史潮流。雷锋精神的生命力就在于，它通过一个又一个具有时代特征的先进典型得到丰富和延伸，它是新时期进行社会主义思想道德建设的重要基础，是新时期公民道德建设必须坚持的社会主义先进文化的方向，体现了共产主义思想与社会主义实践的统一，共产党人的人生观、价值观与中华民族传统美德的统一。新形势下出现的“学雷锋奉献日”、“学雷锋义务劳动”、“岗位学雷锋”，一直到“希望工程”、“扶贫工程”、“青年志愿者行动”等，是雷锋精神的生动体现，并丰富雷锋精神的内涵。雷锋精神依然是激励我们奋发前进的精神财富。雷锋精神和开展学雷锋活动同实现中国特色社会主义的共同理想是一致的，同建设社会主义精神文明的要求也是一致的。

2. 雷锋精神反映了广大人民群众对社会道德的期盼和要求，它不仅没有超越新时期的社会现实，而且是推动党风和社会风气进步的巨大精神力量。雷锋精神之所以能在我国社会产生长期广泛而深刻的影响，一个重要原因就在于它有深厚的群众基础。这就使得雷锋成为全社会的学习榜样，雷锋精神能在全社会得以提倡和弘扬。一切先进思想的延续都离不开后人的继承和创造。雷锋精神发展到今天，已经不仅仅是雷锋个人思想行为的反映，而是汇聚了党和人民在社会主义思想道德建设上的成果，凝结了无数为人民无私奉献的先进典型的创造性实践。雷锋精神的这一特点，既体现了各种先进的思想道德所共有的包容性和吸纳性，更是新时期思想道德本质特征的反映。向一切进步的实践开放和向一切先进的事物学习，从日益发展的社会实践中吸取营养，通过后人的创造不断得以丰富和延伸，是新时期思想道德保持自身旺盛生命力的必备条件。雷锋精神哺育了先进典型，先进典型又为雷锋精神增添了时代光彩。在改革开放背景下，工人、农民、解放军战士、知识分子和领导干部中出现的感人至深的典型人物，既把雷锋精神形象化、具体化，又充分显示了雷锋精神的时代价值，雷锋精神作为社会主义道德原则的体现，有其相应的基本内涵，影响力和生命力又是在社会实践中不断丰富和扩展。

（三）雷锋精神是形成公民道德建设教育活动的价值坐标

雷锋精神中蕴含着丰富的人生意义，在社会主义公民道德建设教育的活动中，大力弘扬雷锋精神，形成公民道德建设教育活动的价值坐标，必将有力推进和谐社会的建设。

1. 雷锋一直坚守着毫不利己专门利人的价值观念。从根本上讲是一种对人生意义和价值的理解和判断，一个社会如果总是以功利价值评价人和事，很难把一个民族引向高尚。弘扬雷锋精神凸显道义价值，并且以有限化作无限，而让普通人认识到自己善行的意义和价值。雷锋精神启示我们正确把握自己的权力，如何处理好自我选择与社会选择，追求自我价值实现和满足社会需要的关系。今天是一个彰显个性和强调自主权力的时代，这是社会的进步，但一味过度强调自我，忘却了人是社会的，结果总是与社会发生冲突。诚然，雷锋所处的那个时代和社会结构与今天大不相同，但其精神中包含的思想方法和价值观念并未过时。简而言之，不同时代有与这个时代相适应的主旋律，甚至有不同的话语系统，但根本内容和透射出的精神光芒却是相通的，甚至一致的。雷锋服务人民、助人为乐的奉献精神，干一行爱一行、专一行精一行的敬业精神，锐意进取、自强不息的创新精神，艰苦奋斗、勤俭节约的创业精神，都不会因时代的变化而变化。

2. 雷锋精神充分反映着责任意识和担当精神。雷锋精神的时代意义，还深刻反映在引导我们努力方向，即具体而扎实的道德实践，同时告诉每个普通人，只要努力都可以成为美好社会的建设者，并且不可缺少，不可替代。雷锋精神告诉我们，担负起属于我们的责任，进而化作行动，就要以积极的心态对社会作出判断。现今，由于客观存在与主观原因，有人过多过重的把视角对向社会中的阴暗和腐朽，久而久之丧失信心，影响了观念和价值判断。雷锋精神启示我们，要真正担负起属于自己的社会责任，很重要的是把自己摆进去。从社会道德建设的现实情况看，我们不是不知道何为真善美，而是缺少身体力行。雷锋精神的可贵在于，他实践了民族传统文化所要求的，同时践行了党对每个成员全心全意为人民服务的宗旨。雷锋精神启示我们，要真正实践属于我们自己的社会责任，很重要的是对自己每一努力效果的信任。的确，相对于这么大的世界，我们单个人的力量都是有限的，我们不能改变世界，但如果我们每个人都身体力行，一种集合起来的改变一切的力量就会形成。因此，雷锋精神是形成公民道德建设教育活动的价值坐标。

三、在雷锋精神指导下凝练教育内容、提升教育主体、拓宽教育渠道

弘扬雷锋精神，正是贯彻落实《公民道德建设实施纲要》（以下简称《纲要》）的重要举措和必然要求。雷锋精神源于时代，但它的意义和影响远远超越了时代，并被历史定格为代表社会主义道德价值取向的一面旗帜。我们要深刻认识学习雷锋的现实意义，在雷锋精神指导下凝练教育内容、提升教育主体、拓宽教育渠道，加强公民道德建设。

（一）凝练教育内容

雷锋精神的内涵是深刻的、丰富的，既体现了中华民族的传统美德和伟大的民族精神，又体现了共产党人的特殊品格和党的根本宗旨，其丰富的内涵和公民道德建设的主要内容是相关联、相一致的。由于雷锋精神具有广泛的群众基础，对广大人民群众有着巨大的亲和力和鲜明的示范性。因此，在雷锋精神指导下，凝练公民道德建设教育的主要内容，加以学习和宣传，就能使人们从雷锋的感人事迹和优秀品质中受到鼓舞、汲取力量，生动、具体地把握公民道德建设的主要内容，努力做中华民族传统美德的继承者、社会主义道德的实践者、新型人际关系的倡导者。凝练教育内容的过程中，需要遵循以下原则：

1. 凝练公民道德教育内容需要体现现实性和普遍性相结合。传统道德建设模式脱离实际，把道德目标定得很高，且不注重道德规范的具体性和可操作性。现在的道德教育需要从实际出发，进行的基础性社会公德教育，从而体现着道德教育的普遍意义。随着经济社会发展，我国社会经济成分、组织方式、分配方式和利益关系日趋多样化，人们思想活动的独立性、选择性、多变性、差异性不断增强，社会思想观念和价值取向复杂多样，主流与非主流并存，先进与落后交织。社会思潮越是

纷繁复杂，越需要弘扬主旋律，越需要用普遍通用的主流指导思想引领多样化的社会思潮。

2. 凝练公民道德教育内容需要体现先进性与传统性相结合。当代中国的道德建设有两个不可回避的思想源流：一是中华民族数千年传统文化的精华；二是近代以来，在民主革命和社会主义革命的过程中形成的近现代优秀革命道德传统。现今，应当把传统文化精华必须进行“现代转化”，必须从社会主义市场经济出现的新问题出发，对传统文化精华进行“时代拓展”，从而为公民道德建设提供更丰富的民族传统资源。党的十七大报告中指出：“中华文化是中华民族生生不息、团结奋进的不竭动力。要全面认识祖国传统文化，取其精华，去其糟粕，使之与当代社会相适应、与现代文明相协调，保持民族性，体现时代性。加强中华优秀文化传统教育，运用现代科技手段开发利用民族文化深厚资源。”[①] 这个判断对于市场经济体制和社会主义精神文明建设下的公民道德建设具有重要的指导意义。因此，在凝练公民道德建设内容时，应该对中国传统道德中具有永久性和普遍性价值的内容进行深刻的反思，批判地继承中国传统道德的合理内容与方法，在马克思主义理论的指导下，根据现实需要，赋予其时代的内涵，这对于我们当前提高公民道德素质，加强公民道德建设有重大的现实意义。

3. 凝练公民道德教育内容体现道德教育内容与法制教育内容相结合。公民除了做有理想、有文化、有道德、有纪律的四有公民外，更重要的是做一名有用的社会公民。对社会有用的公民必须是遵纪守法、拥护社会主义制度、恪守职业道德、家庭美德与社会公德的人，因此公民道德教育必须在社会主义价值核心体系的指引下，以社会主义法律要求为公民的基本道德标准要求，以《纲要》内容要求为任务目标，对公民实施有步骤、有计划的教育，结合中国传统的优秀文化，放眼于世

---

① 胡锦涛：《高举中国特色社会主义伟大旗帜，为夺取全面建设小康社会新胜利而奋斗——在中国共产党第十七次全国代表大会上的报告》，人民出版社 2007 年版。

界，凝练适合社会主义发展的公民道德教育内容。

（二）提升教育主体

从公民道德建设的主体思考，公民道德建设的提出明确了道德主体首先是每一个公民，这就使得道德建设的出发点和落脚点比较抽象的社会整体转向较为具体的社会成员个体。从教育的角度看，公民道德教育应以“公民”为主体。公民是现代社会成员的主要身份，进行公民道德建设不能仅仅是把公民看做是道德教育的客体，更要充分发挥公民在道德建设中的主体作用，使公民进行充分的自我教育与思考。从过去的公民道德教育成果来看，“理论灌输”在一段时间内发挥过巨大的作用，也使得公民道德教育取得了阶段性的成果。但是随着公民意识的觉醒，现代传播媒介的发展，多元化文化的影响，在教育过程中只把公民看作教育的客体对象，只是进行简单的理论“灌输”已经显得力不从心，而且也会使公民产生逆反心理。

1. 公民道德贵在自觉。公民作为主体，在道德意识、道德行为方面，自觉地按照社会道德要求所进行的自我提升、自我教育、自我锻炼、自我改造和自我完善。现实社会中总是存在着两种或多种对立道德体系或观念的冲突和斗争，这些冲突和斗争必然会反映到人们的内心世界。道德的实质，就是在这些善恶观念的冲突中，在自己的头脑中进行不同道德观念之间的选择。道德修养有助于正确解决社会道德要求与个人选择能力和践行能力之间的矛盾，解决自己内在思想品质中新旧道德因素之间的矛盾，培养高尚的道德品质和道德情操，适应社会进步和个人完善的需要。

2. 高度的自觉性是公民道德的一个内在要求和重要特征。公民要努力来提高道德修养的自觉性：首先，应有进行道德修养的强烈动机，这样才能满腔热情地、自觉自愿地去思考、去体验，从而提升道德修养的境界；其次，应积极主动地进行自我教育、自我启发、自我激励，坚忍不拔、脚踏实地、持之以恒地进行道德修养；最后，应正确地认识和评价自己，发扬成绩，克服不足。

（三）拓宽教育渠道

社会主义公民道德教育在教育渠道上，以“道德灌输”为承载的理性化教育形式在塑造公民道德人格中有不可忽视的作用。但公民社会个体与心性价值世界是多样性的，而且是繁杂的，因此理性化教育又有一定的局限性，这时情感化教育恰恰可以弥补理性化教育形式的缺陷，对公民意识的提升与公民人格的塑造具有重要意义。因此，我国公民道德教育需在理性化教育与情感化教育之间形成适当张力，拓宽公民道德教育的渠道。

1. 拓展隐性教育渠道。人生来就具有一种内在的自我实现趋向，只要提供良好的教育条件，人的自我实现的趋向就会获得发展。心理学家认为：人可以通过某种庄严的仪式来逐步确认自己的信仰和内心价值。公民道德教育形式应注重仪式、民主参与及活动的潜移默化作用。例如学校里的升旗仪式、医科学生的宣誓仪式等都涵盖了隐性教育。隐形教育的成功实施除了借助于仪式使公民产生内省以外，民主参与活动的作用也可以使公民产生良好的自我教育与反省。

2. 家庭、学校与社会需要形成合力。《公民道德建设实施纲要》明晰了社会对于公民道德教育的权责，促进公民道德建设从家庭到社会的逐一实现。家庭、学校和社会在公民道德教育方面承担的作用各不相同，各有侧重。家庭是社会组成的基本单元，从接受道德教育的时间与空间上看，家庭道德教育占据着重要地位。《纲要》指出：“学校是进行系统道德教育的重要阵地。各级各类学校必须认真贯彻党的教育方针，全面推进素质教育，把教书与育人紧密结合起来。要科学规划不同年龄学生及各学习阶段道德教育的具体内容，坚持贯彻学生日常行为规范，加强校纪校风建设。要发挥教师为人师表的作用，把道德教育渗透到学校教育的各个环节。要组织学生参加适当的生产劳动和社会实践，帮助他们认识社会、了解国情，增强社会责任感。”[①] 通过纲要的叙述，突出了学校在公民德育方面的重要地位与作用，强调了把教书与育人紧

---

① 《公民道德建设实施纲要》，《人民日报》2001 年 10 月 24 日。

密结合的重要性。在内容与方法上为学校实施公民道德教育指明了方向与目标。《纲要》同时指出："党政各部门、社会各方面以及城市社区、农村基层组织在公民道德教育中，有着义不容辞的责任。要结合各自的工作职能，运用多种形式和手段，大力宣传基本道德知识、道德规范和必要礼仪，使用群众喜闻乐见的方式使之家喻户晓。要积极开发优秀民族道德教育资源，利用各种爱国主义教育基地，进行历史和革命传统教育。要不断充实富有时代特色的道德教育内容，推广群众易于接受的多种教育方式。各类在职院校、技能学校以及为民工和农民提供服务的学校、夜校等都需要通过编写和使用通俗易懂的简明教材，对公民进行适当的道德教育。"但是，就实现公民道德建设的目标而却又是互相促进、互为关系的密不可分的统一整体。因此，拓宽公民道德教育渠道，必须把家庭道德、学校教育和社会熏陶紧密结合起来，互相配合，形成合力，逐步促进公民道德教育的深化。

第四节　雷锋精神与社会主义公民道德建设的活动保障

党的十八大报告提出要全面提高公民道德素质，深化群众性精神文明创建活动，广泛开展志愿服务，推动学雷锋活动、学习宣传道德模范常态化。党的十八大对于提高社会主义公民道德建设提出了具体要求。公民的道德水平是一个社会文明程度高低的重要标志。与快速发展的物质生活相比，我国公民文化生活质量的提升相对滞后，道德领域存在的种种问题更成为人民群众最为不满的主要社会现象之一。在社会发展的新时期新阶段，公民道德建设能否取得成效，直接影响着构建社会主义和谐社会的历史进程。为此，必须紧密联系我国政治、经济、社会和文化发展的新情况、新形势，从弘扬雷锋精神入手，不断创新公民道德建设活动的形式、内容，提高公民道德建设的有效性。

一、丰富多彩的活动是凝聚公民道德建设的依靠力量

人类的发展总是通过人的社会关系来展开的，而人的社会关系的展开又总是通过人类自己进行的各项活动来开辟道路的。因此人类最终只能通过自己的活动来实现自己的发展。道德目的是通过人们的行为活动来实现的，没有人们进行的道德活动，道德就变成空谈了。全部社会生活在本质上是实践的，实践活动是人的生命活动存在的方式。实践活动是“产生生命的生活”[①]。人类社会实践活动特别是物质生产实践对公民道德具有决定作用，社会实践活动作用的范围决定了公民道德适用的程度；社会实践所表现出来的利益决定着公民道德的基本内容；社会实践的发展变化必然引起公民道德的发展变化。公民道德发展的动力或生命之源在于贴近生活，面向社会道德生活的实际，在现实的应用和公民道德建设中建功立业。如果有很多群体较长实践从事相类似的道德实践，就会形成一定的道德风尚。在实践的意义上道德行为的终极目的常常就是行为的正当性本身，社会道德的本质内容需要道德活动的实施才能体现出来。群众性精神文明创建活动是公民道德建设中的内容具体化的表现，我们要鼓励开展群众性精神文明创建活动，进而推进社会主义精神文明建设。

改革开放以来，随着市场经济的发展，社会出现了一些值得人们深思的问题，如怎样扶持弱势群体、怎样帮助困难职工、怎样使贫困的孩子走进学校、怎样使见义勇为者受到社会的广泛支持等等。解决这些问题，除了采取必要的政府行为外，很重要的一点就是开展形式多样的活动，吸引千百万人共同参与，使人们在参与中思考这些问题，在参与中提高道德觉悟，从而达到互相帮助、团结友爱、共同前进的目的，形成与社会发展、时代进步相一致的道德风尚。正是通过活动，社会道德才能改变人与人的关系，改变社会以及社会与自然的关系。群众是道德建设的主体，既是参与者，也是受益者，要将道德要求转化为个人的内在

---

① 马克思：《1844 年经济学哲学手稿》，人民出版社 2000 年版，第 57 页。

品质、落实到行动上，在各项创建活动中突出思想内涵，要通过从各种形式的实践活动，强化道德要求，不断增强公民的责任感，不断升华道德境界。同时，还应该看到，开展形式多样的实践活动，是公民道德水平提高、解决群众关注的热点、难点问题的体现。开展形式多样的道德实践活动，实际上是时代的呼唤，是同心同德建设中国特色社会主义的需要，反映了老百姓的心声。马克思主义认为，人民群众是历史的创造者和实践的主体，所以加强公民道德建设必须坚持不懈地发动群众广泛参与，提高公民道德建设活动的实效性。离开人民群众的参与，公民道德建设活动就成了无源之水、无本之木。人类伦理思想的发展史告诉我们，任何时候当社会道德面向现实，关心并积极参与社会的公民道德建设，它就能够得到发展。群众性精神文明创建活动反映着道德实践，推动着道德进步，推动着社会主义精神文明建设的稳步前进。只要我们在开展形式多样的实践活动中着眼于提高人的道德素质，增加思想内涵，注重发挥广大群众的积极性和创造性，把群众受教育和得实惠结合起来，群众就会行动起来，投身于实践活动当中，自我教育，自我提高，发挥好道德建设主力军的作用。要坚持不懈地开展道德实践活动，把群众组织起来，团结起来，把他们的积极性引导好、保护好、发挥好，把好事办实，实事办好，就会形成千军万马共建社会主义道德大厦，人人自觉落实道德规范的局面。开展丰富多彩的公民道德创建活动，可以提高人民群众的思想道德素质和教育科学文化素质，促进人的全面发展。

二、雷锋精神是开展公民道德建设活动的精神支持

为适应时代发展、顺应群众期待，巩固共同的思想道德基础，对推进公民道德建设提出新的要求，中共中央办公厅印发《关于深入开展学雷锋活动的意见》突出强调深入开展学雷锋活动，采取措施推动学习活动常态化。雷锋精神与公民道德建设在内涵和实质是一致的。因此，雷锋精神是引领全社会思想道德追求的精神灯塔，现阶段加强对雷锋精神的学习与宣传，开展学雷锋活动，能够为开展公民道德建设活动提供强大的精神支持。

（一）开展学雷锋活动，倡导全心全意为人民服务精神

雷锋曾说过："如果你是一滴水，你是否滋润了一寸土地？如果你是一线阳光，你是否照亮了一分黑暗？如果你是一颗粮食，你是否哺育了有用的生命？如果你是一颗最小的螺丝钉，你是否永远坚守在你生活的岗位上？在生活的仓库里，我们不应该只是个无穷尽的支付者。"① 雷锋是大公无私的，他总是尽力做事而不求回报，全心全意地为人民服务。在发展市场经济的新形势下，人们呼唤传统美德，呼唤雷锋精神。人民都希望通过自己真心实意做好事，让人们看到，传统美德没有丢掉，雷锋精神仍在发扬。一个人做好事没什么了不起，带动更多的人学雷锋，通过言传身教，使雷锋精神传递下去，得到更多人的响应，才能使社会风气好转。

在全面建设小康社会的今天，人们的文明素质、道德水准有了普遍提高，但一些消极的价值观念也在侵蚀着人们的思想。因此，我们要以向雷锋学习的活动为载体，积极倡导"全心全意为人民服务"的思想和"毫不利己，专门利人"良好道德风尚，形成和谐融洽的良好人际关系，促进人与人之间的相互帮助、相互理解、相互信任、相互尊重。江泽民指出社会主义道德建设最重要的是要抓住为人民服务这个核心，在全社会坚持倡导为人民服务的精神。在社会主义市场经济条件下，为人民服务无论是作为党的根本宗旨还是作为道德准则要求，都遇到了许多新情况、新问题、新挑战和新考验。这也为我们在新的国际、国内背景下，践行为人民服务的精神提出了新的要求：面对经济全球化、科技创新一体化、各民族文化交融激荡的新世纪，为人民服务作为一种先进的道德观念，必须具有鲜明的时代特征才能永远不会过时。在各个不同的社会历史时期为人民服服务要反映出不同的时代内容和要求，这样进行公民道德建设活动时才有生命力、说服力、创新力。在今天的道德建设活动中要坚持的为人民服务要和市场经济体系相适应，在进行公民道德建设活动时要体现国家和民族的品格，要把为人民服务作为团结人

---

① 《雷锋日记》，吉林文史出版社出版 2008 年版，第 3 页。

民、推动社会和谐发展的重要力量。为人民服务是社会主义道德的核心，也是雷锋精神的实质和核心。社会主义道德是传统美德在新的时代条件下的传承和升华，是社会建设的精神动力。学习弘扬雷锋精神、开展学雷锋活动将有力推进中国公民社会的建设。

（二）开展学雷锋活动，弘扬集体主义精神

"每个人都与国家命运一体，你怎么样，国家就怎么样。国家好，民族好，大家才会好。"习近平总书记参观《复兴之路》展览时这样说道：每个人都是国家的一分子，都是国家的主人翁。正所谓"国家兴亡，匹夫有责"，每个人都应该为国家的发展出谋划策、尽心尽力，做出自己应有的贡献。我们所讲的奉献和牺牲，不是离开某个具体岗位和每个人的具体责任的奉献和牺牲。一个人对国家和社会的贡献大小，主要看在多大程度上，多大范围内履行了自己的职责，尽到了自己的责任，因为这样就是维护了集体的利益。雷锋这位年仅 22 岁的普通一兵，正是把个人理想与奋斗融入广大人民的共同理想与奋斗之中的楷模。雷锋的一切思想和行为，无不贯串着集体主义这条红线，无不渗透着集体主义的精神，无不表现了高度为人民服务的自觉性和组织纪律观念。他一心向着党，一心向着社会主义，一心向着集体，一心向着他人，毫无自私自利之心，最后把自己的青春、热血和整个生命都交给了党和人民的事业。雷锋认为，个人和集体的关系，正像细胞和人的整个身体的关系一样，当人的身体受到损害的时候，身上的细胞就不可避免地也要受到损害。深入开展学雷锋活动，大力弘扬雷锋精神，要把集体主义精神渗入社会生产和生活的各个层面，对全社会的每个成员来说干好本职工作是对国家、民族、集体尽到最基本、最主要的责任；干好本职工作，尽到岗位责任，是今天每个人对社会主义事业的最大贡献。

（三）开展学雷锋活动，弘扬"五爱"精神

《纲要》中指出："爱祖国、爱人民、爱劳动、爱科学、爱社会主义作为公民道德建设的基本要求，是每个公民都应当承担的法律义务和道德责任。"《中华人民共和国宪法》规定，"国家提倡爱祖国、爱人民、爱劳动、爱科学、爱社会主义的公德。"爱祖国是中华民族自古以来就奉行不渝的崇高美德；爱人民是社会主义道德的核心；爱劳动是社会主义道德的重要特征之一；爱科学是社会主义道德的基本要求之一，是社会文明进步的体现；爱社会主义不仅是政治上和法律上的要求，而且也是最基本的道德要求。“五爱”是中国公民道德建设的基本要求，也是雷锋精神的基本内容和要素。爱祖国是每个公民都必须具有的最基本的道德，爱国主义是每一个中国人成就伟大人格的根本所在，是中华民族生生不息的动力源泉。雷锋热爱祖国，“爱护国家的财产……要比爱护自己的生命为重。”“人的生命是有限的，可是，为人民服务是无限的，我要把有限的生命，投入到无限的为人民服务之中去。”雷锋作为一名革命军人，为党和集体的利益不惜牺牲自己的利益，是他高贵而又朴素的思想。这意味着在时间上延续了个体生命，把有限的生命投入到无限的为人民服务中去就意味着在时空上扩展了个体生命及其价值。雷锋是爱别人、爱生活、爱工作、爱自己的典范，而互助互爱是人类最古老、最美好的情感和精神。雷锋同志的一生，干一行爱一行，干一行钻一行，并且行行都是红旗手，行行都当标兵。他用真挚的情感和具体的行动模范践行了“爱祖国、爱人民、爱劳动、爱科学、爱社会主义”这一中国公民基本道德规范。弘扬雷锋精神，激发公民中间蕴藏的道德热情，焕发公民参与道德建设的积极性，引导公民自觉传承中华传统美德、践行社会主义道德规范。

三、在雷锋精神指导下丰富活动形式、创新活动内容、提升活动效益

道德意识及道德观念包含着普遍性，“从共时之维看，一定历史时期的共同体中，通常存在着对该共同体的成员具有普遍制约作用的道德意识和道德观念；就历时性之维而言，某些道德意识和道德观念往往在不同的或较长的历史时期产生其影响和作用，而不限于某一特定的历史阶段。”① 雷锋精神历经几十年风雨沧桑，始终焕发着绚丽的光彩，为

① 杨国荣：《伦理与存在：道德哲学研究》，上海人民出版社 2002 年版，第 35 页。

人们称颂、为人们敬仰。在加强道德建设、培育良好风尚的社会期许中，雷锋的名字再次成为时代的呼唤。新时期为提高公民道德建设活动的有效性，就要以雷锋精神为指导，要广泛搭建平台，创新发展弘扬雷锋精神活动形式、创新活动内容和提升活动效益。

（一）在雷锋精神指导下，创新公民道德建设活动的形式

雷锋已离开我们几十年，但他的名字光辉闪亮，妇孺皆知，雷锋精神影响带动了几代人，至今仍然是人们学习的楷模。胡锦涛同志曾强调：“雷锋精神对于我们这个民族和社会，过去具有、现在仍然具有重大价值和时代意义。”雷锋精神在现代社会仍然具有强大地生命力和持久的影响力。近半个世纪以来，全国各地兴起了持久不衰的学雷锋活动热潮，雷锋精神具有如此巨大的感染力、号召力、影响力和生命力，是因为它以平凡而伟大的人文光辉彰显出我们社会最可宝贵的道德力量，生动展示了人们对美德的追求和向往。雷锋作为新中国培育起来的首批共产主义思想道德典范，是影响力最为深远的楷模。先进典型是我加强公民道德建设的重要资源，其根本原因在于他们所具备的精神、情操，他们所追求的人生目标，他们的感人事迹，与我们今天大力倡导的公民道德建设核心、要求和具体规范是一致的，与我们开展道德实践活动所要达到的目的是一致的，同广大群众的愿望和社会的呼唤是一致的。用先进典型的事迹、精神和思想教育群众，让人们仿效、学习，要比一般的讲道理更具生动性、直观性、鲜明性，更具说服力、感染力、号召力。孔子说：“君子耻其言而过其行。”孔子反对言过其实的行为，非常注重人们的实际行动，认为行为是评价人的最可靠的对象。在公民道德实践中，各级党组织要注意发现和总结先进典型，采取多种形式宣传先进典型的感人事迹和高尚品质，使广大群众学有榜样，赶有目标，从中汲取力量，受到鼓舞，自觉地去实践公民道德规范。各种道德实践活动源于基层、扎根群众，反映了人民群众对美好生活的向往和追求，有着强大的生命力。要因势利导，发挥基层组织和群众团体的骨干作用、先进典型和先进单位的带动作用、广大群众的主体作用，坚持从具体事情做起、从群众最关心的事情抓起，使道德实践活动与各项业务工作紧

密结合，贴近基层、贴近群众、贴近生活，防止和克服形式主义，促进公民道德建设稳步向前发展。

新中国成立以来，特别是改革开放和社会主义现代化建设的征途中，各条战线、各行各业涌现出了一大批先进典型，他们是实践社会主义道德的榜样。郭明义说过人们应“知行合一”地参与道德实践，他自己就是这样一点点、一天天地做，他说：“只要每个人都在做，我们的精神家园、我们的社会无疑会越来越幸福美好。”开展向先进典型学习的活动，树立一批能体现雷锋精神的先进典型，对他们关心爱护，大胆使用，发挥示范作用。这对于克服金钱至上、腐化堕落等社会丑恶现象，推进社会主义精神文明和公民道德建设，都具有深远的实践价值。

（二）在雷锋精神指导下，创新公民道德建设活动的内容

按照中央的部署，学雷锋活动的总体要求是着眼于推进社会公德、职业道德、家庭美德、个人品德建设，着眼于提升公民思想道德素质和社会文明程度，以传承和弘扬雷锋精神为主题，以青少年为重点，以社会志愿服务为载体，广泛开展学雷锋实践活动和社会志愿服务活动，广泛普及爱国、敬业、诚信、友善基本道德规范，推动学雷锋活动常态化、机制化，形成践行雷锋精神、争当先进模范的生动局面，形成我为人人、人人为我的良好氛围。

随着社会的变迁，虽然传统学雷锋的标准已经发生了很大变化，但雷锋精神没有过时，人性共同的光辉，是人性中永恒的东西。在创新公民道德建设活动内容时，我们要进一步弘扬雷锋精神，推进学雷锋活动的深入开展，加强公民道德建设，形成良好的社会文明风尚；进一步拓展学雷锋志愿服务平台，开辟更为广阔的关爱他人、关爱社会、关爱自然的渠道；进一步壮大志愿者队伍，造就更多的雷锋精神传人，使“奉献他人，提升自己”的志愿服务道德实践活动更加深入人心。目前我国的志愿者发展虽然取得了一定进展，但总量上还很不足，提供的社会服务方式还比较单一等问题。在深入贯彻落实科学发展观、建设和谐社会的思想指导下，我们应推动各种模式的志愿组织渗透到社会的各个层面，让志愿服务的功能趋向多样化。我们可以通过志愿者活动，引导

大学生像雷锋那样把奋斗目标与祖国的根本利益统一起来。大学生去做志愿服务的优势明显，他们有时间、有激情，但其社会阅历不足，财力不足，持久性不足。所以应借鉴历史上学雷锋活动的社会广泛性，号召全体公民参加。通过学校的倡导和支持，大学生志愿团体机构的组织运作，大学生参与志愿者组织的招募和管理，同时让各行各业的“活雷锋”都来参与志愿活动。

雷锋身上凝结着许多中华民族特有的传统美德和优秀品质。充分利用纪念日对人们进行道德教育，对净化人们的灵魂，促使人们见贤思齐、修养自身都有着明显作用。毛泽东同志在 1963 年 3 月 5 日亲笔题词：“向雷锋同志学习”。掀起全国人民特别是青少年向雷锋学习的热潮。此后，每年三月五日便成了全民学雷锋的日子。在 3 月 5 日，全国上下举行形式多样、生动活泼、特色鲜明的学雷锋活动，促使人们在参加节日庆典活动中，提升精神境界，增强对祖国、对人民、对生活的热爱，增进人际交流和感情交流，弘扬社会主义伦理意识，这对于搞好道德实践，提高公民道德素质有着重要的现实意义。除此之外，还可以通过开展雷锋精神学习教育活动，例如开展形式多样的社会宣传活动，举办公民道德论坛、道德建设网上谈、道德宣传日等活动，编辑出版雷锋精神的图书，制作播出雷锋事迹专题片，广泛运用展览展示、座谈报告、征文演讲等方式；通过形式多样的学雷锋实践活动，例如精心打造有特色有影响的学雷锋活动平台和品牌，在企业、社区、农村、军营、服务行业、窗口单位和公共场所广泛开展学雷锋活动，拓展学雷锋活动的覆盖面，把学雷锋活动延伸到基层单位，拓展到非公有制经济组织和社会组织，深入、覆盖各种群体。

（三）在雷锋精神指导下，提升公民道德建设活动的效果

1. 将雷锋精神贯穿于公民道德建设活动的全过程。要紧紧围绕社会主义公民道德建设的基本内容，充分运用各种手段，把雷锋精神贯穿于公民道德建设活动的全过程，贯穿于精神文明建设各个方面。把学雷锋活动与群众性精神文明活动紧密结合起来，深化拓展精神文明创建活动内涵，做到思想道德建设与文明创建活动的有机统一。以文明创建带

动道德建设，以道德建设提升文明创建内涵。未成年人是祖国的未来和希望，教育是第一首要，道德教育是教育的根本。要围绕加强和改进未成年人思想道德建设，将道德建设有关要求纳入国民教育整体规划，渗透于家庭教育、学校教育、社会教育各个层面。大力倡导德育为先的育人理念。全面推进素质教育，把教书与育人紧密结合起来，以培育“向雷锋一样有道德的人”为目标，深入开展未成年人道德实践活动，进一步推进未成年人的道德养成。在切实开展学雷锋活动，推进公民道德和公民社会建设过程中，还要防止一些不良倾向。防止“贴标签”的倾向。把社会上的各种好人好事，都贴上雷锋精神的标签。这些标签客观上扭曲了雷锋的形象，淡化了人们学雷锋的信念，如形式主义。如果学雷锋活动更多的像是在搞运动完成任务，喊几句口号做做宣传，社会公众会对学雷锋活动产生厌恶、怀疑和逆反心理。注意“只说不做”的空洞行为。学习雷锋精神不能只是号召，不做具体工作。要以学雷锋活动为契机，促进公民道德建设，提升公民道德建设活动的效果。

2. 将雷锋精神融入公民道德建设活动的各个方面。正确的道德理念，只有被群众理解、接受和掌握，并转化为社会群体意识，才能为人们所自觉遵守和奉行。要把雷锋精神融入公民道德建设活动的各类宣传教育中。通过文明礼仪宣传教育、形势政策教育等多种形式，引导公民树立确立正确的世界观、人生观、价值观，确立中国特色社会主义的共同理想和坚定的信念，为构建和谐社会打牢共同思想基础；要把雷锋精神融入道德建设各项文化服务活动中。借助高科技发展的优势，充分利用大众传媒、文学艺术和大型赛事在公民道德建设方面的宣传力度和影响力，生动形象地予以表现新时代的雷锋。同时要充分利用网络资源进行道德宣传，加强网上监管，以文字、图像、公益广告等群众喜闻乐见的形式发挥其在道德建设中的特殊功效。要把雷锋精神融入为民办实事过程中。注意发现解决群众最关注、与群众切身利益联系最密切的问题，多为群众办好事办实事，使群众思想问题得到化解，根本利益得到满足，思想认识在潜移默化中得到提高。

3. 实现雷锋精神与公民道德建设活动的有机结合。在道德建设过程中，要根据对象的差异性，做到从实际出发，区分层次，循序渐进。就现存的道德现象而言，既存在着一些损人利己、损公肥私的利己主义的消极思想观念，又存在着社会主义社会市场经济条件下的义利共存、公私兼顾的道德观念，还存在着大公无私、一心为公的崇高的共产主义道德。这些多样性的思想观念和道德觉悟形成了层次复杂的社会群体。① 因此，要实现雷锋精神与公民道德建设活动的有机结合，把社会主义道德的基本要求落实到具体教育对象时，要注意区分这些社会人群的差别性，体现出道德建设先进性要求和广泛性要求。在鼓励先进的同时，注意照顾多数，既注意发挥先进典型的导向作用，又不强加于、苛求于普通群众，循序渐进，因势利导，使每个人根据自己的情况，沿着道德阶梯，逐步地向上攀登。只有这样，把对先进分子的先进性要求与对不同层次群众的广泛性要求这两个方面相辅相成地结合起来，才能在社会主义思想道德建设中收到更大的实效。在道德建设中坚持实事求是的态度，区别对待，因人而异，根据每个人的年龄、身份、认知能力等各方面情况，区别出不同人的不同道德要求。

4. 努力建立社会主义公民道德建设的活动保障机制。道德建设活动的成效显现具有长期性和反复性。在这过程中，道德建设活动的保障机制是带有根本性、长期性的因素。进一步重视发挥各级党委在道德建设中的组织领导作用，建立和完善在党委统一领导下，党政工团各尽其责、分工协作、依靠广大群众广泛参与的领导体制。各类学雷锋活动的开展，要有整体的规划和协调，并且要持续不断地向前推进。做到道德建设活动长期有规划，近期有目标，短期有重点，逐步健全群众参与、考核评价、表彰激励、组织保障等科学的工作机制。彻底改变“雷锋叔叔没户口，三月里来四月走”的形式主义现象，走创新制度设计，鼓励和支持一切有利于培养人的道德情感、提高人的道德素质、加强公民道德建设和精神文明创建活动的实验和尝试，并将成功的经验以制度

---

① 张利军：《浅谈加强公民道德建设的途径和方法》，《探索与争鸣》2011 年第 8 期。

的形式确定下来，持久地开展下去，形成以制度促建设的长效机制。推动各地区、各部门、各行业和各基层单位在规划经济社会发展、制定管理规章制度时，充分体现道德建设的相关要求，把发展市场经济与关注伦理道德、利益调节与思想引导，物质资助与精神鼓励统一起来，确保社会各种活动有正确的道德维度，使道德守则和公约在实践中得到落实，为保持公民道德建设的长效性提供制度保障。

第六章

践行雷锋精神，全面推进社会主义公民道德建设

2012年是雷锋同志逝世50周年，党中央印发了《关于深入开展学雷锋活动的意见》（以下简称《意见》）。《意见》将当前弘扬雷锋精神总结为热爱党、热爱祖国、热爱社会主义的崇高理想和坚定信念；服务人民、助人为乐的奉献精神；干一行爱一行、专一行精一行的敬业精神；锐意进取、自强不息的创新精神以及艰苦奋斗、勤俭节约的创业精神这五个基本方面。雷锋精神是我国社会主义意识形态的重要内容、是社会主义先进文化的重要组成部分，因而必须从维护意识形态安全的高度予以审视和对待。全社会应积极宣传雷锋事迹、弘扬雷锋精神并以此为重要动力，促进社会主义先进文化大发展大繁荣，全面推进社会主义公民道德建设。

第一节　营造雷锋精神与社会主义道德共建的社会氛围

党的十八大报告指出："推进公民道德建设工程，弘扬真善美、贬斥假恶丑，引导人们自觉履行法定义务、社会责任、家庭责任，营造劳动光荣、创造伟大的社会氛围，培育知荣辱、讲正气、作奉献、促和谐的良好风尚"，强调了社会氛围和社会风尚对公民道德品质的塑造。

一、优化社会环境，营造雷锋精神与社会主义道德共建的和谐氛围

加强公民道德建设，需要良好的社会环境作为保障，优化的政治环境、经济环境、文化环境，能促进公民道德建设的良性发展。为营造雷锋精神与社会主义道德共建的和谐氛围，优化经济环境和政治环境是首要前提。

（一）坚持社会主义初级阶段的基本经济制度，建立公平有序的市场体系，优化经济环境

经济基础决定上层建筑，公有主体还是私有主体的经济制度决定了道德这个上层建筑的优劣。胡锦涛同志在党的十八大报告中谈到了“制度自信”这一新观点新论断，中国特色社会主义制度中包含的基本经济制度不仅能造就公平与和谐，也能使得社会主义道德先进于资本主义和封建主义道德。而一些资本主义国家虽然生产力搞上去了，但由于其道德观是建立在私有制基础上，因而在本质上是劣于社会主义制度的。不克服和改造资本逐利的本性，不消灭人剥削人、尔虞我诈的社会制度，人与人的关系必然处于紧张对立的关系之中，就无法实现[①]人与人的和谐相处。雷锋精神，体现了社会主义、共产主义的思想道德，其产生的现实土壤是社会主义，为此，营造雷锋精神与社会主义道德共建的和谐氛围首先应坚定不移地坚持以公有制为主体，多种所有制共同发展的社会主义初级阶段的基本经济制度。

市场经济秩序是一个国家经济环境发展好坏的重要尺度，是经济资源合理配置、平衡市场主体利益的基本前提，也是规范、约束人们行为的必要氛围。《公民道德建设实施纲要》指出：“通过公民道德建设的不断深化和拓展，逐步形成与发展社会主义市场经济相适应的社会主义道德体系。”这段话表明公民道德建设必须适应和满足社会主义市场经济体系发展的需要，同时也说明良好的经济环境有利于公民道德建设。

① 《公民道德建设实施纲要学习读本》，中共中央党校出版社 2001 年版。

因为，有序的市场体系能保证每个社会成员的公平，有序的经济环境可以促使个人实现道德自觉，遵守市场经济的原则，促使个人实现道德觉悟，认同经济原则中的道德规范，实现个人行为的自觉调节。

（二）坚持马克思主义在意识形态领域的指导地位，建立健全民主法治的政治体制，优化政治环境

道德作为上层建筑，具有鲜明的阶级性。我们所进行的道德建设，是社会主义的道德建设；我们所培养的具有高素质公民，是“有理想，有文化，有道德，有纪律”的社会主义公民。在全社会加强理想信念教育，增强全民族对马克思主义科学理论的信仰、对共产党领导发展中国特色社会主义的信任、对实现中华民族伟大复兴的信心，是社会主义道德建设的基础工程，能够有效地增强公民道德水准。党的十八大报告提出，要“广泛开展理想信念教育，把广大人民团结凝聚在中国特色社会主义伟大旗帜之下”。核心价值观的作用在于最大限度地凝聚全体人民发展中国特色社会主义的政治共识、彰显社会主义制度优越于资本主义制度的重要特征。在当代中国，只有马克思主义指导下的社会主义道德，而不是与其他社会制度相联系的道德，才能够真正教育人民崇尚真、善、美，提高其道德素质。为此，应当坚持马克思主义在我国社会意识形态领域的指导地位。

优化政治环境的基本特征是政治民主、法制健全，政治民主即广大人民享有充分的民主权利，能充分体现个人意志，参政议政和监督行政的渠道通畅。法制健全即拥有完善的法制体系，真正实现了有法可依、有法必依，违法必究、执法必严的社会主义法制原则。在这样的政治环境中，才能出现人民心情舒畅，生动活泼的政治局面；才能构建和谐；才能有利于公民道德的建设。

（三）形成健康向上的社会风气，优化文化环境

优化文化环境形成健康向上的社会风气，营造全民参与讲文明、守秩序的社会氛围能对公民道德建设具有强大影响力和约束力。在讲文明、守秩序的环境里，正气张扬、邪气下降，不良行为会有所收敛。一方面，通过弘扬“正义”，鼓励和保护公民遵守道德规范、行善助人的

积极性，让尊崇道德规范成为“常态”和良好习惯；另一方面，形成敢于向不道德行为斗争的社会风气，注重弘扬“道义”。让见利忘义者、道德败坏者受到社会舆论和家庭、机构等多层面的谴责。这就需要以“社会主义核心价值观”和“公民道德建设实施纲要”等为基础，文化教育等手段多管齐下，发挥文化熏陶，社会舆论引导对文明行为养成具有的潜移默化的作用，用文化特有的力量，净化社会风气。厘清社会公众既模糊又各行其是的道德观念，使得广大公民深明道德的“大义”，持续培育、提高公民道德素养，营造健康的道德建设氛围。促进道德建设的良性循环。

二、强化社会舆论，为雷锋精神与社会主义道德共建引领正确方向

《公民道德建设实施纲要》指出，要充分发挥新闻媒体及文学艺术的舆论引导作用，将中华民族的传统美德、长期革命斗争与建设实践中形成的优良道德传统及世界各国道德建设的有益经验和发展社会主义市场经济的伟大实践结合起来；针对当前道德建设中出现的问题，深刻全面地表达公民的道德要求；以发人深省、生动活泼的新闻宣传形式，在全社会营造公民恪守“爱国守法、明礼诚信、团结友善、勤俭自强、敬业奉献”基本道德规范的良好舆论氛围，积极发挥思想文化阵地在公民道德建设中的作用。

（一）强化社会舆论，发挥对公民道德建设的重要保障作用

良好的舆论氛围是公民道德建设的重要保障。道德的主要特点是以个人的内在自觉性为基础，从而达到对社会规范的认可和个人行为的约束，因此，道德建设重在对公民道德意识的培养。而大众传媒、文学艺术对公民道德意识的培养具有特殊的渗透力和影响力，宣传科学理论、传播先进文化、塑造美好心灵、弘扬社会正气，可以激励人们积极向上，追求真善美；对不道德行为和认识的抨击，可以帮助人们辨别是非，抵制假丑恶。营造良好的舆论氛围，就是要在全社会树立正确的是非观、善恶观、义利观；就是要把遵守道德规范的意识渗透到社会生活

的各个层面；就是要坚决抨击违背社会道德规范的观念和行为。

（二）着眼扩大认知认同，营造大力宣传雷锋精神的舆论氛围

加大对学习践行雷锋精神、加强公民道德建设的宣传报道力度。要着眼扩大认知认同，大力宣传雷锋事迹和雷锋精神，宣传雷锋式的道德模范和先进典型，宣传各地弘扬雷锋精神的生动实践，使雷锋精神走进千家万户、深入人们心灵。

1. 要在挖掘雷锋精神的时代内涵上下功夫。雷锋精神是以雷锋的名字命名的、以雷锋的精神为基本内涵的、在实践中不断丰富和发展着的革命精神，其实质和核心是全心全意为人民服务，为了人民的事业无私奉献，已经成为我们这个时代精神文明的同义语、先进文化的表征。时代在发展，社会在进步，学习雷锋精神活动要不断与时俱进，充分体现出新时期雷锋精神的时代内涵。“热爱党、热爱祖国、热爱社会主义的崇高理想和坚定信念”是雷锋精神的内核。“服务人民、助人为乐的奉献精神”是雷锋精神的本质。“干一行爱一行、专一行精一行的敬业精神”是雷锋精神的精髓。“锐意进取、自强不息的创新精神”是雷锋精神的时代特征。“艰苦奋斗、勤俭节约的创业精神”是雷锋精神的要义。当今社会，人们需要以这种“精神原型”为内核，为中华民族构建一个共有精神家园，为深刻转型的社会发展，寻找一种心灵的动力源。弘扬雷锋精神有利于坚定崇高的共产主义理想信念，有利于树立社会主义道德价值观念，有利于凝聚建设文化强国的合力。学习雷锋，要深入挖掘雷锋精神内涵，要抓住其精神实质。只有抓住实质，才能深入持久、卓有成效地开展向雷锋同志学习的活动。挖掘雷锋精神内涵一定要和当今社会实践紧密结合起来，在广大社会实践中找到雷锋精神的闪光点，把雷锋精神和社会实践结合起来，把过去的雷锋和今天的学雷锋结合起来，成为“永远的雷锋”。新闻媒体以独特的表现形式和艺术魅力，通过对学雷锋活动和现象的深刻剖析和对社会普遍关注的道德热点问题的引导，向人们展示雷锋精神的真正内涵和时代价值，帮助人们树立正确的是非观、善恶观、义利观，使全社会形成一种共识。

2. 要在宣传雷锋精神的同时，挖掘雷锋传人及道德模范。近半个

世纪以来，在学雷锋活动中涌现出一大批雷锋式的先进人物。在他们身上，看到了对雷锋精神的传承发展，看到了雷锋精神与时代同行的步履，看到了雷锋精神的巨大力量。我们今天所倡导和坚持的雷锋精神，既是对雷锋事迹所表现出来的先进思想、道德观念和崇高品质的总结，又是雷锋和雷锋式的先进人物崇高思想和优秀品德的结晶，不断赋予雷锋精神的新内涵。在全社会大力宣传道德模范的先进事迹和高尚品德，发挥道德模范在公民道德建设中的示范引导作用，引导广大干部群众追求先进、崇尚先进、学习先进，会推动全社会形成知荣辱、树正气、促和谐的良好风尚。道德模范是雷锋精神最好的传承者。要通过一个个鲜活的人物体现出鲜活的雷锋精神，让人们觉得雷锋精神可亲、可敬、可学。例如对感动中国人物、最美现象等的宣传报道，引导公民学身边的道德模范，提高自身道德素质，促进全社会文明程度和道德水平进一步提高。

3. 深入社会生活实际，多层面挖掘宣传学雷锋活动。营造良好的舆论氛围，就是要把遵守道德规范的意识渗透到社会生活的各个层面。道德规范存在于社会生活的方方面面，只有培养公民的道德意识，才能使各种道德实践活动真正得以落实。新闻宣传及电影、电视剧、戏曲、小说、音乐等作品的创作，可采取丰富多样、感染力强的表现形式，对家庭生活、社会生活中所蕴含的雷锋精神予以充分的反映，使每个公民切切实实地感到雷锋精神和公民道德规范在身边的存在，领悟从我践行、从小事践行的道理。“学雷锋、做好事，人人可学、处处可为，要引导人们从自己做起、从身边做起，从日常小事做起，使学雷锋活动多样化、具体化、生活化。”① 舆论报道要深入社会基层去深入挖掘学雷锋先进事迹，面向基层写学雷锋的报道，写出来的报道要让群众喜欢，让群众愿意看。

4. 发挥多种舆论宣传方式，运用新颖媒介，推进雷锋精神时代化。推进雷锋精神时代化，既有内容的时代化，又有形式的时代化。要在总

---

① 刘云山：《大力弘扬雷锋精神·共建文明道德风尚》，2012 年 3 月 1 日，人民网。

结和继承长期以来学雷锋活动好做法、好经验的基础上，积极适应时代发展变化，创新活动载体和形式。用富有时代气息的鲜活语言，用适合当今社会的表达方式，更好地学习实践雷锋精神。大众传媒、文学艺术以及体育活动，对公民道德建设有着特殊的渗透力和影响力，作为思想文化阵地、精神文化产品，都可以作为有力媒介，通过其宣传雷锋精神时代内涵、学雷锋活动深入的开展、学雷锋道德模范的先进事迹等等，从而塑造人们美好心灵、弘扬社会正气、倡导科学精神，激励人们积极向上，追求真善美。也可以通过电影、电视剧、戏曲、音乐、舞蹈、美术、摄影、小说、诗歌、散文、报告文学等各类文艺作品的创作，积极反映公民道德现状和学雷锋活动的社会实践，热情讴歌雷锋精神和全社会的良好道德风貌，以其独特形式和艺术魅力，给人以鼓舞、启迪和美的享受，增强舆论宣传工作的实效性。同时，媒体要多运用新载体、新形式来宣传雷锋精神，开展学雷锋活动。充分运用计算机互联网、手机等新兴媒体这些开放式信息传播和交流工具，作为是思想道德建设的新阵地。形象生动地介绍雷锋事迹、弘扬雷锋精神，不断提高学雷锋活动宣传报道的吸引力和感染力，扩大学雷锋活动的覆盖面和影响力。

三、广泛开展道德实践，形成践行雷锋精神的社会热潮

广泛开展学雷锋活动，最根本的就是要大力弘扬雷锋热爱党、热爱祖国、热爱社会主义的崇高理想和坚定信念，弘扬雷锋服务人民、助人为乐的奉献精神，弘扬雷锋干一行爱一行、专一行精一行的敬业精神，弘扬雷锋锐意进取、自强不息的创新精神，弘扬雷锋艰苦奋斗、勤俭节约的创业精神，使之内化为人们的自身修养，转化为人们的自觉实践。要顺应社会发展进步要求，拓展内容、创新形式、拓宽渠道，不断赋予新的丰富内涵、植入新的时代元素，增强学雷锋活动的实效性和感染力。弘扬雷锋精神贵在知行统一、转化为实际行动。雷锋精神来自实践，最大的价值也体现在实践之中。弘扬雷锋精神，最重要的是付诸实践、见诸行动。

（一）拓宽学雷锋实践活动的广泛性

要广泛开展学雷锋活动，把集中教育与日常活动结合起来，把普遍要求与解决具体问题结合起来，精心组织、广泛动员，推动形成学习雷锋的热潮。要坚持求实务实、注重实效，把学雷锋活动贯穿到公民道德教育全过程，落实到日常生产生活和学习工作之中，转化为人们的实际行动。社会主义思想道德建设的过程，是教育和实践相结合的过程。实践证明，以活动为载体，开展有意义的具体的精神文明建设活动也是教育。因此，要紧密结合不同行业特色和部门实际，精心打造有特色有影响的学雷锋实践活动平台，抓好岗位学雷锋活动，在企业、农村、机关、学校、军营、社区和各类服务行业、窗口单位和公共场所，组织开展以“学雷锋、树新风”为主题的丰富多彩的学雷锋道德实践，发动社会各界群众自觉参与，把更多的人吸引到学雷锋活动中来，努力形成人人参与学雷锋活动、人人践行雷锋精神的良好社会风气。

1. 用雷锋精神教育广大青少年，是推动学雷锋实践活动广泛开展的重要环节。要把学雷锋活动作为加强未成年人思想道德建设和大学生思想政治教育的重要内容，引导广大青少年自觉弘扬和践行雷锋精神。把弘扬雷锋精神作为校园文化建设的重要内容，使雷锋事迹和雷锋精神进教材、进课堂、进学生头脑，让广大青少年通过系统了解雷锋事迹，感受雷锋的高尚品格、崇高境界和精神魅力，使雷锋精神真正“入脑、入心、见行动”，充分发挥青少年在学雷锋活动中的生力军作用。

2. 开展学雷锋实践活动，党员干部是关键。党员干部有责任有义务走在学雷锋活动的前列，要以身作则、率先垂范，不仅在本职岗位上贯彻党的宗旨、当好人民公仆，而且在社会生活中严格自律、严格要求，用自己的模范言行带动全社会践行雷锋精神。要把学雷锋与贯彻党的立党为公、执政为民的理念统一起来，坚持以人为本，多为人民群众办好事、办实事，充分发挥党员干部在学雷锋活动中的示范带动作用。

3. 组织开展社会志愿服务是开展学雷锋活动的好载体，也是推进学雷锋实践活动广泛开展的重要抓手。要把学雷锋活动与社会志愿服务活动紧密结合起来，动员和引导更多社会成员和社会组织投身志愿服

务，在全社会推动形成团结互助、平等友爱、共同前进的良好风气。

4. 加大宣传力度，使雷锋精神的道德影响力覆盖更广泛的人群。各级各类宣传媒体要设立相对固定的“学雷锋”栏目，通过专题节目、新闻报道、嘉宾访谈、言论评述、理论探讨、公益广告等多种形式，深入宣传开展学雷锋活动的经验做法和时代价值。学雷锋活动的报道要落实“三贴近”、践行“走转改”，面向基层、面向群众、面向青少年，深入基层一线挖掘鲜活事例，多报道群众身边的事例，着力营造雷锋精神人人可学、人人当学、人人爱学的社会舆论氛围，让雷锋精神永远焕发时代光彩。

（二）注重学雷锋实践活动的时代感

当然，在新形势下要学雷锋出成效，又要坚持与时俱进，关键在于解决好雷锋精神时代化的问题。只要贴近实际，结合时代的新要求，不断赋予雷锋精神以新的时代内涵，并创新方法手段，就能有效地促进学雷锋实践活动的时代感，让雷锋精神始终与时代同行，使雷锋精神进一步发扬光大，把思想道德建设提高到新的水平。马克思指出，任何真正的哲学都是自己时代精神的精华。由于时代的内涵和特点是由具体的社会历史条件决定的，随着历史条件的发展和变化，每个时代都会形成各自的课题，提出不同的历史任务。只有准确地把握和解决时代的问题，立足新的实践，总结新的经验，回应新的挑战，才能把思想理论推向前进。雷锋精神也一样，它推动着时代的发展，同时其本身也总是在回答和解决自己时代所面临的历史性课题的过程中不断充实、完善和发展的，是一个与时俱进的精神标杆，从而始终引领时代发展方向。

社会主义道德和雷锋精神形成的年代既是热火朝天的社会主义建设时代，是“革命理想高于天”的激情燃烧的时代，又是计划经济主导经济社会发展的时代，是价值取向非常单一的时代。事实上，在发展社会主义市场经济的伟大实践中，我们正是从新的实际出发，不断更新道德观念，充实和完善了社会主义道德体系。正是由于在新的历史条件下丰富和发展了社会主义道德，因而雷锋精神作为社会主义道德实践的产物，必然要更新思想内容，体现时代性、把握规律性、富于创造性。在发展社会主义市场经济条件下，如果把产生于计划经济时期的雷锋精神一成不变地简单照搬，则无论在雷锋精神的内涵和学习的形式上都可能出现一些不适应的问题。因此，雷锋精神不能丢，但要使之与当今社会的需求进行对接。只有根据时代发展的需要，把体现民族传统、顺应时代潮流的思想观念融入其中，对雷锋精神给予充实和完善，在继承其核心价值的基础上赋予新的内涵特征，才能体现先进分子要求而又吸引不同层次的广大群众，更好地实现先进性要求与广泛性要求的有机结合，真正提高学习雷锋精神的效果。

（三）推动学雷锋实践活动的常态化

当前，我国道德建设问题成为人们的热门话题。近年来，道德问题已经深入人心，那些让人很受伤的事情此起彼伏。为了适应时代发展要求、顺应人民群众期待，高度重视思想道德建设，党中央明确提出要“深入开展学雷锋活动，采取措施推动学习活动常态化”，吹响了新形势下深入开展学雷锋活动的行动号角。

推动学雷锋活动常态化是一项系统工程，需要各级党委和相关部门高度重视，加强组织领导。制度更具有根本性、长期性和稳定性，推动学雷锋活动常态化最关键的是要使这项活动进一步规范化和制度化。要把学雷锋活动自觉纳入精神文明建设和公民道德建设的总体规划，纳入文明城市、文明村镇、文明单位测评体系，融入国民教育、精神文明建设和党的建设全过程，体现到经济社会建设各领域，使学雷锋活动成为一项经常性工作。要建立和完善由精神文明建设指导委员会统一领导、党委宣传部门牵头、有关部门各负其责、社会团体积极配合、各方面广泛参与的学雷锋活动工作机制，形成齐抓共管、协调推进的规范化、制度化工作格局。要坚持适当的集中教育与经常性教育相结合，形成科学、完善的学雷锋活动长效机制，更好地推动学雷锋活动常态化。

总之，学雷锋活动需要全体人民的热情参与，弘扬雷锋精神离不开全体人民的自觉践行，公民道德建设需要全体人民的共同努力。让我们积极行动起来，向雷锋同志学习，把雷锋精神体现到人生追求和价值理想之中，体现到日常工作学习生活之中，从而汇聚起社会主义核心价值体系建设的强大力量，汇聚起建设和谐社会、创造美好生活的强大力量。

第二节　创建雷锋精神与社会主义公民道德建设的协调机制

弘扬雷锋精神是一项长期的任务，必须锲而不舍、久久为功，一步一个脚印地加以推进。为创建雷锋精神与社会主义公民道德建设的协调机制，要积极探索建立学雷锋活动常态化的保障机制，把学雷锋活动作为推动社会文明进步的一项重要任务，融入国民教育、精神文明建设和党的建设全过程，体现到经济社会建设各领域，纳入文明城市、文明村镇、文明单位测评体系，充分发挥政策、法规的导向作用，形成齐抓共管、合力推进的工作格局，推动学雷锋活动持续深入开展。

一、把学雷锋活动融入国民教育、精神文明建设和党的建设全过程

（一）把学雷锋活动融入国民教育全过程

青少年学生是学雷锋活动的重要主体，各级各类学校是学雷锋活动的重要阵地。新形势下，把学雷锋活动融入国民教育之中，对于推进社会主义核心价值体系融入国民教育全过程，对于加强青少年学生思想道德教育，提高他们的社会责任感、创新精神和实践能力，成为新时期雷锋精神的传播者、弘扬者和践行者，对于凝聚师生员工的意志和力量，培养中国特色社会主义事业合格建设者和可靠接班人，办好人民满意的教育，为全面建设小康社会、实现中华民族伟大复兴作贡献，具有十分重要的意义。

把学雷锋活动融入国民教育之中，应建立有力的学雷锋活动的组织保障。

1. 加强组织领导。教育部门和各级各类学校要充分认识深入开展

学雷锋活动的重要意义，把组织开展学习、宣传和实践雷锋精神摆上重要议事日程，抓紧抓实抓出成效。要紧密结合教育工作和青少年学生实际，对深入开展学雷锋活动进行认真准备、周密安排、精心部署，掀起学雷锋活动的高潮。

2. 注重工作实效。教育部门和各级各类学校要坚持求真务实、真抓实干，严防走过场、搞形式主义。要结合实际、发挥优势、突出重点、强化特色，运用师生喜闻乐见的方式，搭建便于参与的平台，开辟乐于接受的渠道，调动广大师生的积极性、主动性，扩大活动参与的覆盖面，增强工作的针对性、实效性。

3. 营造良好氛围。教育部门和各级各类学校要大力宣传雷锋事迹、雷锋精神和社会各界涌现出的雷锋式模范人物，围绕深入开展学雷锋活动的总体要求和主要内容，充分利用校园广播、校报校刊、校园宣传栏、校园电视和校园网络等宣传阵地，不断增强学雷锋活动的影响力，努力营造践行雷锋精神、争当先进模范的良好氛围。

4. 建立长效机制。教育部门和各级各类学校要将学雷锋活动当作一项常态的工作来抓，列入年度工作计划和安排，制定完善考评措施，将学雷锋活动纳入学生综合素质评价体系，纳入中小学生思想道德教育和大学生思想政治教育工作质量评价体系。要适应时代发展和育人需求，改进和创新学雷锋活动的内容、载体和形式，使之不断焕发出生机活力。要认真总结交流经验，研究解决问题，强化督促检查，确保学雷锋活动坚持不懈、常抓常新。

把学雷锋活动融入国民教育之中，通过多种形式开展富有成效的学习实践活动，保障人才培养目标。

（1）全面开展主题教育实践活动。在青少年学生中广泛开展弘扬雷锋精神主题教育实践活动，组织学校班级、党团组织、学生社团等通过学雷锋主题演讲、报告座谈、读书征文、文艺演出等多种形式，集中开展学雷锋主题班日、主题队日、主题团日、主题党日等活动，引导青少年学生了解雷锋先进事迹，崇尚雷锋高尚品德，感悟雷锋时代精神。

（2）广泛开展学雷锋志愿服务活动。开展以学雷锋为主要内容的志愿服务，构建更加完整的青少年学生志愿服务体系。青少年学生中开展普及文明风尚志愿服务、送温暖献爱心活动、公共秩序和赛会保障志愿服务活动、应急救援志愿服务活动，以及面向特殊群体的志愿帮扶活动。中小学生依托社会实践基地，广泛开展文明礼仪、维护秩序、保护环境、爱粮节水等活动。高校学生扎实开展文化、科技、卫生“三下乡”等主题社会实践活动。深入推进大学生志愿服务西部计划，鼓励和引导毕业生到西部、到基层、到祖国最需要的地方去建功立业。积极联系爱国主义教育基地和城市社区、农村乡镇、工矿企业、驻地部队、社会服务机构等，建立多种形式的学雷锋志愿服务活动基地。

（3）深入推进以雷锋精神为重要内容的校园文化建设。在中小学广泛开展“六个一”为主要内容的学雷锋活动。借鉴各地区各领域推进社会主义核心价值体系建设相关成果，探索提炼高校师生普遍认可的中国特色社会主义大学精神、当代大学生核心价值观和高校辅导员誓词。通过开展“雷锋榜样进校园”、“雷锋精神大家谈”、“雷锋事迹在身边”等丰富多彩的活动，营造学雷锋的浓厚氛围，促进和带动优良教风、学风和校风建设。开展学雷锋网上系列活动，在教育系统主流媒体、网站开设学雷锋活动专栏和微博，搭建学雷锋网上交流平台，不断增强学雷锋活动的吸引力和感染力。

（4）大力选树宣传先进典型。通过举办报告会、宣讲会、座谈会等形式，大力宣传郭明义等模范人物，在校园掀起学道德模范、见实际行动的热潮，激励青少年争当雷锋精神新时代的传人。评选“中国大学生年度人物”，开展“雷锋式学校”、“雷锋式班级”、“雷锋式青少年”创建和命名活动，推动广大师生学先进、赶先进、当先进。

（5）认真开展雷锋精神研究。把雷锋精神研究纳入高校哲学社会科学科学规划和全国教育科学研究规划，支持一批重点研究课题，推出一批有分量的研究成果。组织教育系统特别是哲学社会科学专家学者，进一步研究阐释新时期雷锋精神的时代内涵，积极探索新时期学雷锋活动常态化、机制化的模式与方法，深入挖掘新时期雷锋精神与培育全面发展一代新人的内在关系和融合方式，促进研究成果与教育改革发展、教育教学实践相结合，为全社会深入开展学雷锋活动提供有力支撑，不断推动学雷锋活动在教育系统深入开展。积极探索构建雷锋精神学术研究体系，鼓励、支持学生成立雷锋精神研究会等学生社团，加强指导，推动交流。

（二）把学雷锋活动融入精神文明建设全过程

精神文明建设是指营造和谐的社会环境，倡导良好的社会风尚，提倡高尚的道德情操。总言之，一切有利于社会的发展，时代的进步，除经济建设以外的社会活动统称为精神文明建设。我国社会主义精神文明建设以马克思主义为指导，基本目标即培养“四有公民”，提高民族素质。

1982 年 5 月 4 日，《人民日报》发表的社论《当代青年的历史使命》中把邓小平的题词延伸为“培养青年成为有理想、有道德、有文化、有纪律、有强健体魄的新一代。这不仅是学校和共青团的责任，而且要靠所有家庭和整个社会的共同努力。”1985 年，全国共青团思想政治工作会议上提出：要加强和改进新时期的青年思想政治工作，在四化建设的伟大实践中培养和造就一代有理想、有道德、有文化、有纪律的共产主义新人。从此，做“四有”新人的口号和以此为主题的活动，包括 1985 年“祖国在我们心中，做四有新人”、1991 年“学雷锋精神，做四有新人”在全国各行各业广泛展开。直到今天，弘扬雷锋精神仍旧是培育“四有”新人，提高公民思想道德素质和科学文化素质的重要保证，是引领社会主义精神文明建设的一面鲜红旗帜。

1. 有理想，即要把自己的理想放到共产主义的大的背景当中去，并使之成为内心中的精神支柱。在思想上牢固地树立起共产主义的信念，困难面前能够百折不挠，奠定正确的思想基础，有为共产主义大目标奋斗的决心，有为这个事业献身的勇气。伟大的共产主义战士雷锋曾经说过：“我觉得人生在世，只有勤劳，发奋图强，用自己的双手创造财富，为人类的解放事业——公产主义贡献自己的一切，这才是最幸福的。”雷锋同志对共产主义理想和信念坚如磐石。首先我们要学习雷锋同志坚定的共产主义理想信念。人一旦失去了其奋斗终生的目标和理

想，就失去了强大的精神支柱和力量源泉，注定要走向灭亡。雷锋同志满怀坚定理想信念民，为国家富强，为人民富裕而奋斗的精神，值得我们每一个人去学习，我们只有树立坚定的共产主义信念，建立科学的世界观，人生观和价值观，才能抵制各种腐败思想的侵蚀，才能始终保持先进性。

2. 有道德，就是要把个人利益、集体利益、国家利益融合到一起，和大目标融合到一起，而且个人要服从集体。道德观要树立在既热爱集体又热爱国家这一集体的基础上，把个人、集体、国家的利益紧密地联系到一起。全心全意为人民服务是中国共产党的根本宗旨，这一宗旨也是雷锋精神的核心。雷锋忠实地实践了当好“人民的勤务员”的诺言，他一生就是全心全意为人民服务的一生。“人的生命是有限的，可是，为人民服务是无限的，我要把有限的生命，投入到无限的为人民服务之中去。”社会主义社会中的集体主义道德原则造就了雷锋大公无私的奉献精神。在雷锋看来，集体利益至高无上，一个人应该竭尽全力为集体的利益而奋斗，只有集体的事业兴旺发达了，个人的前途和利益才有保障。雷锋身上展现的“钉子精神”正是与为人民服务、集体主义精神的具体要求。

3. 有文化，文化包括多方面。文化要为实际工作服务。应根据需要学以致用。要为自己制订一个长计划短安排的计划，一步步地去完成。文化包括物质的和精神的。学习是如此，工作也是如此，要时时刻刻算账（检查），亏了早点补，赚了要总结经验，有了成绩要找不足。这样我们就能年年新、月月新、日日新，文化素质也会一步步提高。所谓“文化”就是要以文（思想）来化（当然不能脱离物质的东西），把自己真正化成一个有利于社会的人，真正用正确的社会主义思想去开展工作。雷锋是刻苦学习的典范，我们应弘扬雷锋的用于探索，善于钻研的钉子精神，并将这种精神用在学习上，刻苦努力，不轻言放弃，不断创新求知，就一定能学有所成。

4. 有纪律，纪律是约束人的行为的。我们要在教育的基础上让人们自觉地遵守纪律。我们的意识中存有必须迅速消除的不正确的东西，不符合社会或集体要求的东西，要通过纪律去约束它，不能任其自由泛滥。当你能自觉地执行纪律的时候，就会自然而然地感到自己自由了。雷锋不仅是严守纪律的典范，更是克己自律的榜样。雷锋规范并约束自己的一言一行。是一个高度自觉的自律者，无论干什么，他都以共产党员的标准严格要求自己，善于批评与自我批评，意志坚定，从不懈怠，做好事都是发自内心，从不勉强，最终形成了一种可贵的自律精神。

精神文明建设包括思想道德建设和教育科学文化建设两个方面，渗透在整个物质文明建设之中，体现在经济、政治、文化、社会生活的各个方面。加强精神文明建设，不单是思想文教部门的任务，而且是各条战线和一切部门的任务，是全党全军和全国各族工人、农民、知识分子和其他劳动者、爱国者的共同的长期的任务。新时期要切实把学雷锋活动与推进精神文明创建结合起来。把开展学雷锋活动纳入精神文明建设的总体安排，精心打造有特色有影响的学雷锋实践活动，要把统一组织活动与群众自发开展活动结合起来，把集中活动与日常工作结合起来，把群众性精神文明创建活动与军民共建活动结合起来，推动精神文明创建工作不断取得新实效。

（三）把学雷锋活动融入党建全过程

加强党的思想、作风建设是党的建设重要组成部分，党的十七届四中全会，审议通过了《中共中央关于加强和改进新形势下党的建设若干重大问题的决定》，决定明确指出了当前党内还存在一些不符合党的宗旨性质的问题。譬如，有些党员干部理想信念动摇、信仰不坚定、先锋模范不明显、个人主义突出、言行不一、铺张浪费、奢靡享乐，一些基层党组织战斗堡垒作用不强，有的软弱涣散等等。这就要求把党员的思想作风建设作为党的自身建设的重要内容抓好抓实。

雷锋作为一名普通共产党员，时刻牢记全心全意为人民服务的宗旨，以对党、对人民、对祖国的无比热爱，以实际行动和出色业绩充分体现党的先进性和纯洁性的根本要求，彰显了共产党人的政治本色。雷锋是一面镜子，利用雷锋精神教育党员，对于加强党员思想作风建设是大有裨益。加强党员对雷锋精神的学习，让党员的理想信念、思想作风引领社会文明风尚，把党的建设推上一个新台阶，带领和团结人民，共同建设我们伟大和谐美好的国家。

把学雷锋活动融入党的建设全过程，在于建立长效的学习制度，建设学习型党组织、创先争优活动是全党重大任务。雷锋事迹、精神就是典型的学习教材，确定党员学习时间、形式，确立学习常态化的保障机制，通过雷锋同志这本有益的教材，不但能保证建设学习型党组织、创先争优活动顺利开展，也能使党员干部向雷锋看齐，提高思想觉悟，改进作风。把学雷锋活动融入党的建设全过程，同时，要建立党员干部政绩评价机制。用制度的硬指标约束党员干部的思想作风行为，促使党员干部向雷锋看齐，积极践行雷锋精神，起表率作用，让雷锋事迹无时不在，让城市村镇时刻充满感动人心、温暖社会道德温度。

二、把学雷锋活动体现到经济社会建设各领域，成为一项常态化活动

把学雷锋活动体现到经济社会建设各领域，纳入文明城市、文明村镇、文明单位测评体系，使学雷锋成为一项经常性工作，成为一项常态化活动。进一步完善学雷锋活动常态化的体制机制，建立精神文明建设指导委员会统一领导、党委宣传部门牵头、有关部门各负其责、社会团体积极配合、各方面广泛参与的领导体制和工作机制，加强统筹协调，加强工作指导，形成齐抓共管、合力推进的工作格局，推动学雷锋活动持续深入开展，使雷锋精神永远传承下去、不断发扬光大。

（一）推动学雷锋活动常态化的根本要求

学雷锋活动与时俱进。雷锋精神是中华民族精神和时代精神的重要体现，与社会主义核心价值体系一致。雷锋精神不是僵化不变的，而应随着时代发展和社会进步不断与时俱进。只有把雷锋精神融入当前的社会主义核心价值体系建设过程中，融入马克思主义中国化最新成果教育、理想信念教育、民族精神和时代精神教育、社会主义荣辱观教育之中，才能真正使之成为激励全国人民奋力开拓中国特色社会主义事业新局面、实现中华民族伟大复兴的强大精神力量，增强学雷锋活动的针对

性和实效性。

学雷锋活动推陈出新。雷锋精神需要内容上与时俱进，学雷锋活动形式上同样需要推陈出新。要适应时代和社会发展的新要求，不断拓展活动主题、丰富活动内容、创新活动载体、更新活动方法，不断增强学雷锋活动的吸引力和感染力。要发挥互联网等新兴媒体的优势，运用信息网络载体开展学雷锋活动；把学雷锋活动与新兴公益活动有效结合起来，积极倡导扶贫帮困、慈善捐赠、捐学助老等活动，增强学雷锋活动的时代感；充分发挥好“志愿者服务”等活动载体的作用，在实践中不断创新活动内容和形式。

学雷锋活动广泛参与。学雷锋是一种广泛的社会活动，必须发动社会各界群众自觉参与。这么多年，雷锋精神之所以影响深远，关键就在于广大人民群众始终对雷锋精神表现出高度认同，始终对学雷锋活动保持巨大热情。推动学雷锋活动常态化，很重要的一点就是要使这一活动进一步全民化、社会化。要充分发挥人民群众的首创精神，使学雷锋活动真正成为全体社会成员自觉参与的社会活动。

学雷锋活动制度化。制度更具有根本性、长期性和稳定性，推动学雷锋活动常态化最关键的是要使这项活动进一步规范化和制度化。要把学雷锋活动自觉纳入精神文明建设和公民道德建设的总体规划，建立和完善精神文明建设指导委员会统一领导、党委宣传部门牵头组织、有关部门各负其责、社会团体积极配合、各方面广泛参与的学雷锋活动领导体制和工作机制，形成齐抓共管、协调推进的规范化、制度化工作格局。

（二）推动学雷锋活动常态化的重要途径

推动学雷锋活动常态化是一项系统工程，必须健全制度保障，需要各级领导和相关部门高度重视、周密部署，建立一系列常态化的工作机制来强化教育引导。

1. 组织领导机制。学雷锋活动的组织领导机制是长效机制中的指挥、控制系统，通过决策、计划、指导与协调，实施对学雷锋活动的科学管理。这是推动学雷锋活动常态化的组织保证。时下，国家设立了

"全国学雷锋树新风领导小组办公室"，地方各级政府也相应成立了学雷锋活动领导小组，由党委宣传部和精神文明建设委员会统辖，是负责组织、宣传深入开展学雷锋活动的常设领导机构，将每年的工作经费纳入财政预算，且每年要总结推广一批学雷锋活动的先进典型和先进经验。同时，要充分发挥各级政府工会、妇联、共青团等群众组织的协调配合作用，将立足岗位学雷锋与开展各种社会公益性服务活动作为学雷锋活动的重要载体。

2. 舆论引导机制。要把学雷锋活动进一步引向深入，就必须强化舆论引导机制。要紧紧围绕"学雷锋，树新风"的主题，充分发挥报刊、杂志、电影、电视、广播、网络、宣传橱窗等大众媒体的宣传和舆论导向功能，通过宣传新时代涌现出来的雷锋式的模范人物，营造学习先进、弘扬正气、健康向上、催人奋进的舆论氛围，引领社会新风尚。清华舆论引导机制，要坚持贴近群众，贴近生活，贴近实际，让人们感到数理的先进典型的确是可敬可亲可学的时代榜样，在全社会形成崇尚雷锋精神的良好氛围。同时，要深入企业、学校、军队、城乡社区做主题报告、展览等活动大力宣讲雷锋事迹与雷锋精神，使人们更深入、全面、准确把握雷锋精神的实质，逐步将雷锋精神转化为个人的内在精神追求，增强人们的社会责任感和奉献社会的自觉性。

3. 教育激励机制。要激发人们学雷锋的主动性与积极性，应从三个方面入手：一是要把学雷锋活动纳入现代国民教育体系，纳入各级党校，行政学院和大中小学教育范畴，是学习雷锋精神成为学校德育的重要组成部分，成为党员干部教育培训的重要内容；二是要报学雷锋活动与基层党组织创先争优活动、创建学习型党组织、党员结对帮扶活动、青年志愿者活动、少先队手拉手活动、群众性精神文明创建活动相结合；三是要通过建立学雷锋基金与评选学雷锋活动先进模范，以大力表彰与奖励学雷锋活动中涌现出来的先进英模人物，鼓励和引导人们坚持学雷锋，乐于做好事，是全心全意为人民服务、集体主义思想、为国争光、廉洁奉公、助人为乐、勤劳勇敢、勤俭节约、艰苦奋斗等中华民族的传统美德与党的优良传统得到发扬光大，是文明礼貌、团结友爱、尊老爱幼、礼让宽容、拾金不昧、捐款捐物、扶危济困、扶弱助残、无偿献血、志愿服务、见义勇为、舍己救人等良好风尚在全社会蔚然成风。

4. 考核评价机制。要把学雷锋活动作为一项常规性工作任务融入社会主义核心价值体系建设、和谐社会建设、精神文明建设和新农村建设的目标管理中，坚持规划部署、精心安排、扎实推进、指导落实、定期考核。换言之，要是学雷锋活动成为考核精神文明建设、思想道德建设与干部队伍建设的一项硬性指标。要把弘扬雷锋精神情况作为干部考核评价的重要标准，将政治表现与日常工作、生活中表现出来的道德问题加以综合考察。要把社会环境安全稳定和谐的程度、社会文明程度、人们的精神风貌以及文明城市、文明单位、文明社区、文明村镇、文明家庭的评选与学雷锋活动的成果联系起来加以考察。

第三节　完善雷锋精神与社会主义公民道德建设的保障制度

在全社会深入、常态地开展学雷锋活动，推进公民道德建设是一项极其复杂的系统工程，它是构建和谐社会的客观要求，是建设与发展社会主义市场经济相适应的社会主义道德体系，保证社会主义市场经济的健康发展，促进整个民族素质不断提高的现实需要。党的十八大报告中明确指出：“要坚持依法治国与以德治国相结合，加强社会公德、职业道德、家庭美德、个人品德教育，弘扬中华传统美德，弘扬时代新风。”完善雷锋精神与社会主义公民道德建设不仅需要道德核心价值的支撑和柔性规范的指导，也需要法律、制度等刚性规则来制约。

一、构筑诚信体系，遏制道德失范

目前，整个社会的现代文明程度有了明显提升，公民的思想道德素质有了显著提高，这是公民道德建设的主流。但同时，道德建设领域还存在着一些不容忽视的问题。国际国内形势正在发生深刻变化，公民道德建设也面临着严峻挑战。社会思想意识多元、多样、多变日趋明显，部分社会成员拜金主义、享乐主义、极端个人主义有所滋长，见利忘义、诚信缺失等失范现象时有发生。从“毒奶粉”、“地沟油”，到“小悦悦遭碾压，无人施救”、“老人摔倒，没人敢扶”，诚信的缺失、道德的滑坡已经到了亟待正视的地步，为此，加快推进道德信用体系建设刻不容缓。

雷锋精神的一个重要核心内容就是诚信。习近平总书记在会见国内外记者的时候就引用了雷锋的经典语录：要把有限的生命融入无限的为人民服务中去！雷锋在他的短暂的一生中都是这样实践的，这就是最高境界的诚信。我们宣传雷锋精神，全社会学雷锋，就是要形成各行各业求真务实，讲究诚信的良好社会风尚，将诚信之风遍布全社会各个领域，各个环节。

由于不诚信的存在，往往使学雷锋活动本身遭遇了不应有的尴尬。“现在学雷锋：帮大叔拿行李，大叔担心行李被偷走；帮大嫂抱孩子，大嫂担心孩子被拐走；扶大爷过马路，我害怕大爷假摔惹祸上身；见大娘有困难，我害怕遇到骗子被讹钱财。”如此等等。人无信则不立，社会无信则失序。少数人破坏了诚信的为人处世规则，使全社会成员不得不承担了人情淡薄、互不信任的恶果。于是，戒备藏在大家心里，冷漠写在多数人脸上；爱心在质疑的目光中逐渐冰封，诚信在作秀的世风下倍感孤独。

冰冻三尺，非一日之寒。同样的，化解诚信缺失带来的信任危机和道德焦虑，维护诚实守信互帮互助的公德良序，也非一日之功。需要有一部分人率先拿出“破冰”之举，像雷锋那样做人、做事，带头行动起来：每一句平凡的话语，每一个细微的动作，都能忠实地遵从于自己内心对真善美的渴望。每一回的扶危助困，每一次的见义勇为，都能做到不计名利、不顾得失、不求回报，不畏艰难、不惧冤枉、不怕报复，甘当雷锋那样的“傻子”。德不孤，必有邻。一个“雷锋”，一次善举，固然无法弥合心与心之间的距离，也无力修复人与人之间的信任感和依存度，但是如果把许许多多的“雷锋”聚合起来，他们身上诚信的光辉和爱心的热度，定能够一点点地消融包围在心灵周围的“坚冰”，一步步地提振人们对重建诚信社会的信心。正因为如此，穿越了半个世纪的时空隧道，雷锋依然是我们今天现代公民社会熠熠发光的道德楷模，特别是在诚信日渐成为社会稀缺资源的当下，用“雷锋精神”匡正道德失范、矫正信任缺失、打造诚信体系，具有更加现实、更具创新的特殊意义。

为完善雷锋精神与社会主义公民道德建设的保障制度，构筑信用体系，应当对我国目前道德领域出现的不诚信现象进行调查数理，在认真研讨基础之上，深入开展道德领域突出问题专项教育和治理。在党的十八大报告中明确指出，要加强政务诚信、商务诚信、社会诚信和司法公信建设。在具体实施中，关注公民和法人在各种社会活动中产生的“行为”记录，运用信息化等现代化的手段，大力推进社会诚信和道德信用体系建设，逐步建立完善必要的机构和公民道德信用记录，同时加强对道德信用的社会整合、共享应用。特别是要通过各行业的制度设计，使所有单位和个人在切身利益上受到道德信用的制约，并创造条件让民众参与监督和执行，让失德失信者受到应有的约束和惩戒，切实发挥道德信用的约束力。

二、增强公民自觉意识，共建美好精神家园

以雷锋精神时代内涵搭建起的道德体系涵盖共产主义信仰、牺牲奉献精神、爱国主义、助人为乐、爱岗敬业五个层级的有机统一整体。从道德上讲，雷锋精神中既包括崇高的共产主义道德精神，也包括现阶段的社会主义道德精神，即爱祖国、爱人民、爱劳动、爱科学、爱社会主义。同时，它也涵盖了《公民道德建设实施纲要》中明确规定的“爱国守法、明礼诚信、团结友善、勤俭自强、敬业奉献”的 20 字公民基本道德精神。其中，共产主义的道德精神，是目前我国道德层次的最高准则——人类社会崇高准则，它引领整个道德体系的构建，对推进我国公民道德建设起到重要作用。而其中一般的道德精神，特别是 20 字公民基本道德规范属社会基础性道德要求。

崇高道德准则要求与基础性道德要求是相互联结、相互依存的。一般来说，崇高道德准则或称终极性的道德必须以基础性道德为起点和依托。

雷锋及在雷锋精神的感召下涌现出的无数雷锋式的先进人物、时代的先锋战士，他们在共同践行人类社会行为崇高准则。这是用先进的思想引导和鼓舞人们向共产主义目标奋进的需要。正如我们近些年看到的最美现象在全国喷涌，道德模范的作用在社会凸显，一个个“最美”的个体成为照亮人们前行的灯塔和旗帜，从而更多的“最美”涌现出来。对于社会基础性道德要求，每个公民必须遵守，这是提高公民思想道德素质，树立良好道德风尚，促进物质文明与精神文明协调发展，全面推进建设有中国特色社会主义伟大事业的需要。

因此，对雷锋精神的学习和弘扬，本身就是加强公民道德建设的一个重要举措。事实上，雷锋在他有限的生命里所做的大量有利于他人、有利于国家和社会的好事，只要努力去做，我们每一个人都完全能够做到。只要我们每个人都本着为他人、为社会、为国家负责的态度，凡事从我做起，从身边的小事做起，雷锋精神就一定能在全社会蔚然成风，从最美个体到最美中国，公民道德建设就一定能取得新的成就。

全面提高公民道德素质建设，让最终实现一个心灵层面的“最美中国”，需要增强公民的道德自觉意识，建立责任感。培育发自“内心”的公民道德观念，切实增强自觉践行社会道德规范的责任意识，引导每个公民“从自身做起”、“从现在做起”。加强社会主义核心价值体系教育，通过家庭、机构等多种社会渠道，将道德教育融入公民生活各个方面，鼓励民间自发的道德实践活动。吸取优秀的传统文化，尤其是分辨善恶美丑，从思想意识上夯实道德规范的基础；大力选树道德模范先进典型，积极发挥和正确引导媒体对社会道德事件的监督和导向作用。加强思想道德建设不应该仅仅停留在纸面上，而要行动起来。道德建设，不仅是告诉大家什么是正确的，而是要以实际的行动，在全社会传递正能量。道德建设是激励人们弘扬美德、传递正能量，建设美好的精神家园，从最美个体到最美中国。

三、坚持柔性和刚性并用，以德治国和依法治国相结合

中共中央印发的《公民道德建设实施纲要》（以下简称《纲要》），是新时期加强公民道德建设的纲领性文件。《纲要》指出："公民良好道德习惯的养成是一个长期、渐进的过程，离不开严明的规章制度。各地区、各部门、各行业和各基层单位在建立健全规章制度时，要充分体现相关的道德规范和具体要求。要把思想引导与利益调节、精神鼓励与物质鼓励统一起来，加强督促检查，严格考核奖惩，确保各种行政规章以及道德守则和公约在实践中得到落实，为公民道德建设提供有效的制度保障。"《纲要》又指出："加强社会主义法制，是公民道德建设健康发展的重要保证。"这就告诉我们，在新形势下要抓好公民道德建设，必须认真贯彻依法治国和以德治国紧密结合起来的重要思想，坚持道德教育与社会管理相配合的原则，建立健全有关法规和制度，把公民道德建设融于科学有效的社会管理之中，从而确保道德规范在实践中得到落实，切实增强公民道德教育的效果。

要抓好公民道德建设，首要的工作当然是开展道德教育。社会主义、共产主义道德品质的形成有着新的历史特点，这就是其形成不可能是自发的，而是通过外部灌输道德知识，需要积极开展多种形式的道德教育和道德修养活动。其实，真正意义上的道德行为，是一种自律行为，即能自我调控、自我约束的行为。只有这种道德自律，才能使公民自觉地、忠实地履行社会主义道德的义务。因此，公民道德建设要重在建设，重在加强自身的道德修养。提高公民的思想道德素质是根本。我们一定要努力开展和加强公民道德教育和道德修养，大力提倡公民的道德自律。我们要认真学习马克思主义基本原理和社会主义道德的基本知识，使自己的行为都有明确的道德准则，明白该做什么、不该做什么，怎样做合乎道德、怎样做不合乎道德，真正做到心中有数，行为有谱。在深入开展道德教育工作中，我们还要继续抓好各种创建活动，大力开展道德实践活动。实践证明，有意义的具体的道德活动就是教育，就是建设。我们一定要在社会实践中不断加强自身的道德修养，提高道德认

识，陶冶道德情感，锻炼道德意志，确立道德信念，养成道德习惯，从而实现道德境界的升华，最终形成一种道德人格力量，达到一种高层次的道德境界，真正做到“慎独”，真正使自己成为有理想、有道德、有文化、有纪律的社会主义公民。

但是，我们也应看到，在社会主义初级阶段，特别是在由传统的计划经济体制向社会主义市场经济体制过渡时期，依据人们现有的道德水平，道德教育的成果还必须依靠法律的外在强化，需要对人们的行为给予严格的规范，决不能把公民道德建设完全建立在人人能自律的良好愿望上。由于道德规范属于一种软性调节，其明显特征是非强制性。如果一旦这种软性调节行为无效，就必须采取法律调节这种强制性的硬性措施作为重要补充。否则，仅仅诉诸单一的道德教育手段，那么，对那些私欲较强的人来说，成效也不会十分明显。正如邓小平同志指出：“制度好可以使坏人无法任意横行，制度不好可以使好人无法充分做好事，甚至走向反面。”① 因此，我们在加强道德教育的同时要加强制度建设，把道德规范这种软约束和法律规范这种硬控制结合起来，切实为公民道德建设提供有力的保障。

具体来说，法制建设对道德建设的支持保障作用，主要表现在两个方面：一是通过立法手段确立并推动一定道德规范的普及。“五爱”就是宪法提倡的全体中国公民都应该遵守的最基本的道德要求。二是通过法律来惩治严重的不道德行为。对于那些已经丧失德性的人，就是要依法做出处理。人毕竟不是神，不能脱离社会生活环境的影响，同样离不开制度的限制、纪律的约束和法律的威慑，要靠法纪和制度来限制、规范人们的行为。根据上述两大法制建设对道德建设的支持保障作用，我们在公民道德建设中既要重视建立公民道德建设的制度，又要注重把发挥规章制度的作用同加强管理和监督工作结合起来。

当前在建立公民道德建设的制度保障上，要着力抓好两个方面的工作：一是把公民必须遵守的社会公德规范制度化，制定有关守则或公

① 《邓小平文选》第2卷，北京出版社1994年版，第333页。

约。例如，城市的市民文明守则、公约，农村的乡规民约等。它们是针对公民在公共领域的行为，为了调节公共关系而制定的。二是关于职业道德的管理规章制度。各行各业都要结合本职工作的实际，围绕业务工作的需要，为调节职业行为中发生的道德关系而制定出相应的行为准则。在我国的现实生活里，各行各业的职业活动实际上都贯穿着某些职业道德要求。党和国家制定和颁布的许多政策、法令、指示、章程、条例，都程度不同地包括了职业道德的要求。目前，一些单位和部门已有了具体的职业道德行为准则。例如，中国人民解放军总政治部颁发施行的《军人道德规范》，就是要求全军官兵共同遵循的行为准则。

在所有关于职业道德的规章制度中，最重要也应该最严格的是对党政干部的职业道德要求。新中国成立以来，特别是改革开放以来，我国在干部道德制度建设方面有了长足的进展。通过国家的法律法规与党和政府的文件，确立了一套较为完整的规范制度。主要包括两个方面：一是有关防范不良行为的制度规定，它们对不道德行为产生预防作用。例如，回避制度、财产申报制度、重点岗位轮换制度等；二是有关干部行为的强制性制度规定，强行约束干部行为。例如，关于不得经商办企业的规定。实践证明，上述规范的制度化，为有效地遏制腐败现象的蔓延创造了条件，对干部道德建设起到了很好的作用。党的十五届六中全会通过的《中共中央关于加强和改进党的作风建设的决定》（以下简称《决定》）又十分强调制度建设，在党的作风建设制度化方面做了很大努力。它涉及的各项制度主要有两个方面：一个是发展人民民主、加强各方面监督的制度；另一个是党内自我约束、自我完善、自我监督的制度。并且，该《决定》在建立健全民主集中制的具体制度和建立健全学习制度、调查研究制度、联系群众制度、党内生活制度、党内民主监督制度、党政领导干部选拔任用制度等方面，都进一步提出了明确要求。面对新形势新任务，我们必须要深入学习贯彻中共十五届六中全会精神，加大干部道德建设的力度，进一步把市场经济条件下干部道德的规范、准则、要求及其相应的评价等措施，以制度的形式固定下来，努力运用制度的力量强化干部道德约束的力度，以此来增强各级干部用道德规范来约束自己的自觉性。

社会公德方面的守则、公约和职业道德方面的规章制度的建立，对公民道德建设无疑起到一定的保障作用。但是，当前公民道德建设与实践发展要求依然存在一定差距，究其原因，这同法制保障还不完善是分不开的，同缺乏严格管理和严格监督也是分不开的。因此，我们还应当根据道德建设的实际需要，把发挥规章制度的作用同加强管理和监督工作结合起来，切实保证公民道德建设的健康发展。实践证明，有了规章制度并不等于一定能起作用。我们的规章制度应该讲并不少，但对于一些人却形同虚设。例如，一些干部在生活作风上出问题，并非不知道自己的行为不道德，并非不知道自己的行为违法乱纪，但还是去做，还是去以身试法，这既说明道德自律没有起到应有的作用，道德自律的内在约束力下降，又说明仍然存在监督不力、管理不严的问题。这些问题不解决好，制定再多的道德规范，也只能事倍功半，达不到应有的效果。

在我国，监督作为一种民主权利，既包括司法监督、行政监督，又包括党内监督、党外监督、舆论监督等。正确地开展监督，有利于加强社会主义民主法制建设，有利于加强党的作风建设，有利于弘扬正气、改进工作，有利于密切党和政府同人民群众的联系，坚定广大群众走有中国特色社会主义道路的信心，增强广大群众对党和政府的信任。因此，我们必须进一步加强监督机制建设，强化监督力量，加大监督力度，拓宽监督范围，把党内道德监督同群众道德监督紧密结合起来，注意在群众中开展对党员干部的道德评议。充分发挥党的纪检机关、国家监察机关和有关部门的道德监督职能，对严重违反道德要求、影响恶劣的党员干部要加大劝诫和惩罚力度。只有这样，才能更好地发挥舆论监督的作用，进一步搞好公民道德建设。当然，突出公民道德建设的法制性要求，强调加强制度建设和监督工作，并不等于说公民道德建设只能由法律约束。我们在强调法律对道德建设的支持保障作用的同时，也要防止出现片面性。由于现存的道德状况不尽令人满意，于是有的同志就把改善社会风气的希望完全寄托在法律身上，主张通过扩大法律管辖的范围，加大执法的力度甚至严刑峻法，来消灭社会上存在的不道德行为。这种想法实际上是“法律万能论”。其实，这如同单纯道德教育约束存在硬约束不足的缺陷一样，法制性约束也有其自身的不足，诸如法律和制度的规定难以周延，法律和制度的执行又依靠主体的自觉性等。并且法律和道德都是一定社会历史条件的产物。道德可以在一定程度上超越社会发展阶段而提出一些更高的要求，这是社会进步的需要，是道德特有的理想性功能。而法律则是对现存社会秩序的反映，只能保护现实的必不可少的共同规范，不能跨越历史发展阶段和脱离现实的社会条件。因此，道德上提倡的，不见得全部都可以纳入法律调整的范围。我们只能逐步形成保障道德建设的社会条件，发挥法律对道德的支持保障作用，而不能用法律来代替道德。

综上所述，公民道德建设是一个复杂的社会系统工程，必须综合运用各种手段。既要始终坚持道德教育为主的方针，强化思想教育，最根本的是依靠自身的道德自律，同时又必须以法律手段来辅助，强化法律规范作用。只有坚持一靠教育；二靠制度，做到标本兼治，才能从源头上预防和治理各种不良现象。

第四节　形成雷锋精神与社会主义道德共荣的文化形态

雷锋是永远的榜样，雷锋精神是不朽的丰碑。雷锋精神以坚定理想信念为根本支撑，蕴含着爱党爱国爱社会主义的赤诚真情，始终具有激发人民团结奋进的强大力量。雷锋精神以人民至上为价值取向，把关爱他人、助人为乐当作最大幸福，始终具有感动人心、温暖社会的道德温度。雷锋精神以艰苦奋斗为人生品格，崇尚勤俭节约，彰显优良传统，始终具有引领社会文明风尚的长久魅力。雷锋精神以敬业奉献为不变信条，干一行、爱一行、钻一行，始终把普通工作岗位作为实现人生价值的舞台。新形势下弘扬雷锋精神，是推进社会主义核心价值体系建设的迫切要求，是时代和人民的热切呼唤。

一、雷锋精神是一种富有生命力的文化符号

雷锋精神产生于20世纪50年代末至60年代初，这一时期正是新中国刚刚建立，当时生产资料的社会主义改造刚刚完成，新中国刚刚踏上探索社会主义建设的道路，恰逢三年自然灾害导致经济发展异常困难，再加上中苏关系的恶化，社会主义建设事业面临着来自国内外的种种压力。物质的匮乏和生产的艰难正需要精神的支柱。雷锋精神应时而生，其英雄事迹和人格魅力感动无数人。这是一个火热年代，也是一个激情的年代，雷锋精神作为这一时期中国人民精神风貌的典型代表，在他身上所展现出来的艰苦奋斗，舍己为人、乐于助人、敬业爱岗、廉洁奉公、时时刻刻把为人民服务作为自己的光荣使命的强烈爱国主义情怀和高度的社会责任感，曾经激励了一代青年为国家建设而艰苦创业。1962年雷锋牺牲以后，以毛泽东主席为代表的主要国家领导人因此发出“向雷锋同志学习”的号召。从此，学雷锋活动在全国掀起热潮，雷锋文化也在学雷锋活动的过程中逐渐形成。

在历史中形成的雷锋文化，有着实实在在的现实基础。雷锋文化既建立在雷锋个人的言行经历之上，又吸收了所有雷锋式的先进人物的事迹言论及其蕴含的时代精神。雷锋的日记记录了雷锋真实的成长历程，这是雷锋文化形成的重要依据，而“雷锋出差一千里，好事做了一火车”的事实则是雷锋文化形成的重要基础。当然，雷锋文化实际上并不仅仅局限于雷锋个人的事迹言论，实际上，继雷锋之后涌现出的一批批雷锋式的先进人物既从雷锋文化中汲取营养，同时也不断把新的内容融汇到雷锋文化之中，这是雷锋文化之所以能够具有强大生命力的重要原因。雷锋文化是在学雷锋实践活动中形成的复合型文化，是学雷锋活动的策动者、组织者和与学雷锋活动有直接或间接关系的社会成员的共同创造。它是一个完整的文化体系，主要包括物质文化、制度文化、精神文化等内容。物质、制度、精神三类文化既相区别又彼此联系，构成文化整体。实际上，雷锋文化的核心内容就是雷锋精神，她产生于和平的建设时期，因而在某种程度上可以说，与产生于战争年代的井冈山精

神、长征精神、延安精神等革命精神相比，雷锋精神对于社会主义建设事业可望具有更大的现实价值。雷锋精神体现在理想信念、人际交往、日常生活和工作学习等各个方面，其精神实质是“全心全意为人民服务，为了人民的事业无私奉献。”

作为人民解放军的普通一兵，雷锋精神并不仅仅是那个特定时代的产物，它是与中华民族五千年传统文化和近代以来我党、我国人民争取国家独立的爱国主义和艰苦奋斗的精神一脉相承的。千百年来，中华民族先天下之忧而忧、后天下之乐而乐，天下兴亡、匹夫有责、礼义廉耻、尊老爱幼、知行合一等传统文化精髓，以及爱国主义、集体主义、自力更生、艰苦奋斗、为人民服务等核心价值，滋润了一代又一代中国人民的心田，激励着无数志士仁人为民族独立、国家富强而不懈努力，这些在雷锋的身上都得到了生动体现并发扬光大。可以说，雷锋作为新中国道德精神的典范，是中华文化哺育的一棵奇葩，是体现中华民族核心价值的一个特色鲜明的文化符号。

二、雷锋精神与社会主义道德共荣的社会意义

雷锋精神是社会主义先进文化的生动体现，大力弘扬雷锋精神，推进学雷锋活动常态化，形成雷锋精神与社会主义道德共荣的文化形态，对引领价值取向、疏导社会心理、塑造文明风尚、构建共同精神家园，推进社会主义文化大发展大繁荣，具有十分重要的意义。

（一）雷锋精神与社会主义道德共荣，推动文化大发展大繁荣

雷锋精神基于对历史规律、对人的本质、对人民利益根本一致性的准确把握，基于对人与我、公与私、得与失之对立统一性的深刻洞察，形成了特殊的思维方式和价值诉求，确立了立身做人的高远追求。它不是空洞的说教体系与纯粹的宣传道具，而是关爱他人、服务人民的朴素道德实践，它以生活化的行为消解了圣人英雄式道德楷模远离尘世的超然特性，其蕴涵的优秀品质和人性光辉更能普照市井、深入百姓，更具有普适性和亲和力。

1. 增强公民的文化自觉。雷锋自觉坚定马克思主义信仰和共产主

义理想，并以此作为立身做人的根本指南。雷锋精神就是以雷锋同志为代表的社会主义新人自觉改造主观世界、以马克思主义先进理论武装头脑、以科学价值取向引领人生的生动实践，其形成过程体现了高度的文化自觉。大力弘扬雷锋精神有利于充分彰显、深度解剖和广泛培育这种自觉意识，增强全民投身社会主义先进文化建设的责任感和自觉性。

2. 增强民众的文化自信。雷锋精神是中国优秀传统文化的结晶，是对中华文化自强不息主体精神的生动诠释。其自觉“把有限的生命投入到无限的为人民服务之中去”的行为，正是对中国传统民本思想的现代解读。这种民族文化基因的延续，有利于强化民众的文化认同感。同时，雷锋精神既有意识形态层面的科学性、先进性，又有超越意识形态的人性光辉和共同价值关怀，其承载的价值理念和人文情怀，尤其是无私奉献的品格和行为模式正逐渐得到各国人民的普遍认同，日益成为中华文化彰显于世界舞台的一个特殊符号和典型标志，这无疑是社会主义先进文化感染力、影响力的重要体现，有利于改变国人的弱势文化心理，增强文化自信。

3. 雷锋精神是推动社会主义文化建设的强大动力。在普通百姓的视域中，先进文化通常是基于意识形态的政治、道德文化或局限于专业受众的高雅艺术等，它远离大众生活，超越市井乡土。要实现文化大发展大繁荣，就必须找到一个具象化、大众化的文化典型，借以增强先进文化的吸引力和亲和力。而学雷锋活动在中华大地上持续半个世纪仍经久不衰，雷锋已经成为神州大地妇孺皆知的道德楷模。雷锋精神是人民群众对新思想新道德自觉选择的结果，代表了人民群众的意愿和需求，具有广泛的群众基础和强大的亲和力。弘扬雷锋精神必将逐步提升民众对先进文化的认同度，使先进文化更加深入人心。同时，通过雷锋精神的广泛传播和深入践行，能有效增强民众的社会责任感，充分调动其投身先进文化建设的热情，从而推进社会主义先进文化的大发展大繁荣。

（二）雷锋精神与社会主义道德共荣，促进社会和谐

加强人文关怀和心理疏导，培育自尊自信、理性平和、积极向上的社会心态，有助于文化大发展大繁荣，促进社会和谐。在此过程中，雷

锋精神具有独特的优势。

1. 大力弘扬雷锋精神有利于激发正气，解决当前文化建设中的现实问题。当前，我国文化领域正在发生广泛而深刻的变革，推动文化大发展大繁荣既具备许多有利条件，也面临一些突出问题。在一些社会成员中，人生观、价值观扭曲，道德失范、诚信缺失，见利忘义、唯利是图等现象时有发生；在社会生活中，也出现了诸如人心冷漠，做好事怕被讹诈、他人遇困不敢救助等现象，导致社会互信出了问题。大力弘扬雷锋精神，可以唤起人间真情、增进社会互信，让消极现象与丑恶行径无处藏身，最大限度消解民众的负面情绪和消极心理，消解道德滑坡带来的负面影响，迎来真善美充分彰显的时代。

2. 大力弘扬雷锋精神有利于促进社会和谐，形成积极健康的社会风尚。构建关爱互助、共生共荣的和谐社会与共同精神家园，是社会主义先进文化建设的基本目标。雷锋精神形成于社会主义建设的伟大实践中，既体现为一种思考自我与他人、个人与社会关系的思维方式，也呈现为正确处理这种关系的行为方式，是和谐思维与和谐行为的统一。它科学把握了人民命运的依存共生、利益的相生相成、理想的协调统一，形成了关爱互助、大公无私的和谐诉求；它在实践中克己为人牺牲奉献，成为社会主义道德的一面旗帜；它以全心全意为人民服务的高远追求和无私奉献的道德实践，塑造了一个个立身做人的光辉典范，构筑了社会主义先进文化的道德高地。弘扬雷锋精神，让个人价值实现于关爱他人、服务社会的实践之中，植根于全心全意为人民服务的永恒事业之中，对形成全社会良好的道德风尚、自觉的和谐理念和行为方式，对促进社会和谐、培育和谐文化，将产生积极的示范和引导作用。

3. 大力弘扬雷锋精神有利于调适社会心态，为构建共同精神家园奠定坚实基础。当今中国，经济水平不断提高，物质生活持续改善，但人们的幸福体认、社会互信却徘徊不前，突出表现为社会心态不够成熟稳定，浮躁、冷漠、功利化的社会心理时有表现。解决这些问题的根本在于先进文化的渗透。雷锋精神所体现的价值追求，对民众具有强大的吸引力和感召力，可促使社会成员逐步形成共同的信念和价值标准；雷

锋精神所彰显的人文关怀、人间大爱和克己为人、无私奉献的品格，可以感化人心、增进互信，消除心理隔膜、促进大众的情感融合，形成可靠的情感纽带；雷锋精神所蕴涵的高尚伦理操守和道德行为模式，有利于形成民众立身做人的基本道德标尺，构筑共同的行为模式基础。这种价值标准、情感纽带和行为模式，是植根于人们心底的理想信念和价值追求衍生的自觉约束，其稳定性和主动性更强，作用也更加持续和显著。因此，大力弘扬雷锋精神，必能扬正气新风、促和谐共荣，极大地改善社会道德心理和舆论环境，使国人以更积极的心态、更自觉的行动，推进社会主义文化的大发展大繁荣。

（三）雷锋精神与社会主义道德共荣，利于社会主义核心价值体系构建

作为一种理性原则与价值观念，社会主义核心价值体系要充分彰显对人民群众的引导和教化作用，就必须植根于现实生活之中，附着于感性载体，积淀为生活化的直观行为模式。雷锋精神正好具有大众化的特点，更容易为广大群众所接受认同，进而成为全民团结奋斗的共同思想道德基础。

1. 雷锋精神是社会主义核心价值体系的生动载体和集中体现。雷锋精神孕育、生成的时代，正是中国人民消灭剥削、获得解放，建立社会主义制度和推进社会主义建设的伟大时代，是社会存在发生质变、社会意识重构的关键时期。雷锋精神蕴涵的“爱憎分明的阶级立场、言行一致的革命精神、公而忘私的共产主义风格、奋不顾身的无产阶级斗志”等丰富内涵，与社会主义核心价值体系具有高度的一致性，这也正是雷锋这个光辉形象成为永恒偶像和不倒旗帜的根本原因。这种内在的一致性，也使雷锋精神获得了融入生活、贴近百姓的根本依据，因而能够得到民众的充分肯定和高度认同，为社会主义核心价值体系大众化奠定重要基础、提供有利条件。

2. 大力弘扬雷锋精神是实现社会主义核心价值体系大众化的重要途径。雷锋精神直接承载和生动诠释了社会主义核心价值体系，并赋予其鲜活的人格魅力和生活气息，其包含的对社会主义的坚定信念、对党

的无比忠诚、对祖国和人民的无限热爱，以及对“怎样做人、为谁活着”这一人生追问的科学回答，正是对马克思主义的坚守与信仰，对以爱国主义为核心的民族精神的继承与发扬。其呈现的艰苦奋斗、自强不息、爱岗敬业的优秀品格，正是以改革创新为核心的时代精神的集中体现；其彰显的助人为乐、克己奉公、无私奉献的道德自觉和精神境界，正是社会主义荣辱观的基本要求。通过学雷锋活动的常态化，持续传递高尚、积极的主流价值取向，不断彰显崇高的理想信念、科学的价值取向、积极的人生态度，能够促使社会主义核心价值体系真正走进百姓生活、融入大众心理，成为民众的精神食粮和行为准则，为社会主义文化大发展大繁荣奠定坚实的思想基础。

三、弘扬雷锋精神，把社会主义道德建设提高到新水平

民族的发展壮大，需要伟大民族精神的支撑，必须有自己视为珍宝的精神财富。20 世纪 60 年代初出现雷锋，不仅属于昨天，也属于今天。雷锋精神是中华民族的瑰宝，过去、现在和将来都是教育和激励人们前进的宝贵的精神财富。在新世纪新阶段，继续发扬雷锋精神，对于激发人们思想道德建设热情，进一步搞好社会主义核心价值体系建设，提高公民思想道德素质和社会文明程度，引导人们做中华民族传统美德的传承者、社会主义道德规范的实践者、良好社会风尚的创造者，全面推进中国特色社会主义伟大事业无疑具有重要的意义。

大力弘扬雷锋精神，是实践社会主义道德、树立社会主义核心价值体系、建设中国特色社会主义的迫切需要。当代中国的改革，是社会主义制度的自我完善和发展。我国由传统的计划经济向社会主义市场经济体制的转变，只是一种经济体制的转变，并不是社会主义制度的转型。我们所实行的市场经济，必须受到社会主义的政治制度、经济制度和思想道德的制约。社会主义精神文明是社会主义社会的重要特征，建设社会主义核心价值体系是建设中国特色社会主义的生命线，加强社会主义道德建设是保障社会主义前途的必要条件。当前，随着世界多极化、经济全球化深入发展和全球思想文化交流交融交锋不断增强，意识形态领

域的情况更加复杂；随着我国经济体制深刻变革、社会结构深刻变动、利益格局深刻调整，人们的思想观念深刻变化，社会意识日益多样化。在这种情况下必须高度重视社会主义核心价值体系建设，切实抓好社会主义思想道德建设。要正确处理价值取向和价值导向的关系，努力把先进性要求和广泛性要求结合起来，在社会多元多样多变中确立主流价值，积极引导人们在遵守基本行为准则的基础上，追求更高的思想道德目标。应当看到，道德的发展变化与社会存在的发展变化并不完全同步，道德的主要功能是为了把人类社会升到更高水平服务的。我们要积极提倡社会主义道德，大力弘扬雷锋精神。只有这样，才能有利于巩固马克思主义的指导地位，推进用中国特色社会主义理论体系武装全党、教育人民；有利于用中国特色社会主义共同理想凝聚力量，引导人们更加自觉地投身改革开放和社会主义现代化建设；有利于用以爱国主义为核心的民族精神和以改革创新为核心的时代精神鼓舞斗志，增强中华民族的凝聚力和全国人民的创造力；有利于用社会主义荣辱观引领风尚，提高全社会的道德水平。

大力弘扬雷锋精神，是发展市场经济、推动科学发展、促进社会和谐的迫切需要。在当代中国，发展社会主义市场经济是加快发展社会生产力的历史选择。但是，在建立社会主义市场经济体制中如何搞好道德建设，避免西方资本主义国家出现过的发展市场经济与道德沦丧同步现象，则是一个历史性的重大课题。古人说“厚德载物”，“以义导利”。要顺利发展社会主义市场经济，既离不开法律规范，又离不开道德规范。只有发挥好社会主义道德的作用，才能真正确立起社会主义市场经济新秩序。科学发展、社会和谐，是发展中国特色社会主义的基本要求。当前，国际国内形势继续发生深刻变化，我国改革发展进入关键阶段。我国经济继续保持平稳较快发展，各项事业不断推进，中国特色社会主义生机勃勃，同时社会利益关系更加复杂，各种社会矛盾明显增多，发展不平衡、不协调、不可持续的问题依然突出。在这种情况下构建社会主义和谐社会，势必要求加强社会主义道德建设，充分调动广大人民群众的积极性、主动性、创造性，最大限度地凝聚各方面的智慧和力量，形成开拓创新、攻坚克难的强大合力。今天，社会上有许多需要帮助的人，有许多需要用爱心去完成的事，如果每一个人都能够像雷锋那样，从一件件小事做起来，去帮助他人，为他人着想，就能建立起人与人之间良好和谐的关系。因此，我们要深入开展学雷锋活动，进一步激发人们思想道德建设热情，更好地倡导文明新风、匡正道德失范、矫正诚信缺失，不断提升公民道德素质和社会文明程度。

伟大的事业孕育崇高的精神，崇高的精神推动伟大的事业。雷锋是在社会主义建设热潮中涌现出的光辉楷模，雷锋精神是激励广大干部群众践行社会主义道德规范最有感召力的精神旗帜。大力弘扬雷锋精神，既是在各种思想文化相互激荡的时代条件下坚持社会主义先进文化前进方向的必然要求，又是发展社会主义市场经济的重要保证，顺应了人民群众对加强社会主义道德建设的强烈呼唤。在新的历史条件下，我们要坚持传播雷锋精神不动摇，争当雷锋传人不褪色，下决心把学雷锋活动深入、持久地开展下去，推动学雷锋活动常态化。要广泛进行雷锋事迹、雷锋精神和雷锋式模范人物的宣传教育，广泛开展以弘扬雷锋精神为主题的社会志愿服务活动，唱响更加雄壮的雷锋之歌，努力在全社会形成践行雷锋精神、争当先进模范的生动局面，形成我为人人、人人为我的良好氛围，为把我国建设成为富强民主文明和谐的社会主义现代化国家而努力奋斗！

参考文献

[1] 陈广生：《雷锋传》，解放军出版社1983年版。

[2] 房广顺：《当代大学生人生观教育研究》，辽宁人民出版社2011年版。

[3] 徐斌、张潭：《毛泽东思想概论》，人民教育出版社2008年版。

[4] 杜时忠：《德育十论》，黑龙江教育出版社2003年版。

[5] 宋焕斌：《雷锋精神与先进文化研究》，《辽宁省雷锋研究会辑刊》2012年。

[6] 卢黎歌、何志敏：《深刻理解把握雷锋精神的特点和本质》，《陕西日报》2012年3月6日。

[7] 夏伟东：《集体主义：社会主义道德的基本原则》，《教学与研究》1994年第3期。

[8] 王凤良：《试论社会主义道德建设中的集体主义原则》，《理论学刊》1997年第4期。

[9] 许启贤：《论开展"公民道德"的教育和研究》，《道德与文明》2001年第1期。

[10] 王德莉：《社会主义核心价值体系大众化视角下的学雷锋运动研究》，曲阜师范大学硕士学位论文，2012年。

[11] 董丁戈：《弘扬雷锋精神践行以为人民服务为核心的社会主义道德》，《长春日报》2012年3月29日。

[12]《马克思恩格斯选集》，人民出版社1995年版。

［13］《邓小平文选》第2卷，人民出版社1994年版。
［14］《公民道德建设实施纲要学习读本》，中共中央党校出版社2001年版。
［15］焦国成、李萍：《公民道德论》，人民出版社2004年版。
［16］［英］休谟著，曾晓平译：《道德原则研究》，商务印书馆2001年版。
［17］罗国杰：《伦理学》，人民出版社1989年版。
［18］王淑芹等著：《信用伦理研究》，中央编译出版社2005年版。
［19］刑华琪：《雷锋全集》，华文出版社2012年版。
［20］钟超：《向雷锋学什么》，红旗出版社2009年版。
［21］亚当·斯密，谢宗林译：《道德情操论》，中央编译出版社2008年版。
［22］塞缪尔·亨廷顿、劳伦斯·哈里森著，程克雄译：《文化的重要作用：价值观如何影响人类进步》，新华出版社2010年版。
［23］宣兆凯、韩震：《中国社会价值观现状及演变趋势》，人民出版社2011年版。
［24］祁刚、刘晓钟：《从学习雷锋活动看我国公民道德建设的发展进程》，《辽宁行政学院学报》2003年第1期。
［25］李智栽：《论雷锋精神与公民道德建设》，《广西大学学报（哲学社会科学版）》2002年第12期。
［26］周志平、王蔚于：《雷锋精神效用与社会主义核心价值体系构建》，《重庆社会科学》2012年第3期。
［27］戴艳军：《论市场经济环境中的雷锋精神》，《思想政治工作研究》2012年第3期。
［28］徐才厚：《深入开展新形势下学雷锋活动、努力当好雷锋精神传人》，《求是》2012年第4期。
［29］周慧红：《将雷锋精神引入金融企业文化》，《中国农村金融》2011年第12期。
［30］聂敏英：《用雷锋精神抓好医院行业作风建设》，《改革与开放》

2011 年第 3 期。
[31] 郑小九：《雷锋精神：制造的还是生成的》，《学校党建与思想教育》2010 年第 12 期。
[32] 刘云山：《永远的雷锋、永远的雷锋精神》，《人民日报》2012 年 3 月 5 日。
[33] 钟建华：《永不褪色的雷锋精神》，《光明日报》2012 年 2 月 18 日。
[34] 董强等：《雷锋团：暖流激荡五十年》，《解放军报》2012 年 2 月 27 日。
[35] 罗小松、谢丽芳：《加强个人道德建设的当下意义及途径》，《南昌工程学院学报》2011 年第 4 期。
[36] 汤丽芳：《社会公德：当代中国道德建设中的道德难题》，《求索》2011 年第 4 期。
[37] 邓奕：《论个人品德与社会公德、职业道德和家庭美德建设》，《湖南工程学院学报》2009 年第 3 期。
[38] 杨曦：《我国社会公德领域存在的问题及对策》，《中州学刊》2010 年第 4 期。
[39] 李智栽：《论雷锋精神与公民道德建设》，《广西大学学报（哲学社会科学版）》2002 年第 6 期。
[40] 顾智明：《顾巍：雷锋就活在人们日常道德生活中》，《南京政治学院学报》2012 年第 2 期。
[41] 栾艾华、王玉莉：《浅析雷锋精神内化在公民道德建设中的作用》，《辽宁行政学院学报》2011 年第 4 期。
[42] 明栋才：《价值取向多元化时代的榜样教育》，《西华师范大学学报》2008 年第 2 期。
[43] 姜建蓉：《论榜样教育在构建社会主义核心价值体系中的作用实现机制》，《思想政治教育研究》2009 年第 2 期。
[44] 宋玉蓉：《论榜样示范的思想政治教育功效》，《南京政治学院学报》2006 年第 1 期。

[45] 王乃坤：《推进家庭美德建设与实施以德治国方略》，《理论前沿》2002 年第 21 期。
[46] 唐雪、何勇平：《新时期榜样教育：问题与策略》，《重庆工商大学学报》2010 年第 2 期。
[47] 郭尉超、任福全：《构建和谐社会必须加强家庭美德建设》，《前沿》2010 年第 6 期。
[48] 赵冰：《职业道德悖论现象审思》，《道德与文明》2010 年第 2 期。
[49] 黄娟：《多元化社会榜样教育的理性解读》，《山东青年管理干部学院学报》2010 年第 3 期。
[50] 王洁：《论社会主义道德视域下的个人道德建设》，华东师范大学硕士学位论文，2009 年。
[51] 孙彤：《社会主义精神文明视域中的个人品德建设》，天津师范大学博士学位论文，2010 年。
[52] 石军玲：《雷锋精神学习读本》，新华出版社 2012 年版。
[53] 编写组编：《与时代同行：雷锋精神在身边》，人民出版社 2012 年版。

后　记

本书系中国财政经济出版社出版的《中国榜样：永远的雷锋》大型丛书中“研究雷锋”系列的第五本书。

在本书编写过程中得到了中共辽宁省委宣传部、辽宁省社科联、中共抚顺市委和辽宁石油化工大学等各级领导的亲切关怀和大力支持。辽宁省雷锋研究会承担了本书的编写工作。辽宁省雷锋研究会会长、辽宁石油化工大学党委副书记宋焕斌教授对本书的整体布局进行了设计，为本书付出了大量心血。

参加本书编写的人员有：第一章：辽宁省雷锋研究会理事、鞍山师范学院王立娟博士；第二章：辽宁省雷锋研究会理事、大连理工大学戴艳军教授统筹设计，具体写作：第一节由大连理工大学博士研究生全冬梅执笔、第二节由大连理工大学硕士研究生孙竟阳执笔、第三节由大连理工大学硕士研究生何亚慧执著；第三章：辽宁省雷锋研究会理事、辽宁石油化工大学刘绍春博士；第四章：辽宁省雷锋研究会理事、沈阳航空航天大学曲洪波博士；第五章：辽宁省雷锋研究会理事、辽宁大学房广顺教授统筹设计，具体写作：第一节由辽宁大学博士生、辽宁金融职业学院教师范中峰执笔；第二节由辽宁大学博士生、鞍山师范学院教师杨晓光执笔；第三节由辽宁大学博士生、沈阳理工大学教师金鹏执笔；第四节由辽宁大学博士生、辽宁石油化工大学教师姜帅执笔；第六章：辽宁省雷锋研究会理事、辽宁石油化工大学李金玲硕士。全书由辽宁省雷锋研究会理事、鞍山师范学院王立娟博士设计大纲并进行了统稿。

本书在形成的过程中吸收、借鉴了国内外众多专家学者的研究成果，这是完成本书的重要理论基础，在此一并表示衷心的感谢和诚挚的敬意。由于作者理论水平和理论研究能力有限，本书难免存在种种不足，恳请读者批评指正。

编著者

2013年1月